中传学者文库编委会

主　任： 廖祥忠　张树庭
副主任： 蔺海波　李　众　刘守训　李新军　王　晖
　　　　　　杨　懿　柴剑平

成　员（按姓氏笔画排序）：

王廷信	王栋晗	王晓红	王　雷	文春英
龙小农	付　龙	叶　龙	刘东建	刘剑波
任孟山	李怀亮	李　舒	张绍华	张　晶
张根兴	张毓强	林卫国	郑　月	金　炜
金雪涛	周建新	庞　亮	赵新利	徐红梅
贾秀清	高晓虹	隋　岩	喻　梅	熊澄宇

中传学者文库

主编／柴剑平　执行主编／龙小农　副主编／张毓强　周建新

传统艺术的传承与传播

王廷信自选集

王廷信 著

中国传媒大学出版社

·北京·

图书在版编目（CIP）数据

传统艺术的传承与传播：王廷信自选集/王廷信著.-- 北京：中国传媒大学出版社，2024.8.

（中传学者文库/柴剑平主编）.

ISBN 978-7-5657-3759-6

Ⅰ.G125-53

中国国家版本馆CIP数据核字第2024RG5129号

传统艺术的传承与传播：王廷信自选集
CHUANTONG YISHU DE CHUANCHENG YU CHUANBO: WANG TINGXIN ZIXUANJI

著　　者	王廷信
责任编辑	张继媛
封面设计	锋尚设计
责任印制	李志鹏

出版发行	中国传媒大学出版社		
社　　址	北京市朝阳区定福庄东街1号	邮　编	100024
电　　话	86-10-65450528　65450532	传　真	65779405
网　　址	http://cucp.cuc.edu.cn		
经　　销	全国新华书店		
印　　刷	北京中科印刷有限公司		
开　　本	710mm×1000mm　1/16		
印　　张	15.75		
字　　数	252千字		
版　　次	2024年8月第1版		
印　　次	2024年8月第1次印刷		
书　　号	ISBN 978-7-5657-3759-6/G · 3759	定　价	79.00元

本社法律顾问：北京嘉润律师事务所　郭建平

总　序

　　媒介是人类社会交流和传播的基本工具。从口语时代到印刷时代，再经电子时代至今天的数智时代，媒介形态加速演变、融合程度深入发展，媒介已然成为现代社会运行的基础设施和操作系统。今天，人类已经迈入媒介社会，万物皆媒、人人皆媒，无媒介不社会、无传播不治理。今天，无论我们怎么用力于信息传播的研究、怎么重视信息传播人才的培养都不为过。

　　中国传媒大学（其前身为北京广播学院）作为新中国第一所信息传播类院校，自1954年创建伊始，即与媒介形态演变合律同拍、与国家发展同频共振，努力探索中国特色信息传播人才培养模式、构建中国信息传播类学科自主知识体系，执信息传播人才培养之牛耳、发信息传播研究之先声，被誉为"中国广播电视及传媒人才摇篮""信息传播领域知名学府"。

　　追溯中传肇始发轫之起源、瞩望中传砥砺跨越之未来，可谓创业维艰而其命维新。昔日中传因广播而起，因电视而兴，因网络而盛，今天和未来必乘风破浪、蓄势而上，因人工智能而强。在这期间，每一种媒介兴起，中传均吸引一批志于学、问于道、勤于术的

学者汇聚于此，切磋学术、传道授业，立时代之潮头，回应社会需求，成为学界翘楚、行业中坚，遂有今日中传学术研究之森然气象，已历七秩而弦歌不断，将传百世亦风华正茂。

自新时代以来，中传坚守为党育人、为国育才初心，励精图治、勠力前行，秉承"系统治理、创新图强、交叉融合、特色发展"的办学理念，牢牢把握高等教育发展大势、传媒业态发展趋势，瞄准"智能传媒"和"国际一流"两大主攻方向，以世界为坐标、以未来为向度，完成了全面布局和系统升级，正在蹄疾步稳、高质量推动学校从传统高等教育向未来高等教育跨越、从传统传媒教育向智能传媒教育跨越、从国内一流向世界一流跨越，全力建设中国特色、世界一流传媒大学。

中国特色、世界一流，在于有大先生扎根中国大地，汇聚古今、融通中外；在于有大先生执教黉门，学高为师、身正为范；在于有大先生躬耕杏坛，敦品积学、启智润心。习近平总书记更强调，高校教师要立志成为大先生，在教书育人和科研创新上不断创造新业绩。中传广大教师素来以做大先生为毕生职志，努力成为新时代"经师"与"人师"的统一者，做真学问、立高品行，践履"立德树人"使命。

2024岁在甲辰，欣逢中传建校70华诞，学校特邀约部分学者钩玄勒要、增删批阅，遴选已公开刊发的论文汇编成集，出版"中传学者文库"，意在呈现学校在学科建设、科学研究、服务行业实践等方面的最新成果，赓续中传文脉，谱写时代新声。

文库汇聚老中青三代学者，资深学者渊渟岳峙、阐幽抉微；中年学者沉潜蓄势、厚积薄发；青年学者踌躇满志、未来可期。文库与五十周年校庆所出版的"北广学者文库"相承接，大致可勾勒中传知识生产薪火相传、三代辉映之概貌，反映中传在构建中国特色新闻传播类、传媒艺术类、传媒技术类学科体系、学术体系和话语体系方面的耕耘与收获，窥见中国特色信息传播类学科知识体系构建的发展脉络与轨迹。

这一构建过程，虽筚路蓝缕，却步履铿锵；虽垦荒拓野，亦四方辐辏。一批肇始于中传，交叉融合、具有中国特色的学科，如播音主持艺术学、广播电视艺术学、传媒艺术学、数字媒体艺术学、政治传播学等，从涓涓细流汇入滔滔江河，从中传走向全国，展现了中传学者构建中国自主知识体系的学术想象力和创新力。文库展示的虽然是历史，实则是呈现今天；看似是总结过去，实则是召唤未来。与其说这套文库的出版，是对既有学术成果的展示，毋宁说是对未来学术创新的邀约。

回首过往，七秩芳华。我们深知，唯有将马克思主义基本原理与中华优秀传统文化相结合，才能推动中华学术创造性转化和创新性发展，推动中国自主知识体系的构建。我们深知，唯有准确把握媒介形态演变的脉动、深刻认知媒介形态变革所产生的影响，才能推动中国信息传播类学科自主知识体系的构建与时俱进。

展望未来，星辰大海。我们深知，以人工智能为代表的产业和科技革命正迅疾而来，媒介生态正在加速重构，教育形态正在全面重塑，大学之使命与价值正在被重新定义；我们深知，唯有"胸怀国之大者"、面向世界科技前沿、面向经济主战场、面向国家重大需求，才能确保中传始终屹立于中国及至世界传媒教育发展之潮头。

如何应对人工智能带来的深刻变革，对中传而言是一场要么"冲顶"、要么"灭顶"的"兴亡之战"。我们坚信，不管前方是雄关漫道，还是荆棘满途，唯有勇敢直面"教育强国，中传何为？"这一核

心命题，奋力书写"智能传媒教育，中传师生有为！"的精彩答卷，才能化危为机，奋力开创人工智能时代中传智能传媒教育新纪元。

功不唐捐，芳华七秩；风帆正举，赓续创新。

是为序。

第十四届全国政协委员，中国传媒大学党委书记、教授、博士生导师

自　序

时代就像一驾永不止步的马车，一往直前。作为一个个体的人，或在这驾马车上颠簸前行，或气喘吁吁地追赶着这驾马车，或被这驾马车甩得很远。

我出生于二十世纪六十年代初，自上小学起，就被塑造为"生在红旗下，长在新社会"的新一代。时光荏苒，蓦然回首，发现自己一路烟尘，都是在气喘吁吁地追赶着这驾马车，一晃就是六十二年。

大学毕业后，我一直在高校教师的岗位上从事教学与科研。在教学上，除了上课、编写教材外，不知不觉也带了一百四五十位硕士、博士、博士后。如今，我的众多学生都已成为社会的骨干，虽然我已入暮年，但能看到学生们的成长，也颇觉欣慰。在科研上，我从研究戏曲艺术开始，逐渐拓展到艺术历史、艺术理论，进而聚焦于艺术的传承与传播领域，这既是时代需求使然，又是我用以感受时代的动机使然。

时代需求具体体现为国家需求和社会需求。我在新中国成立的第十四个年头出生，倍感一个全新的国家所追求的目标以及在朝目标前进过程中的各种诉求。其中，对于新文化的追求正是驱动国家一步步向前的核心动力。改造旧文化、塑造新文化，让一个曾满目疮痍的近代社会的旧中国在文化的更新中走向新生，是新中国不断

追求的目标。我们这一代经历了新中国文化更新的大多数过程，也在走向专业研究的经历中思考着这个过程，用学术成果回应这个过程中的各种挑战。与近代中国相比，新中国的追求是成功的。这种成功由中国人面对世界时的自信即可看出。如今，中国人从站起来到富起来、强起来，都与新中国对于文化的自觉塑造不无关系。站起来，让国人有信心；富起来，让国人有力量；强起来，让国人有胸怀、有智慧、有勇气。当新中国能够站在世界潮头挺身向前时，信心、力量、胸怀、智慧、勇气都成为国人的精神财富，而这种财富恰恰是文化更新的结果。

新中国的文化更新是在不断反思、不断寻绎、不断创造的过程中进行的。一方面，在与世界对比中反思、寻绎和创造；另一方面，在与传统对比中反思、寻绎和创造。从"推陈出新""古为今用、洋为中用"到"守正创新"，都是反思、寻绎和创造的结果。纵观这个过程，与近代以来国人借助中西、古今关系在传统与现代之间的思考有关。

当时代的马车不断把我引向现代之时，也许是因年岁的增长，我在感受着时代的同时，也不知不觉地回望过去、品味传统。艺术研究便是我在与时代同行的过程中品味传统的一条途径，这部集子也是我借助艺术品味传统的点滴思考。

艺术是文化的有机组成部分，是受文化滋养，又以感性形式呈现文化的特殊组成部分。中华传统艺术是在农耕社会生长的艺术样式，也是国人在农耕社会感受世界、表情达意的工具。进入现代社会，这种感受方式还有没有价值？又如何与现代精神相适应，成为现代人感受世界、表情达意的工具？这些问题都是我们在现代社会思考传统艺术的关键切入点。

自近代以来，中华传统艺术经历了现代知识系统和社会系统的洗礼，一部分以较为原汁原味的形式保留下来，一部分以新的面貌呈现出来，还有一部分作为支撑现代中国艺术创作和评价的重要资源而存在。这些现象都说明，中华传统艺术已以特殊姿态进入现代社会，并发挥着重要作用。之所以如此，一方面与国人对传统的继承和创新的态度、行为有关，另一方面与传统艺术价值在现代社会的传播有关。

当传统艺术的价值得不到有效传播时，民众就无法感受到传统艺术的价值。进入新时代，随着国家对传统文化价值的高度肯定与得力传播，传统艺术的价值不断得到肯定与传播。所以，从理论上思考传统艺术的当代传播问题、从实践上寻找传统艺术当代传播的途径和方式就显得很有意义。所以，本文集所收录的文章在思考传统艺术特征和价值的同时，也结合传统艺术的当代传承问题尝试思考传统艺术的当代传播问题。

我于二〇一九年底进入中国传媒大学工作。中国传媒大学是一所融新闻传播学、艺术学、文学、工学、管理学等学科为一体的新型综合性高校，是新闻传播、广播电视领域的行业龙头高校。自一九五四年建校至今，中国传媒大学已经历了七十个春秋。今年是中国传媒大学七十华诞，为了庆祝这个隆重的时节，学校组织力量编辑出版学者文库，我也有幸入选。为此，特别感谢学校的关心与支持，也衷心祝愿中国传媒大学日益强盛。

本文集收录了我在中华传统艺术传承与传播领域的十八篇文章。这些文章的思考也许很不成熟，但也做了努力，期待学界同人批评指正。

王廷信
二〇二四年三月于北京定福庄

目 录

第一辑 传统艺术的特征

中国传统文艺创作思维探析 …………………………………………… 003

中国传统文艺思想的贯穿性 …………………………………………… 019

中国古代文艺批评理论的思想根源、基本方法和话语特征 ………… 027

第二辑 传统艺术的当代传承

中华传统艺术当代传承研究的理论与方法
　　——"生态理念"与"共生机制"视角 ………………………… 053

技艺视角下中华传统艺术的当代传承 ………………………………… 075

中华传统艺术当代传承的媒介路径 …………………………………… 089

从人文经济看中华传统艺术的当代传承 ……………………………… 103

文化变迁与傩文化的当代传承 ………………………………………… 117

昆曲的雅俗与保护传承 ………………………………………………… 129

瓷器传承和传播的文化思考 …………………………………………… 135

第三辑　传统艺术的传播

戏曲传播的两个层次
　　——论戏曲的本位传播和延伸传播 ·············· 143
互联网与戏曲传播 ·············· 153
新民间语境与戏曲传播策略的转换 ·············· 167
昆曲传播的民俗学视角 ·············· 174
20世纪中国戏曲传播的时代背景 ·············· 182
中国艺术海外传播的国家战略与理论研究 ·············· 195
中国戏曲剧种在东南亚的传播
　　——兼论戏曲剧种跨国传播的六大法则 ·············· 210
媒介演进与艺术传播 ·············· 222

第一辑
传统艺术的特征

中国传统文艺创作思维探析*

艺术思维是艺术活动主体对事物体验、感知、想象和抽象的认知方式。艺术活动主要涉及艺术创作、艺术传播、艺术批评三大领域，其中艺术创作活动是艺术活动的核心领域，它针对创作领域思维方式和特征的研究，对理解艺术传播思维和艺术批评思维有着重要的支撑作用。

人的思维主要基于大脑及神经系统所具备的先天机制。基于这种机制，每个国家或民族的思维逻辑、思维习惯都受其文化传统影响，从而显示出一个国家或民族特定的思维特征。艺术思维也是同理。理论家对艺术的界定很多，至今莫衷一是，于是就有人认为艺术是不可界定的。但我们依然可以很清晰地看出艺术与非艺术之间的区别。之所以如此，是因为无论艺术的形式怎样变换，艺术的基本特征都未改变。所以，我曾根据艺术的显在特征为艺术下过一个定义：艺术是以情感为内核的感性形式，是具有特定结构的审美形式。[①]这种认识基于艺术最为显著的三个特点：一是情感内核，二是感性形式，三是审美形式。情感内核是指艺术作品所蕴含的创作主体的主观态度及艺术作品自身表情达意的功能；感性形式是指艺术作品呈现给受众时的基本样貌；审美形式是指艺术作品悦情悦性的价值指向。特定结构是构成艺术作品基本样貌的核心形式，是艺术作品的"骨架"，即使是欧美现代主义艺术或后现代主义艺术在试图解构经典艺术时所采用的反结构方式，也没能脱离结

---

* 本文系 2019 年度国家社科基金艺术学重大项目"中华传统艺术的当代传承研究"（项目批准号：19ZD01）的阶段性成果，原载于《中国文艺评论》2023 年第 1 期，收入本书时有改动。

① 王廷信. 艺术导论 [M]. 北京：高等教育出版社，2017：10-18.

构本身，只不过是让艺术作品以一种新的结构出现。所以，结构是让艺术作品"显形"的根本。艺术的感性形式主要由作品的基本结构支撑。

艺术创作思维主要是创作主体围绕情感问题来展开的思维活动。中国传统艺术的创作思维深受创作主体所在的中国传统文化环境的影响。我们之所以能够很直观地看出中国传统艺术与欧洲传统艺术的显著区别，主要是中国艺术家和欧洲艺术家所处的文化环境影响其各自的思维方式所致。那么，中国文化如何影响创作主体的思维形式？这种影响的结果是什么？我们怎样较为清晰地表述中国传统艺术家在创作文艺作品时所运用的思维形式？本文主要围绕文艺创作思维讨论中国传统艺术家在创作活动中的思维方式和思维特征。

一、观物取象的思维观念

人的大脑具备思维的先天机能，思维是保障生命物质需求和精神需求的根本方式。思维通过对感官、神经所传输的体外信息的摄取和加工，与人的物质需求、精神需求相连接，从而形成满足需求的基本方法。文艺创作思维是一种智慧性思维，大脑把思维成果通过神经系统传导给肢体，由肢体具体执行，从而让艺术构思借助创作者的悟性和技艺转化为特定的艺术作品。由此我们可以看出，就人的大脑所具备的先天思维机制以及文艺创作思维活动的基本形式而言，所有国家或民族之中，人的思维机能和思维过程是基本相同的。只有人类开始脱离本能，进入能够创造文化符号的阶段，具有国家和民族特点的文化才渐渐形成，这种文化对文艺创作思维发挥着重要作用。

符号的出现标志着人类认识机能的进步，而创造符号的基本方式与不同国家或民族所处的环境有关。从中国文化的发展历史可以看出，先民从朴素的巫术信仰到相对稳定的文化符号的创立经历了一个漫长的时段。巫术的图腾符号逐步被能够较为理性地支配人们思维活动的符号所替代，从而形成具有中国文化特色的符号系统。从中国文化系统中所涌现的经典文献来考察，《周易》基本代表了中国先民创造符号、运用符号的基本思维方式。《周易·系辞上》引孔子语云："圣人立象以尽意，设卦以尽情伪。"① "立象以尽意"是《周易》借助符号表情达意的基本思维形式。这种思维形式影响深远，贯穿在中国古代社会活动的各个领域。所以，有人认为，"《周易》中还蕴含着一个最能代表中国传统思维模式特征的逻辑体系。这个逻辑体系和世界图式论紧密结合，构成了中国传统文化中最重要的源头活水，形成了中国传统思维模式的基本特征，至今在各个领域内都时时刻刻地发挥着极其重要的影响"②。

《周易》创造符号是以古代中国人观察事物时所参照的时空为依据的。这种依据集中体现在古代中国人对天、地、人之间关系的认识上。《周易·系辞上》云："广大配天地，变通配四时，阴阳之义配日月，易简之善配至德。"③ 这种认识鲜明地表述出人们在思维上对于空间和时间的参照。从空间而言，以天地之广大为参照；从时间而言，以四季转换为参照；又以日月出落特征设定阴阳，并由天地之广大、四时之变化、日月之运转延伸至人文之善德，由此判断事物变化之理。所以《周易·系辞上》又云："仰以观于天文，俯以察于地理，是故知幽明之故。"④ 天之文、地之理构成了人们为求生存而"知幽明"的空间参照。而人居于天、地之间，古代中国人的生存因对天、地的高度依赖而不断思考自己与天、地之间的关系。所以，古代中国人的思维也就建立在对天、地信息的捕获以及自身的自然特征、精神特征与天、地之间的对应关系的基础上。《周易·系辞下》云："古者包牺氏之王天下也，仰则观象于天，俯则观法于地，观鸟兽之文，与地之宜，近取诸身，远取诸物，于

---

① 王弼，韩康伯，注. 孔颖达，疏. 周易正义：卷七［M］// 阮元，校刻. 十三经注疏（清嘉庆刊本）. 北京：中华书局，2009：171.
② 周继旨，卢央. 论《周易》与中国传统思维模式［J］. 文史哲，1992（1）：17-24.
③ 王弼，韩康伯，注. 孔颖达，疏. 周易正义：卷七［M］// 阮元，校刻. 十三经注疏（清嘉庆刊本）. 北京：中华书局，2009：163.
④ 王弼，韩康伯，注. 孔颖达，疏. 周易正义：卷七［M］// 阮元，校刻. 十三经注疏（清嘉庆刊本）. 北京：中华书局，2009：160.

是始作八卦，以通神明之德，以类万物之情。"①从这段话中我们可以看出，古代早期中国人思维的参照是天、地、鸟兽之文、身、物，通过自身的身心感受和对万物特征的观察创造出八卦符号，其目的是"通神明之德""类万物之情"。《周易》所体现的思维本质是以人所处的客观时空环境和人自身的特征为参照，形成判断问题和解决问题的思路。

《周易》的基本原理是阴阳观，基于阴阳特性，把世间万物以类对比，观察万物变化规律，对事物的前景进行判断。《周易·系辞上》云："一阴一阳之谓道。继之者善也，成之者性也。仁者见之谓之仁，知者见之谓之知，百姓日用而不知，故君子之道鲜矣。"②《周易》把阴阳作为"道"的生成机制来看待。承继阴阳而生成宇宙万物之道者即谓"善"，而成就万物之道就是人的先天使命——"性"。仁者通过阴阳之道成就仁德，智者通过阴阳之道成就智慧，普通百姓在日常生活中用之而不觉，可见阴阳之道之广大。《周易》进而把阴阳观"扩容"至世间万物，认为万物皆含阴阳，如人自身的男阳女阴，自然界的天阳地阴、日阳月阴、火阳水阴，社会中的君阳臣阴、父阳子阴、夫阳妇阴，时间上的春夏阳秋冬阴、昼阳夜阴，空间上的东阳西阴、南阳北阴、上阳下阴、左阳右阴，状态上的动阳静阴、进阳退阴，等等。这种无限"扩容"所采用的方法正是"类比"，即用一个事物与其他事物按"类"相比，生成"类"的特质和属性。一方面用以"通神明之德"，表明事物变化的玄妙幽微之理；另一方面用以"类万物之情"，表明万事万物的性状情由。《周易》的阴阳观是一种对立统一的辩证思维观，体现为阴阳一体、阴阳互生、阴阳消长、阴阳转化、阴阳互补的关系。所以，《周易》的阴阳观是一种整体性、系统性、象征性、辩证性的思维方法。

《周易》的可贵之处首先在于提出了超越具体之"物"的"象"的概念；其次在于通过"观物取象"找到了人超越"物"而得到"象"的思维方法。

---

① 王弼，韩康伯，注.孔颖达，疏.周易正义：卷七［M］//阮元，校刻.十三经注疏（清嘉庆刊本）.北京：中华书局，2009：179.
② 王弼，韩康伯，注.孔颖达，疏.周易正义：卷七［M］//阮元，校刻.十三经注疏（清嘉庆刊本）.北京：中华书局，2009：161.

"物"是实在体,"象"是超越实在体的虚拟体。所以《周易·系辞上》云:"是故夫象,圣人有以见天下之赜,而拟诸其形容,象其物宜,是故谓之象。"[①]《周易》中的"象"是与实在体相对应的"象",是在人对实在体感受和认知的基础上形成的"象"。天地万物奥妙难以穷尽,故用"象"的方法来虚拟。《周易》超越"物"而得到"象"的方法是对事物进行类比,即通过比较事物之间的异同找到共同之处,是与"物"的实在体相对应的虚拟体,即所谓"类万物之情"而形成的符号性"形象"。《周易》的阴阳观集中体现在阴爻、阳爻两种基本符号上,以此为基础,形成八卦、六十四卦,以至无穷。这是一种朴素而智慧的思维观念和思维符号。《周易》抽象出来的"象"基于阴、阳二爻的八卦,是一种抽象符号,主要用于预测事物之吉凶成败。这种思维启发了人们超越占卜的义理之学。这种义理之学上升到哲学层面便形成了中国人较早的洞察世界的思维方法。

《周易》的"抽象"是"会意"中的抽象。"类比"是"抽象"的基础,"会意"是"抽象"思维过程中的重要环节,也是人们加工思维符号的关键环节。离开"会意"思维,"抽象"思维便无法进行。所以,如果"观物取象"的基本方法是通过"类比"而"抽象"出事物的共性特征,那么"会意"则是这个过程中的一个关键环节,需要人的感官和思维的深度参与。《周礼·地官·保氏》引《说文叙》云:"会意者,比类合谊,以见指挥,武、信是也。"[②]"六书"中的"会意"是通过"比类合谊"("比类合义")把相关联的符号组合到一起造出特定文字的方法。所以,以"类比"为基础的"抽象"以及在"抽象"过程中的"会意"均体现出人对事物进行观照的思维过程以及在此基础上形成的超越"物"的、具有精神属性的"象"的产生机制。

"象"的精神属性体现在其对"物"的超越上。"象"作为一种符号性的虚拟体,逐渐超越了其占卜的实用层面,进入了人的义理世界和想象世界。而当其进入人的想象世界,成为人类表情达意的思维形式时,我们才能说集

---

① 王弼,韩康伯,注.孔颖达,疏.周易正义:卷七[M]//阮元,校刻.十三经注疏(清嘉庆刊本).北京:中华书局,2009:163.
② 孙诒让,注.周礼正义:卷二十六[M].北京:中华书局,2015:1221.

中于《周易》中"观物取象"的思维形式是古代中国人从事文艺创作的逻辑起点。针对这个起点,在中国古代文艺论著中,接续《周易》的思维形式而论文艺的最为经典的著作便是刘勰的《文心雕龙》。

刘勰在《文心雕龙》开篇《原道》中云:"人文之元,肇自太极,幽赞神明,《易》象惟先。"① 直接把"人文"与《周易》之"太极"和"象"联系起来讨论。又云:"文之为德也大矣,与天地并生者。何哉?夫玄黄色杂,方圆体分,日月叠璧,以垂丽天之象;山川焕绮,以铺理地之形:此盖道之文也。仰观吐曜,俯察含章,高卑定位,故两仪既生矣。惟人参之,性灵所钟,是谓三才。为五行之秀,实天地之心,心生而言立,言立而文明,自然之道也。"② 刘勰把"文"之"德"与天、地之间的关系列为"并生"关系。"天""地"景象之丰富分别为人类呈示"丽天之象"和"理地之形",认为这是"道之文也",即自然为人类呈现的"文德"。而人通过仰、俯体察生成的阴、阳两仪,则是人之"性灵所钟"。《原道》把人作为宇宙万物的核心——五行之秀、天地之心,承接了儒家的基本思想,《礼记·礼运》云:"人者,其天地之德,阴阳之交,鬼神之会,五行之秀气也。"③ 人所具备的意识机能在对天、地万物的感受中产生思想和感情,进而产生语言——"心生而言立"。有了语言,就会有文章——"言立而文明"。刘勰把这种过程看作"自然之道",即人与天、地之间发生关系的过程中所自然产生的结果,所以人才能作为与天、地并行的"三才"之一。我们由此可以看出《文心雕龙》从文艺的思维形式上对《周易》"观物取象"思维的接续。

二、感通万物的思维机制

如果说"观物取象"是古代中国人思维的起点,那么"感通万物"则以

---

① 刘勰,著.赵仲邑,译注.文心雕龙译注[M].南宁:漓江出版社,1982:20.
② 刘勰,著.赵仲邑,译注.文心雕龙译注[M].南宁:漓江出版社,1982:19-20.
③ 孔颖达.礼记正义:卷二十一[M]//阮元,校刻.十三经注疏(清嘉庆刊本).北京:中华书局,2009:3081.

此为起点,开启了人与万物相伴相游的思维过程。这种过程体现在文艺创作上,则让创作者从思维上与世间万物相伴游,呈现出千变万化、千姿百态的思维机制和意象生动的精神状态。

《周易·系辞上》云:"圣人有以见天下之动,而观其会通,以行其典礼。"孔颖达疏:"观看其物之会合变通。"① 根据孔颖达的解释,"观其会通"是指人对万物变化规律的一种洞察力,"会合变通"是指万物之间的关联性及其相互影响下所产生的变化,"观其会通"与"感通"同义。朱熹在解释《周易》咸卦"篆辞"时云:"天地感而万物化生,圣人感人心而天下和平。观其所感,而天地万物之情可见矣。"② 极言感通之理。天地间的互相感应让万物呈现生机,智者感于人心而使天下和平。这是一种天人感应的思想,是把天地之间因感应而使万物化生同智者与人心之间的感应而使天下和平有序相对应来考量的类比性思维。清人刘沅在《周易恒解》中指出:"感通之机,莫捷于心身,圣人通天下为一身,知所以感身,则知所以感天地万物矣,故六爻皆以身取象。"③ 意谓智者借助感通万物的方法通过类比、会意、抽象,把天下万物的变化特征融入自己的内心,生成具有精神特质的心象,六爻正是这种心象的符号化方式。可见,感通是人们观察和体悟万物的思维机制。这种思维机制延伸到文艺创作当中,让创作者的心灵与万物伴游,理解万物情状,形成特定认知的思维途径和思维方法。

在感通思维中,"气"是人与天地万物感通的通道。朱熹云:"天地间无非气。人之气与天地之气常相接,无间断,人自不见。人心才动,必达于气,便与这屈伸往来者相感通。"④ 笔者曾对此作过分析,认为"感通万物的思维形式是以'气'为媒介的,人心之'动'须达于'气',通过'气'才能使

---

① 王弼,韩康伯,注.孔颖达,疏.周易正义:卷七[M]//阮元,校刻.十三经注疏(清嘉庆刊本).北京:中华书局,2009:163.
② 朱熹.周易本义:卷二[M].北京:中华书局,2009:129.
③ 刘沅,著.谭继和,祁和晖,笺解.周易恒解[M]//十三经恒解(笺解本):卷之五.成都:巴蜀书社,2016:106.
④ 黎靖德,编.朱子语类:卷三[M].北京:中华书局,1986:34.

'心'与万物'屈伸往来'之变相通。"① "气"是基于《周易》天地阴阳观的概念，由天地之间、阴阳之间的互相感应而产生，是一种看不见、摸不着但可以用心感受到的生机和气息，也是人们感受万物的"媒介"。

在文艺创作的思维问题上，陆机在其《文赋》中就提出过与感通万物一脉相承的观点："其始也，皆收视反听，耽思傍讯，精骛八极，心游万仞。其致也，情曈昽而弥鲜，物昭晰而互进。"② 意指文艺家开始创作之时，皆需潜心思考、旁搜博寻，让心神飞于四方八极之外，游于万仞辽远之高空。文思到来之时，意象起初朦胧，逐渐显现明朗、清晰互涌。刘勰的《文心雕龙》"神思"篇对创作思维谈得更为系统。他指出："文之思也，其神远矣。故寂然凝虑，思接千载；悄焉动容，视通万里；吟咏之间，吐纳珠玉之声；眉睫之前，卷舒风云之色；其思理之致乎! 故思理为妙，神与物游。神居胸臆，而志气统其关键；物沿耳目，而辞令管其枢机。枢机方通，则物无隐貌；关键将塞，则神有遁心。"③ 刘勰认为，创作者在"寂然凝虑"中，让思维从时间上延伸至无限之"千载"，在"悄焉动容"中让思维从空间上延伸至无限之"万里"，从而让人的思维与时空接通，获得了感通万物的机遇。在这种情形下，创作者方能"吐纳珠玉之声""卷舒风云之色"，运用精到的文辞或技艺表达万物之精神。"寂然凝虑"承继了老子的"致虚极，守静笃"方能"万物并作，吾以观复"④ 的思想，是指创作者与万物相感通时所产生的心境。"悄焉动容"是人之"心"与万物接通后怦然而动的感受，有了这种感受，才能让人之"心"产生兴致，进而延伸至更深更远的空间，生成精神化的意象。刘勰将此看成思维之理，而这种思维之理更在于"神与物游"，即让人之心在一种自然、自由的心态中与万物相伴游。

在让人心与万物相伴游的过程中，"神"与"志气"值得关注。"神"即

---

① 王廷信.中国古代文艺批评理论的思想根源、基本方法和话语特征［J］.中国文艺评论，2021，74（11）：4-20.
② 陆机.文赋［M］//严可均，编.全上古三代秦汉三国六朝文.北京：中华书局，1958：2013.
③ 刘勰，著.赵仲邑，译注.文心雕龙译注［M］.南宁：漓江出版社，1982：248.
④ 老聃，著.范永胜，译注.老子［M］.合肥：黄山书社，2005：36.

"心",是思维的中枢,也是代表人的情感倾向的意志,即情志。"神居胸臆"是指人的情志在内心深处的生成状态。"志气"是心志之气,即伴随着人的情志而涌现的精神力量和气息。《尚书·舜典》云:"诗言志,歌永言,声依永,律和声。"① 这里说的"志"即包含人的思想情感的"情志"。《尚书·舜典》是中国古代典籍中较早谈论情志的文献,虽未深入阐述,但较早揭示出文艺创作与人的情志之间的关系。孟子曰:"夫志,气之帅也;气,体之充也。夫志至焉,气次焉。故曰:'持其志,无暴其气。'"② 孟子认为,情志是气息的灵魂和统帅,气息是充满人体的精神力量。如果没有灵魂和统帅,人便无法拥有精神力量和气息。故强调要保持情志,不能失去神气。"志气统其关键"便是让富有力量感的情志成为统摄思维的关键和枢机,如此才能让万物在映入人的耳目感官时,按照这种关键和枢机生成恰当的言辞。所以,刘勰认为"枢机方通,则物无隐貌;关键将塞,则神有遁心",意即关键和枢机通达,则人的情志神气就会因恰当的言辞表达而呈现出来。反之,人的情志神气将会消散而无法呈现。

在涉及构思问题时,《文心雕龙》特别指出:"是以陶钧文思,贵在虚静,疏瀹五藏,澡雪精神。积学以储宝,酌理以富才,研阅以穷照,驯致以怿辞,然后使玄解之宰,寻声律而定墨;独照之匠,窥意象而运斤:此盖驭文之首术,谋篇之大端。"③ 上文说刘勰承接了老子的"致虚极,守静笃"方能"万物并作,吾以观复"的思想,那么如何在陶育创作心境和思路时获得"虚静"的境界呢?那就是刘勰在此所言的洗涤五脏、排除杂念、沉寂宁静,让自己的内心畅通,让精神处于净化清静的状态。有此心境,方能进入作品的构思布局。但要做好构思布局,创作者还需要积累知识、丰富才华,结合经验和思考,以穷事物之情理,锤炼表现技艺,就像一位手法独特的工匠自如使用工具那样,能够根据意中之象而施神妙之技。如果说"疏瀹五藏,澡雪精神"

---

① 王弼,韩康伯,注.孔颖达,疏.周易正义:卷三[M]//阮元,校刻.十三经注疏(清嘉庆刊本).北京:中华书局,2009:276.
② 赵岐,注.孙奭,疏.孟子注疏:卷第三上[M]//阮元,校刻.十三经注疏(清嘉庆刊本).北京:中华书局,2009:5840.
③ 刘勰,著.赵仲邑,译注.文心雕龙译注[M].南宁:漓江出版社,1982:248.

是为了让创作者的心境淘洗干净,以获得与万物感通时的心理空间的话,那么"神居胸臆,而志气统其关键"则是让创作者的情志能够在这种纯粹的心理空间中获得生机。

感通万物的思维机制需要创作者怀着情志与万物相伴游。如果说"气"是创作者与万物感通的"媒介"的话,那么"情"则是让创作者与万物相连接的主观性的纽带。只有当创作者饱含情志以充沛的精神观察与体悟万物时,才会与万物相通,一方面以情映物、借物抒情,另一方面以物兴心,焕发心灵的感应机制。所以《文心雕龙》云:"夫神思方运,万涂竞萌,规矩虚位,刻镂无形。登山则情满于山,观海则意溢于海。我才之多少,将与风云而并驱矣。"① 在此,刘勰把"神思"运行之际所出现的思维过程和状态讲得很精彩,认为在神思刚开始运行时,人的意念从各个方向涌来,要设法给这些无形的意念以具体的形态,把未能定形的意念描绘出来、表达出来。创作者登山,则能让自己的情感布满于山;创作者观海,则能让自己的情感洋溢于海。创作者的想象才华,可以与风云并驾齐驱。所以,在文艺创作中,"物"因"情"而在,"情"因"物"而生。在古代中国人的世界观中,"物"不是孤立存在的纯客观事物,而是在"情志"观照下的事物。文艺创作更是如此,"感时花溅泪,恨别鸟惊心"(杜甫《春望》语)、"泪眼问花花不语,乱红飞过秋千去"(欧阳修《蝶恋花·庭院深深深几许》语,一说冯延巳作)均是创作者在特定语境中的情语。所以王国维说:"不知一切景语,皆情语也。"②

感通万物的思维机制,既是古代中国人看待世间万物、形成世界观的思维机制,又是古代中国人投入文艺创作时的思维机制。这种思维机制的核心在于让人之"心"在"气"的媒介作用下,与世间万物沿着特定的情志相接触、相融合,从而化生为人的精神力量。王微在《叙画》中所言的"望秋云,神飞扬;临春风,思浩荡。虽有金石之乐,圭璋之琛,岂能仿佛之哉?"③ 将

---

① 刘勰,著.赵仲邑,译注.文心雕龙译注[M].南宁:漓江出版社,1982:248.
② 王国维,著.徐调孚,校注.人间词话:卷下[M].北京:中华书局,2003:36.
③ 王微.叙画[M]//韩理洲,等辑校编年.全三国两晋南朝文补遗.西安:三秦出版社,2013:225.

创作者与万物相伴游所产生的精神力量生动地表达了出来。这种思维机制较早集中体现于《周易》当中，从理论上接续这种机制的代表性著作最初既体现在陆机的《文赋》中，又更为系统地体现在刘勰的《文心雕龙》中。

三、情—意—象—言的思维表达

如果说观物取象是通过人对万物的观察体验获取信息、判断事物特征的基本思维观念，也是中国传统文艺创作思维的起点，感通万物是人在这种思维观念支配下进入与万物相伴游的思维过程和机制，那么通过这个过程和机制所获得的思维结果如何表达？换句话说，中国传统艺术在表达方面的思维形式是怎样的？我们可通过《周易》提出的以"情—意—象—言"为结构的核心概念进行探讨。

《周易正义》在解释乾卦时云："物之性命各有情，非天之情也。天本无情，何情之有？而物之性命，各有情也，所禀生者谓之性，随时念虑谓之情，无识无情，今据有识而言，故称曰'情'也。"[①]意谓事物的性命各自有情，但这并非天然之情。性是事物的本质，命是事物运行中所获之造化和机遇。性是人和万物的天然禀赋，而随着天然禀赋而产生的"念虑"就是"情"，也就是人对事物的态度。人对万物若无"知识"（感知、认识），就无法产生情感。之所以言"情"，是随着人对万物的"知识"而产生的。可见，《周易》是把人的情感与人的性命联系起来认识的。郭店楚墓竹简《性自命出》云："喜怒哀悲之气，性也。及其见于外，则物取之也。性自命出，命自天降。道始于情，情生于性。始者近情，终者近义。"[②]即认为"性"始于天降之"命"，"情生于性"意指情感是出于人的天性。在这一点上，《性自命出》与《周易正义》略有区别，未经过人之"念虑"及对万物的"知识"环节，而是直接把"情"作为人的本性来看待，但在把性命与情感联系起来进行认识上是一致

---

① 王弼，韩康伯，注．孔颖达，疏．周易正义：卷一[M]//阮元，校刻．十三经注疏（清嘉庆刊本）．北京：中华书局，2009：24.
② 荆门市博物馆，编．郭店楚墓竹简：性自命出[M]．北京：文物出版社，2002：2-3.

的。"道始于情"更是把"情"视为"道"产生的缘由。可见《周易》所言之"道"皆缘于"情"。"情"在《周易》中的地位是与人和世间万物的本性联系在一起来考量的。所以，《周易》一直想把关乎"道"的"情"讲清楚。如果说"情"关乎"道"之本，那么《周易》就是试图用阴阳观来说明"道"之本的。《说卦》云："昔者圣人之作《易》也，将以顺性命之理。是以立天之道曰阴与阳，立地之道曰柔与刚，立人之道曰仁与义。兼三才而两之，故《易》六画而成卦。分阴分阳，迭用柔刚，故《易》六位而成章。"① 这种说法与《周易·系辞上》所言的"一阴一阳之谓道"一脉相承。

观物取象也好，感通万物也好，均是因有"情"之人"心"与万物接触而产生了所谓"意"——情志。其实，这里的"意"正是"情"中之"意"，无"情"则无"意"。"意"之富赡难以穷尽，故智者"立象以尽意"。"象"是一种类比，也是一种象征。智者正是用类比和象征的方法来表达其心中之"意"的。《周易·系辞上》引用孔子语曰："然则圣人之意，其不可见乎？子曰：'圣人立象以尽意，设卦以尽情伪，系辞焉以尽其言，变而通之以尽利，鼓之舞之以尽神。'"② 这里所说的"象"是用来"尽意"的，"卦"是用以表达万物情状的，系辞是用"言"来表达卦象之义的。"意"不能直接表达，则用"卦象"来穷尽。"卦象"不能精确尽意，则用语言来补充。这里提出一个用"象"和"言"表达"意"的逻辑表达结构。如果我们把这个逻辑表达结构与文艺创作联系起来进行思考，那么就会发现这个结构与文艺创作从构思到表达的思维是同构的。当文艺创作者怀着特定情志在观物取象观念支配下对进入感通思维所获得的"意象"进行表达时，其表达方式主要采用以语言、声音、动作形成的符号来进行。这些符号与《周易·系辞上》所说的"言"相对应。"言"在文学是语言，在其他艺术则是技艺化的形象符号。

《周易·系辞上》还引述孔子所提出的"书不尽言，言不尽意"的问题，

---

① 王弼，韩康伯，注．孔颖达，疏．周易正义：卷九［M］//阮元，校刻．十三经注疏（清嘉庆刊本）．北京：中华书局，2009：196.
② 王弼，韩康伯，注．孔颖达，疏．周易正义：卷七［M］//阮元，校刻．十三经注疏（清嘉庆刊本）．北京：中华书局，2009：170-171.

即文字不能准确表达语言,语言不能准确表达意象。可见,人们思维中的"意"的丰富性是很难进行精确表达的。但就文艺创作而言,又存在一个必须表达的问题。那么,如何才能用最精妙的艺术符号尽力表达创作者的"意"呢?刘勰在《文心雕龙》中已意识到这种表达的难度,所以他说:"方其搦翰,气倍辞前,暨乎篇成,半折心始。何则?意翻空而易奇,言征实而难巧也。是以意授于思,言授于意,密则无际,疏则千里。"① 意谓即使如此,由于刚拿起笔时心中的意念之势远远超过文词,意象所需要表达的含义很多,而作品成形时却往往发现词不达意,不能充分表达心中之意。之所以如此,是因为创作者意中之象是一种十分活跃的心理感受和思维结果,但具体的表现技法较为实在,不易表达得巧妙充足。所以他特别提出创作者要"积学以储宝,酌理以富才,研阅以穷照,驯致以绎辞,然后使玄解之宰,寻声律而定墨"(《文心雕龙·神思》),以达到"独照之匠,窥意象而运斤"的境界。这种方法主要体现在创作者的学养、认知才华和技法表现能力等方面,其境界主要表现在高度娴熟而不露斧凿痕迹的状态上。

由"情"而"意"而"象"而"言",是中国传统艺术创作中一个递进式的思维表达结构。这个结构体现在文艺创作的表达思维当中。《礼记·乐记》云:"夫乐者乐也,人情之所不能免也。乐必发于声音,形于动静,人之道也。"② 意谓音乐是用以表达人的愉快之情的,这是人的本性所致。人一旦有了愉悦之情,就要借助"形"来表达。《礼记·乐记》云:"人心之动,物使之然也。感于物而动,故形于声。声相应,故生变;变成方,谓之音;比音而乐之,及干戚羽旄,谓之乐。"③ 人心因对事物的感知而产生情感,有了情感之动,就要用声音来表达。声音与情感相适应,而产生变化。声音按照一定的方式和规则变化运行就形成音乐,按照音乐来律动,配以"干戚羽旄"的

---

① 刘勰,著.赵仲邑,译注[M].南宁:漓江出版社,1982:248.
② 孔颖达.礼记正义:卷三十九[M]//阮元,校刻.十三经注疏(清嘉庆刊本).北京:中华书局,2009:3348.
③ 孔颖达.礼记正义:卷三十九[M]//阮元,校刻.十三经注疏(清嘉庆刊本).北京:中华书局,2009:3310.

道具，就会呈现出快乐的心境。《礼记·乐记》的描述也体现出由"情"而"意"而"象"而"言"的表达思维和方式。

文艺创作者最终展现给受众的是能够体现其情志、体现为意象的具体可感的"形象"。"形象"是一种意象符号，用于表情达意。我们以《郑板桥集·题画》中的文字来说明这一点，郑板桥在《题画》中云："江馆清秋，晨起看竹，烟光日影露气，皆浮动于疏枝密叶之间。胸中勃勃，遂有画意。其实胸中之竹，并不是眼中之竹也。因而磨墨展纸，落笔倏作变相，手中之竹，又不是胸中之竹也。总之，意在笔先者，定则也；趣在法外者，化机也。独画云乎哉！"①这里所言的"眼中之竹"是作者所看到的具体的竹子——"物"，是具体的竹子；"胸中之竹"是作者通过对"物"的感知会意而形成的"意象"，是精神化的竹子；"手中之竹"则是作者借助特定的创作技艺对思维中的"意象"进一步加工而形成的直观的"形象"，也是画家"意中之象"的具体呈现。

文艺创作的表达一直是一个较难解决的问题。《老子》开篇即云："道可道，非常道。"②意谓"道"作为一种体现事物本源的无形之物，是难以表达和呈现的。《庄子》"天道篇"云："世之所贵道者书也，书不过语，语有贵也。语之所贵者意也，意有所随。意之所随者，不可言传也。"③"书"即文字，文字虽为世人所贵，但文字很难充分表达语言所蕴含的意义。语言之可贵，在于其中所含的意义，"言"随"意"而生，但言很难尽意，意谓即使是语言也很难表达"意"之丰富，故云"不可言传也"。唐朝诗人卢延让的《苦吟》说明了这种"难言"之苦："莫话诗中事，诗中难更无。吟安一个字，捻断数茎须。险觅天应闷，狂搜海亦枯。不同文赋易，为著者之乎。"④诗人贾岛也曾为"僧敲（推）月下门"一句中当用"推"字还是"敲"字而苦思冥想。苦吟诗人作诗极为艰难，难就难在表达上，可谓"吟成五字句，用破一生心"（唐代方干《贻钱塘县路明府》语）。正因如此，文艺创作的表达成为考验创作者修

---

① 郑板桥.板桥题画[M].杭州：西泠印社出版社，2006：16.
② 老聃，著.范永胜，译注.老子[M].合肥：黄山书社，2005：1.
③ 吕惠卿，撰.庄子义集校：卷五[M].北京：中华书局，2009：276.
④ 辛文房，撰.唐才子传笺证：卷十[M].北京：中华书局，2010：2263.

养和技能的关键一环,也正因此,文艺创作人才的培养和修为主要集中于表达环节的训练和锤炼上。

魏晋王弼在《周易略例·明象》中指出:"夫象者,出意者也。言者,明象者也。尽意莫若象,尽象莫若言。言生于象,故可寻言以观象;象生于意,故可寻象以观意。意以象尽,象以言著。故言者所以明象,得象而忘言;象者,所以存意,得意而忘象。犹蹄者所以在兔,得兔而忘蹄;筌者所以在鱼,得鱼而忘筌也。"① 王弼的这段话把意、象、言之间的关系讲得较为明白。根据王弼的说法,"象"源自"意",又是在表达"意";"言"源自"象",是通过言辞表达让象的意义更加明了。而从意、象、言的重要程度上来讲,其"得象而忘言"和"得意而忘象"都在说明"意"之重要地位。在王弼看来,"意"最重要,"象"次之,"言"复次之。而结合文艺表达,"意"为创作者所要表达的思想内容,"象"为创作者表达思想内容所采用的主要方法,"言"则为创作者表达思想内容所采用的次要方法。相对于"意"而言,"象""言"等文艺作品的表达方法只是工具,而非要害。所以,中国传统文艺创作把"文以载道"的思想内涵放在首位,在表达上追求"超以象外、得其环中"② 及"羚羊挂角、无迹可求"③ 的境界,从而达到"言有尽而意无穷"的至境。这与老庄、禅宗所追求的境界一脉相承。所以,思想内容固然重要,但与思想内容相表里的表达也很重要,让表达的方法达到不露痕迹、意味无穷的境界更为重要。唐代虞世南在《笔髓论》中云:"字虽有质,迹本无为。禀阴阳而动静,体万物而成形。达性通变,其常不主。故知书道玄妙,必资于神遇,不可以力求也。机巧必须心悟,不可以目取也……字态,心之辅也。心悟非心,合于妙也。借如铸铜为镜,非匠者之明;假笔传心,非毫端之妙。必在澄心运思、至微至妙之间,神应思彻。"④ 由此可见,表达也需要悟性,需要"澄心

---

① 王弼,撰.楼宇烈,校释.周易注:附 周易略例[M].北京:中华书局,2011:414.
② 司空图.二十四诗品[M]//杜黎均.二十四诗品译注评析.北京:北京出版社,1988:61.
③ 严羽.沧浪诗话[M]//古清杨,等主编.沧浪诗话.呼和浩特:远方出版社,2005:7.
④ 虞世南.笔髓[M]//朱长文,纂辑.墨池编:卷二.杭州:浙江人民美术出版社,2019:65–66.

运思"，不是仅仅通过机械的"力求"或"目取"即可达到至境的。

由上所述，我们不难看出源自《周易》中的"情—意—象—言"的思维表达结构对中国传统文艺创作表达思维的重大影响。

结　论

中国传统艺术的创作思维是在中国农耕文化背景中孕育出来的独特思维，可从《周易》的思维结构中追溯。《周易》所体现的"观物取象"是创作者通过对万物的观察体验摄取信息、判断事物特征的基本思维观念，体现出中国传统文艺创作思维的起点。"感通万物"是创作者在这种思维观念支配下进入与万物相伴游的思维过程和机制，文艺创作者在此过程和机制中"神与物游"，孕育出富有无限生机的情感意象，为进一步的艺术表达提供了动力。而"情—意—象—言"的思维表达结构则将创作者在"观物取象"思维观念支配下，通过"感通万物"的思维过程所生成的情感意象生动地表达出来。从"观物取象"的思维观念，到"感通万物"的思维过程和机制，再到"情—意—象—言"的思维表达结构，较为集中地反映出中国传统文艺创作的思维方式和特征。这种方式和特征所支配的文艺创作占据中国传统文艺创作的主导地位，得以有效传承，迄今仍然具有旺盛的活力。

中国传统文艺思想的贯穿性[*]

2023年6月2日，习近平总书记在文化传承发展座谈会上高屋建瓴地概括了中华文明的突出特性，其中第一大特性便是"连续性"。习近平总书记指出："中华文明是世界上唯一绵延不断且以国家形态发展至今的伟大文明。这充分证明了中华文明具有自我发展、回应挑战、开创新局的文化主体性与旺盛生命力。深厚的家国情怀与深沉的历史意识，为中华民族打下了维护大一统的人心根基，成为中华民族历经千难万险而不断复兴的精神支撑。中华文明的连续性，从根本上决定了中华民族必然走自己的路。"①

习总书记是站在世界视野和历史高度从中华文明的文化主体性与生命力的角度来认识中华文明的连续性的。那么，作为中国文化的有机组成部分，中国传统文艺思想是如何呈现这种连续性的？我们能否从文化主体性的角度来认识中国传统文艺思想的现代价值？中国传统的文艺思想迄今还有没有旺盛的生命力？

文明是因人类文化积累而呈现的显在形态，即我们能够看到的样态。文化是人类在实践活动中所呈现的观念形态，是在不断实践和创造中支撑文明前行的动力。文明是人们回头看时已然形成的样态，是文化作用的结果；文化是不断行进的样态，是不断实践、不断创造的样态。文化的行进支持着文明的延续。中国文化是孕育中国传统文艺思想的母体。中华文明的连续性与

---

* 本文系2019年度国家社科基金艺术学重大项目"中华传统艺术的当代传承研究"（项目批准号：19ZD01）的成果，原载于《中国文艺评论》2024年第1期，收入本书时有改动。
① 习近平.在文化传承发展座谈会上的讲话[J].求是，2023（17）：5.

中国文化不断实践、不断创造的持续内在支撑有着密切关系。作为中国文化的有机组成部分，中国传统文艺思想从孕育到演化再到发展，有着自身的内在文化机制。我们从这种机制可以看出因文化实践和创造的持续支撑而呈现的文明的连续性。

中国文化的实践与创造集中体现在通过对人的教育而达致"和"的境界的追求上，这种追求体现在推动文明前行的方方面面。中国传统文艺思想亦然。

针对中国传统文艺思想我们可以从《尚书》讲起。中国最早论述艺术的典籍出自《尚书》，《尚书·舜典》云："夔！命汝典乐，教胄子，直而温，宽而栗，刚而无虐，简而无傲。诗言志，歌永言，声依永，律和声。八音克谐，无相夺伦，神人以和。"[①]《尚书·舜典》是在教育意义上讨论乐舞问题的，目的是要用乐舞教育青年人养成"直而温，宽而栗，刚而无虐，简而无傲"的平和性格。那么，乐舞为何能发挥这种作用呢？恰是因为"诗言志，歌永言，声依永，律和声"。这说明诗、歌、乐、舞可以让人的心志获得抒发的机遇。心志得以抒发，人才能获得和的心境。而和的心境又恰是中国传统文艺思想之于个体的人的核心价值。诗的言志功能在《毛诗序》中进一步展开："诗者，志之所之也，在心为志，发言为诗。情动于中而形于言，言之不足故嗟叹之，嗟叹之不足故永歌之，永歌之不足，不知手之舞之足之蹈之也。情发于声，声成文谓之音。治世之音安以乐，其政和；乱世之音怨以怒，其政乖；亡国之音哀以思，其民困。故正得失，动天地，感鬼神，莫近于诗。先王以是经夫妇，成孝敬，厚人伦，美教化，移风俗。"[②]《毛诗序》把人的情志与言、叹、歌、舞等行为结合起来，认为人的言、叹、歌、舞是人的情志的表现方式。《毛诗序》进而把情志的表达与世之治乱结合起来思考，认为诗歌、音乐等艺术可以反映出天下的兴亡治乱，最终指出先王把诗歌、音乐作为敦厚人

---

① 王弼，韩康伯，注．孔颖达，疏．周易正义：卷三 [M] // 阮元，校刻．十三经注疏（清嘉庆刊本）．北京：中华书局，2009：276．
② 毛亨，传，郑玄，笺．孔颖达，疏．毛诗正义：卷一 [M] // 阮元，校刻．十三经注疏（清嘉庆刊本）．北京：中华书局，2009：563．

伦、美化风俗的缘由。由此我们不难看出，在中国传统文艺思想的早期论述中，就已把艺术与人的情志间的关系、艺术与人的和的心境间的关系、艺术与天下兴亡治乱间的关系作为核心命题来考量。

中国传统文艺思想对于人的"和"的心境的培育与中国传统文化从整体上对"和"的追求相适应。这种培育首先是从"人"讲起的，最先涉及人的品格，即人格问题，从而把人格之"和"与社会理想之"和"对接起来。这个特点我们从儒家典籍《礼记》中即可看出。《礼记·大学》云："古之欲明明德于天下者，先治其国。欲治其国者，先齐其家。欲齐其家者，先修其身。欲修其身者，先正其心。欲正其心者，先诚其意。欲诚其意者，先致其知。致知在格物。物格而后知至，知至而后意诚，意诚而后心正，心正而后身修，身修而后家齐，家齐而后国治，国治而后天下平。"① 这段话把一个人从"格物"到"平天下"的八个环节讲得很清楚，"格物"方可"知至"，"知至"方可"意诚"，"意诚"方可"心正"，"心正"方可"身修"。从"格物"到"身修"是个人人格的完善，但个人人格的完善并未停留于人格完善本身，其目的是要"家齐"，进而"国治"，最终达到"天下平"的理想。人们对"天下平"有诸多理解，但无论何种理解，都未脱离在个体人的和的心境基础上升华到体现人与人之间关系的人际和睦、社会和谐的核心思想。所以，我们从这八个环节可以看出中国文化以个人人格的完善最终达到"天下平"的理想实现的可贵之处。这种思想落实到艺术上，我们可以从《礼记·乐记》看出，《乐记》云："乐者，天地之和也。礼者，天地之序也。和，故百物皆化；序，故群物皆别。"② 音乐不仅体现在个体人格之和，也体现在天地之和——即人与自然、人与人、人与社会关系之和上，我们从中不难看出《乐记》所传达的"和"的基本信息。而从中国传统文艺思想的整体脉络而言，《乐记》针对音乐所体现的基本信息也对其他艺术门类发挥了巨大影响。

"诗言志"可以说是针对个体的人格教育来立意的。这种立意源自对个体

---

① 礼记正义：卷六十：大学第四十二[M]//阮元，校刻.十三经注疏（清嘉庆刊本）.北京：中华书局，2009：3631.
② 王文锦，译解.礼记译解[M].北京：中华书局，2016：552.

人格的"和"的心境的实现。孔子说的"不学诗，无以言"(《论语·季氏》)，是从个人情感表达的角度而言的。孔子说诗可以"兴、观、群、怨"(《论语·阳货》)则是从诗的功能上而言的。孔子利用这种说法把"诗言志"具体到个体的人的情志表达及其面对社会时的主体功能和融入功能上。主体功能体现在个人情感的表达（言）、个人兴致的生发（兴）、个人对社会的认识姿态和批评姿态（怨）；融入功能体现在个人与他人处理关系时的基本状态（群）。这两大功能体现出文艺的基本功能。可见，中国传统文艺思想不仅在对人的主体性的建构上是自觉的，而且在人与社会关系的建构上也是自觉的。这种自觉建构的姿态决定了中国传统文艺思想既不脱离人，又未脱离社会的能动性。

与个体的人的情志的抒发与性格的涵育相对而言，中国传统文艺体现出"文以载道"的传统，强调文学艺术需要"言志"，但还不能仅仅止于"言志"，还要"载道"，即传递"道"的信息，而体现社会发展规律的"道"与体现个人情感的"志"又形成一种对立统一的关系。《周易·系辞》中由阴阳观念所生发的自然之道就是在对立统一观念支配下的万事万物的"和"，是顺应事物发展规律的"大和"。"大和"和于"世"（世间万物间的对立统一），"小和"和于"心"（世间万物在个人内心的反映）。没有对"大和"之道的尊重，就不会有个人情志得以抒发的"小和"的实现。

"道"所呈现的是事物发展的规律。《周易·系辞上》云："一阴一阳之谓道。继之者善也，成之者性也。仁者见之谓之仁，知者见之谓之知，百姓日用而不知，故君子之道鲜矣。"[1] 我把这段话解释为："承继阴阳而生成宇宙万物之道者即谓'善'，而成就万物之道就是人的先天使命——即'性'。仁者通过阴阳之道成就仁德，智者通过阴阳之道成就智慧，普通百姓在日常生活中用之而不觉。"[2] 由此可见阴阳之道的广大。《周易·系辞》由阴阳观念而生发的"道"是顺应自然之道，强调人对自然之道的顺应。在顺应自然之道的

---

[1] 王弼，韩康伯，注．孔颖达，疏．周易正义：卷七［M］//阮元，校刻．十三经注疏（清嘉庆刊本）．北京：中华书局，2009：161．
[2] 王廷信．中国传统文艺创作思维探析［J］．中国文艺评论，2023（1）：4-15，126．

基础上成就万物，体现人的"仁德"与"智慧"。所以，顺应自然之道与成就人的个体品格之间形成密切关系。

最早谈论"志""道"关系的言论出自孔子。他在《论语》中指出："志于道，据于德，依于仁，游于艺。"① 孔子是直接把"志"与"道"联系起来讨论的，孔子所言之"道"是建立在仁德基础上的道，是让人不脱离仁德而又与特定技艺相伴随的道，也是追求"大和"的道。刘勰的《文心雕龙》承接了对"大和"之道的追求。

《文心雕龙》在其首篇《原道》中即谓："文之为德也大矣，与天地并生者。何哉？夫玄黄色杂，方圆体分，日月叠璧，以垂丽天之象；山川焕绮，以铺理地之形：此盖道之文也。"② 刘勰把文学与天地自然的演化规律联系起来，认为天地自然现象正是"道之文"——即"道"的显现。刘勰紧接着说："仰观吐曜，俯察含章，高卑定位，故两仪既生矣。惟人参之，性灵所钟，是谓三才。为五行之秀，实天地之心，心生而言立，言立而文明，自然之道也。"③ 他认为阴阳两仪所生之道只有人才可以理解，强调人识道的主体性。人在参道过程中可以生心，认为"心生而言立，言立而文明，自然之道也"。这里的"心"是对自然之道参悟后的"心"，是对事物有了认识之后的"心"，也是个人在悟道过程中生成的"情志"之"心"。所以，在刘勰看来，道虽天然，但需要人的主动认识，惟有人才能认识道之原理。道是人心参悟之后的"心得"，有心得才能立言，进而才能使"文明"，"文明"方可使"道明"。这里透露出"文以明道"的基本道理。"文以明道"启发了后世所讲的"文以载道"的基本思想。

"文以明道"的思想被唐代古文运动的领袖韩愈和柳宗元所承接。韩愈在《原道》中提出他对尧舜周孔先王治世之道的尊崇，其弟子李汉在为《昌

---

① 何晏，集解．邢昺，疏．论语注疏：卷七：述而［M］//阮元，校刻．十三经注疏（清嘉庆刊本）．北京：中华书局，2009：5390.
② 刘勰，著．赵仲邑，译注．文心雕龙译注［M］．南宁：漓江出版社，1982：20.
③ 刘勰，著．赵仲邑，译注．文心雕龙译注［M］．南宁：漓江出版社，1982：20.

黎先生集》所作的序中开宗明义地指出："文者，贯道之器也。"① 从而使"文以贯道"的观点彰显于世。柳宗元在《答韦中立论师道书》中提到："始吾幼且少，为文章，以辞为工。及长，乃知文者以明道，是固不苟为炳炳烺烺，务采色、夸声音而以为能也。凡吾所陈，皆自谓近道，而不知道之果近乎远乎。吾子好道，而可吾文，或者其于道不远矣。"② 柳宗元是唐代古文运动的领袖，他的言论是针对唐人文风时弊而言的，意在强调不能以夸饰之辞伤及对道的表达。承接韩、柳思想的是宋人周敦颐。他在《通书·文辞》中说道："文所以载道也。轮辕饰而人弗庸，徒饰也；况虚车乎？文辞，艺也；道德，实也。笃其实，而艺者书之，美则爱，爱则传焉。……不知务道德而策以文辞为能者，艺焉而已。噫！弊也久矣！"③ 周敦颐的思想是在批评宋人为文的浮夸之风时建立的，他把道直接与务实之"用"联系起来认知，进而指出文学应强调务实之道方能传之久远，极力反对仅"策以文辞为能"，即仅停留于单纯辞藻技艺的文风。朱熹则强调："道者，文之根本；文者，道之枝叶。惟其根本乎道，所以发之于文皆道也。"④ 在朱熹看来，道是根本，文是枝叶，二者有主次之别，又有根叶般的联系，反对"文""道"分离。

如果说孔子把人之情志与和之大道结合起来思考，让人把个人情志瞄向对于仁德的追求，刘勰把文艺创作与对大道之参悟结合起来思考，让人把创作的志趣瞄向对于事物发展规律之道的追求，那么韩愈、柳宗元、周敦颐、朱熹则强调文艺创作对务实的尧舜周孔先王仁德之道的追求。自唐至宋，无论是韩愈所言的"文以贯道"，柳宗元所言的"文者以明道"，还是周敦颐所言的"文所以载道"以及朱熹所言的"文以讲道，则文与道两得而一以贯之"，都密切关注"文"与"道"的关系。强调"文"对"道"的尊崇，也是

---

① 李汉.朱文公校昌黎先生集序［M］//韩愈，撰.朱熹，校.朱文公校昌黎先生集，收入《四部丛刊》集部，上海：商务印书馆.
② 柳宗元.柳宗元集：第34卷［M］.北京：中华书局，1979：873.
③ 周敦颐.通书：文辞［M］//梁绍辉，徐荪铭，等点校.周敦颐集.长沙：岳麓书社，2007：78-79.
④ 朱熹.文论：上［M］//黎靖德，编.王星贤，点校.朱子语类：卷一百三十九.北京：中华书局，1986：3319.

强调"文"对个人之"志"的尊崇，更是对个人之"志"朝向规律之"道"的尊崇。而所谓规律之"道"又是朝向"和"的大道。诗言志，志成文，文载道，道求和。这个逻辑链体现出中国传统文艺思想的基本体系，一直延续至清代。

近代以来，中国传统文艺思想在中西之争、古今之争中都曾被作为攻讦或维护的对象热烈讨论过，尤其是针对"言志"与"载道"各自的含义以及二者之间的关系争论不休。其争论的核心问题要么是对二者的含义作不同的理解，要么是把二者对立起来看待。这些看法都基于中西、古今之争的时代背景。之所以如此，都与中国社会自近代以来由传统向现代的转型进程有关。进入新时代，中国经济社会发生了巨大变化，中国经济社会的崛起和中国所面临的百年不遇之变，都需要中国人在文化上作出清醒的选择。习近平总书记指出："经过长期努力，我们比以往任何一个时代都更有条件破解'古今中西之争'，也比以往任何一个时代都更迫切需要一批熔铸古今、汇通中西的文化成果。我们必须坚持马克思主义中国化时代化，传承发展中华优秀传统文化，促进外来文化本土化，不断培育和创造新时代中国特色社会主义文化。"①在中国社会由传统向现代的转型过程中，从"全盘西化"到"中体西用"，从"古为今用、洋为中用"到熔铸古今、汇通中西的"守正创新"，呈现出中国文化从被动发展到自主抉择的基本脉络，这个脉络体现出中国文化面对时代变化的自我调节机能。

习近平总书记指出："守正，守的是马克思主义在意识形态领域指导地位的根本制度，守的是'两个结合'的根本要求，守的是中国共产党的文化领导权和中华民族的文化主体性。创新，创的是新思路、新话语、新机制、新形式，要在马克思主义指导下真正做到古为今用、洋为中用、辩证取舍、推陈出新，实现传统与现代的有机衔接。"②"守正创新"突破了中西、古今之争，体现出当代中国人思考文艺问题时的文化自主性。在此过程中，中国传统文

---

① 习近平.在文化传承发展座谈会上的讲话［J］.求是，2023（17）：11.
② 习近平.在文化传承发展座谈会上的讲话［J］.求是，2023（17）：11.

艺思想不仅没有消弭，反而在中国经济社会崛起之际，成为中国式现代化指导思想中的一个重要组成部分。

总体而言，中国传统文艺思想集中体现在对"诗言志"和"文以载道"认识基础上所生发的对"和"的审美理想的追求上。在以中国式现代化实现中华民族伟大复兴的进程中，诗以言志，可言人民之情志；文以载道，可载中华民族伟大复兴之大道。从这个意义上而言，中国传统文艺思想仍然具有旺盛的生命力和极强的贯穿性，不仅是我们在文艺道路上坚持文化主体性、守正创新的自信依据，而且也是让中华文明赓续不断、延绵不绝的自信依据。

中国古代文艺批评理论的思想根源、基本方法和话语特征[*]

2021年8月，中央宣传部、文化和旅游部、国家广播电视总局、中国文联、中国作协等五部门联合印发了《关于加强新时代文艺评论工作的指导意见》（以下简称《指导意见》）。《指导意见》特别提到，要"构建中国特色评论话语，继承创新中国古代文艺批评理论优秀遗产，批判借鉴现代西方文艺理论，建设具有中国特色的文艺理论与评论学科体系、学术体系和话语体系，不套用西方理论剪裁中国人的审美，改进评论文风，多出文质兼美的文艺评论"[①]，明确了中国特色的评论话语构建的途径和方法。其中"继承创新中国古代文艺批评理论优秀遗产"被放在首位，其次才是"批判借鉴现代西方文艺理论"。针对前者是"继承创新"，后者是"批判借鉴"，旨在强调中国古代文艺批评理论优秀遗产的主体地位。不可否认，西方文艺理论的吸收与借鉴在中国现代化的进程中起到了不容忽视的作用，对我们构建中国特色的文艺评论话语有着重要贡献。但中国拥有五千余年的文明史，从甲骨文诞生以来的历史也有三千余年。在中国社会发展的漫长历史中，积累了大量文艺评论资源，形成了自身独特的批评体系。但自近代以来，这种传统或遭批判，或遭搁置，或被淡化，甚或被遗忘，以致我们当下的文艺评论出现了非西方不言、

---

[*] 本文为国家社科基金艺术学重大项目"中华传统艺术的当代传承研究"（19ZD01）的阶段性成果，原载于《中国文艺评论》2023年第1期，收入本书时有改动。

① 中央宣传部等五部门联合印发《关于加强新时代文艺评论工作的指导意见》[EB/OL].（2021-08-02）[2022-12-15].http：//m.xinhuanet.com/2021-08/02/c_1127722893.htm.

非西方不会言的尴尬局面。近年来，大量生僻理论、生涩概念、生硬模式的引入，使文艺评论出现了"用西方理论剪裁中国人的审美"的倾向，进而使文艺评论仅仅停留在学术领域，甚至出现创作者不理、同行们不看、老百姓不懂的严重脱离"地气"的情形。为了克服这种倾向，我们有必要进一步理清中国古代文艺批评的思想根源、基本方法和话语特征，重估中国古代文艺批评理论的价值。

一、中国古代文艺批评的思想根源

中国古代文艺批评的思想根源是中国古代文艺批评的基本出发点，体现出中国古代文艺批评的价值观。对于这个问题，须回到中国古代文艺批评的原初历史语境中来考察。

中国古代最早涉及文艺批评的文字记载是《尚书》。《尚书·虞夏书·舜典》云："帝曰：'夔！命汝典乐，教胄子，直而温，宽而栗，刚而无虐，简而无傲。诗言志，歌永言，声依永，律和声。八音克谐，无相夺伦，神人以和。'"①这段记载虽然简略，但已透露出中国古代最初文艺批评的基本动机，那就是舜帝让乐官用诗歌和音乐对贵族子弟进行教育时，通过诗歌、音乐所营造的"和"的情境，使人的性格、人与神灵之间的关系达到和谐状态。这说明在中国古代文艺批评之初，是把文艺与人之间的关系放到重要位置的，从批评的出发点上体现出文艺对人的教化功能。而就文艺自身来说，这段记载把诗歌和音乐结合起来讨论，指出诗歌对于人的情志的表现功能、音乐对诗歌的表达作用。而就诗歌与音乐之间、音乐的"八音"之间的关系而言，都在强调"和"的要旨。从此，文艺与人之间的关系就成为中国古代文艺批评的核心命题，而"和"则成为中国古代文艺批评讨论的核心范畴。

儒家自孔子开始，多祖述尧舜、阐发周礼，援《诗经》《周易》《春秋》等经典文献展开文艺批评。以孔子为代表的儒家是在以尧舜等先王为范的讨

---

① 冀昀，主编. 尚书［M］. 北京：线装书局，2007：13.

论中提倡"和"之美德、在阐发周礼的过程中倡导以"仁"为本的和谐社会秩序的,而《诗经》《周易》《春秋》则被作为上述核心思想的主要文献依据。孔子谓《韶》曰:"尽美矣,又尽善也。"谓《武》曰:"尽美矣,未尽善也。"①谓季氏"八佾舞于庭,是可忍也,孰不可忍也?"②孔子以所崇尚的西周时期的两部乐舞为范型讨论乐舞的美与善,谴责季氏用乐对周礼的僭越,旨在强调乐舞美、善统一。孔子在论《关雎》时云:"《关雎》乐而不淫,哀而不伤。"③旨在强调文艺作品的情感不能因过度而偏于一极。孔子指出:"不学《诗》,无以言。"④提倡"何莫学夫《诗》?《诗》,可以兴,可以观,可以群,可以怨。迩之事父,远之事君。多识于鸟兽草木之名"⑤。孔子从《诗经》的价值出发强调文艺的社会功能及其对人日常修为的滋养作用。孔子云:"志于道,据于德,依于仁,游于艺。"⑥这里的"艺"泛指做各种事的技艺,具体可指《周礼》所言之礼、乐、射、御、书、数等"六艺"。"六艺"中,乐、书二艺均属艺术技能,可见包含艺术在内的技艺已被孔子纳入人的重要素养。而这些素养又是建立在对于道的追求、对德和仁的依赖基础之上的,即孔子不赞成单纯的技艺,而是认为只有在道、德、仁等观念的支撑下,人才能悠游自在地从事技艺,才能让人在行使技艺的过程中达到自由快乐的境界。孔子在具体谈到诗、礼、乐与人之关系时云:"兴于诗,立于礼,成于乐。"⑦,意谓人的成长可以从阅读《诗经》开始,进而把礼作为立身的根基,用音乐来陶冶情操,从而完善自己的人格,旨在强调文艺与人之间的密切关系。

儒家哲学是中国古代文化的主流,其对于艺术的观点影响深远,代表人物孔子继承了《尚书》讨论文艺与人、与社会之间关系的核心命题以及文艺作品追求"和"的基本立场,着力思考美与善的关系,道德和艺术的关系,

---

① 论语:八佾[M]//朱熹集注.上海:上海古籍出版社,2007:27.
② 论语:八佾[M]//朱熹集注.上海:上海古籍出版社,2007:18.
③ 论语:八佾[M]//朱熹集注.上海:上海古籍出版社,2007:25.
④ 论语:季氏[M]//朱熹集注.上海:上海古籍出版社,2007:167.
⑤ 论语:阳货[M]//朱熹集注.上海:上海古籍出版社,2007:173.
⑥ 论语:述而[M]//朱熹集注.上海:上海古籍出版社,2007:60.
⑦ 论语:泰伯[M]//朱熹集注.上海:上海古籍出版社,2007:75.

并将其作为评判文艺作品的基本标准。这些动机和做法思之精深、传之久远，成为中国古代文艺评论思想的基本品格。如果说孔子在以礼乐关系讨论社会和谐秩序的构建中涉及文艺与人、与社会之间的关系，为构建中国古代文艺评论提供了主流方向，那么道家和释家也从各自的角度提出了自己的社会理想，并在此基础上形成其文艺评论观。

道家先祖老子的言论是围绕"道"的问题来讨论的，只是在讨论"道"的问题时涉及文艺批评的动机，这种动机是为阐发其哲学思想服务的。老子的社会理想是清静无为的和平世界，其治理社会的基本理念是绝圣弃智、无为而治。所以他在讨论"道"的问题时强调"有"与"无"的辩证关系。《老子》云："孔德之容，惟道是从。道之为物，惟恍惟惚。惚兮恍兮，其中有象；恍兮惚兮，其中有物。窈兮冥兮，其中有精，其精甚真，其中有信。"[①] 老子认为"道"是"恍惚"而不可捉摸之物，但其中包含着"象""物""精""信"等品质。《老子》云："有物混成，先天地生。寂兮寥兮，独立而不改，周行而不殆，可以为天下母。吾不知其名，强字之曰道，强为之名曰大。……人法地，地法天，天法道，道法自然。"[②] 老子认为，"道"是先于天地万物而生的，支配着天地万物之运行，但因无法名之而"强为之名曰大"，认为道是一种无形无名的强大力量，是包含天地万物的巨大空间，人仅是其中之一，而"道"之来源则是"自然"。这段论述体现出道家"天人合一"的思想。在这种思想支配下，道家观察世界的方式就与儒家有了显著区别。孔子也讲"道"，但孔子之"道"是围绕人事而思考的，集中体现在以"仁"为本的人心之善，以及在此基础上的治世思想。孔子曰："参乎！吾道一以贯之。"曾子曰："夫子之道，忠恕而已矣。"[③] 而老子则把人与万物放在并行的空间里，认为人当以"无为"的态度面对世界，方能体现出"有为"之价值。所以《老子》云："圣人处无为之事，行不言之教"[④]，"故常无欲，以观

---

① 老聃.老子[M].范永胜，译注.合肥：黄山书社，2005：48.
② 老聃.老子：第二十五章[M].范永胜，译注.合肥：黄山书社，2005：58.
③ 论语：里仁[M]//朱熹集注.上海：上海古籍出版社，2007：33.
④ 老聃.老子：第二章[M].范永胜，译注.合肥：黄山书社，2005：3.

其妙,常有欲,以观其徼"①,提出"致虚极,守静笃"才能"万物并作,吾以观复"②的体察世界的方法。这种方法是在观察万物之"道"的动机下产生的,对中国古代文艺批评产生了深远影响。

庄子继承了老子的学说,使道家思想发扬光大。庄子运用大量实例体会和阐发"道"之精微,从而使"道"呈现出勃勃生机。庄子所言的庖丁解牛"合于《桑林》之舞,乃中《经首》之会","提刀而立,为之而四顾,为之踌躇满志"③。庄子用庖丁炉火纯青、游刃有余的宰牛技艺彰显"道"之魅力,让老子所言"道"之"恍惚"落实在现实人生的技艺体验中。庄子借颜回与孔子的对话提出"心斋"的命意。(颜)回曰:"敢问心斋。"仲尼曰:"若一志,无听之以耳而听之以心,无听之以心而听之以气。耳止于听,心止于符。气也者,虚而待物者也。唯道集虚。虚者,心斋也。"④认为运用虚静之心方能感受"道"之存在。庄子有心说"道"、无心言"艺",但在说"道"动机的支配下,把艺术感受的精髓讲明白了。所以徐复观说:"当庄子从观念上去描述他之所谓道,而我们也只从观念上去加以把握时,这道便是思辨的形而上的性格。但当庄子把它当作人生的体验而加以陈述,我们应对于这种人生体验而得到了悟时,这便是彻头彻尾的艺术精神。"⑤

如果说孔子从"有为"视角出发把中国古代文艺批评思想引向关注社会、关注人性善恶的现实主义批评轨道,那么老、庄则从"无为"视角出发为中国古代文艺批评提供了虚静养心、以观奥妙的理想主义批评轨道。而到了两汉和魏晋南北朝时期,随着文艺创作的日益发展,人们谈论文艺风气的日盛、对于精神生活境界追求的提升、佛教与魏晋玄学的相遇相结,让中国古代文艺批评思想出现了"拐点"。这个"拐点"便是直接针对文艺创作本身来思考文艺的价值,其突出表现就是大批文人士大夫对文艺有了较为专门的思考。

---

① 老聃.老子:第一章[M].范永胜,译注.合肥:黄山书社,2005:1.
② 老聃.老子:第十六章[M].范永胜,译注.合肥:黄山书社,2005:36.
③ 冀昀,主编.庄子:养生主[M].北京:线装书局,2007:33-34.
④ 冀昀,主编.庄子:人间世[M].北京:线装书局,2007:42.
⑤ 徐复观.中国艺术精神[M].上海:华东师范大学出版社,2001:30.

扬雄、王充、曹丕、曹植、陆机、左思、钟嵘、刘勰、谢赫、嵇康等一大批诗论、文论、画论、乐论家的出现，让汉魏时期的文艺批评成为中国古代文艺批评的第一座高峰。《汉书·礼乐志》云："（圣人）象天、地而制礼、乐，所以通神明，立人伦，正情性，节万事者也。"①继承了儒家的礼乐思想。钟嵘《诗品序》云："动天地，感鬼神，莫近于诗。"②直接把诗的地位提升到感天动地的崇高地位。曹丕《典论·论文》云："盖文章，经国之大业，不朽之盛事。年寿有时而尽，荣乐止乎其身，二者必至之常期，未若文章之无穷。"③刘勰《文心雕龙·原道训》曰："文之为德也大矣，与天地并生者何哉？……为五行之秀，实天地之心。"④均在昭示文学的地位与价值。谢赫《古画品录序》云："图绘者，莫不明劝戒，著升沉；千载寂寥，披图可鉴"⑤，把绘画上升到了高台教化的地位。文艺地位的提升延续了先秦诸子的基本思想，无论是"立人伦、正情性、节万事"的礼乐，还是感天地、泣鬼神的诗歌；无论是"五形之秀""天地之心"的文学，还是"披图可鉴"的绘画，都从文艺自身出发思考文艺的崇高地位，从另一角度彰显出文艺的社会价值。

　　从两汉到魏晋，是中国文艺创作骤然崛起的时代，也是中国文艺批评骤然凸起的时代。与文艺以及文艺的自觉相伴相生的还有玄学和禅宗的兴起。玄学源自老、庄和《易经》，是在从大一统的两汉到分裂的魏晋南北朝社会出现剧烈震荡的背景下产生的。动荡时代的士大夫文人选择了避世之路，一时间黄老之学、清谈之风大盛，为玄学奠定了社会基础。《魏书·释老志》记载："显祖即位，敦信尤深，览诸经论，好老庄。每引诸沙门及能谈玄之士，与论理要。"⑥《晋书·陆云传》所云之"本无玄学，自此谈老殊进"⑦是玄学名称的较早出处。《尚书正义》在解释《老子》所云"玄之又玄"时指

---

① 班固.汉书：卷二十二：礼乐志第二[M].百衲本.
② 钟嵘,著.诗品集注[M].曹旭,集注.上海：上海古籍出版社，1994：1.
③ 李昉,等.太平御览：卷五百九十九：文部十五[M].四部丛刊三编影宋本.
④ 刘勰,著.文心雕龙校注[M].杨明照,校注拾遗.上海：古典文学出版社，1958：1.
⑤ 谢赫,姚最.古画品录[M].王伯敏,标点注译.北京：人民美术出版社，1959：1.
⑥ 魏书：卷一百一十四：志第二十[M].武英殿本.
⑦ 晋书：卷五十四：列传第二十四[M].武英殿本.

出:"'玄'者微妙之名,故云'玄谓幽潜'也。"① 这种解释指出了玄学幽深的本质。玄学把时人的思想引向幽深玄远的境地,竹林七贤正是玄学人格的杰出代表。他们常集于竹林,酣饮纵歌、谈文论道,享受着肆意酣畅的自由生活。佛教自东汉传入中国,时至魏晋,佛教般若"性空"之说与清谈玄学之风"不谋而合",在贵族士大夫阶层广为流行,为唐代禅宗思想的形成铺平了道路。时至唐代,禅宗思想大盛,深刻影响到文艺领域。禅宗可上溯至灵山会上释迦拈花,迦叶微笑传授佛法,后有达摩面壁静坐、寂然无为,直至六祖慧能开创的南派禅宗,主张"教外别传,直指人心,不立文字,顿悟见性"②才让禅宗深入人心,并渗透至文艺领域。这时不仅出现了大量诗僧(如王梵志、寒山、拾得、皎然等)、画僧(如善导、贯休等),而且赢得众多士大夫文学家和艺术家的兴致(如李白、白居易、王维等)。禅宗的"顿悟"主张不仅从哲学层面为人们认识世界打开了一扇窗户,而且让文艺创作和批评进入一种新的境界。清代刘熙载评价苏轼诗歌时说:"东坡诗善于空诸所有,又善于无中生有,机括实自禅悟中得来"③,也是运用禅宗的"顿悟"学说评价的。葛兆光说:"中国的禅宗便是在印度禅学的基础上成长起来的一株结着无花果的智慧树,它虽然植根于印度禅学,却融汇了印度佛教其他方面的种种理论,并与中国土生土长的老庄思想及魏晋玄学相结合,形成了一个既具有精致的世界观理论,又具有与世界观相契合的解脱方式和认识方法的宗教流派。"④

从先秦至唐,中国古代文艺批评的思想根源从萌芽到形成,为后世的文艺批评奠定了较为稳固的思想基础。这种思想的特征体现为文艺与社会人生的密切关系、儒家"有为"与道家"无为"的辩证关系、玄学"清谈"与禅宗"顿悟"的互证互补关系。自宋以降,这些特征虽在不同时期表现略异,但总体来说,它们都一以贯之地被后世所继承、所阐发、所光大,体现出中

---

① 孔安国,传.孔颖达,疏.尚书正义:卷三[M]//阮元,校刻.十三经注疏(清嘉庆刊本).北京:中华书局,2009.
② 赖永海.佛道诗禅——中国佛教文化论[M].北京:中国青年出版社,1990:142.
③ 卷二诗概[M]//刘熙载.艺概.上海:上海古籍出版社,1978:66.
④ 葛兆光.禅宗与中国文化[M].上海:上海人民出版社,1986:7.

国古代文艺批评思想的显著个性。

二、中国古代文艺批评的基本方法

如果说文艺批评的思想代表批评者的基本立场的话，那么文艺批评的方法则是站在这种立场思考、分析文艺现象的具体做法。文艺批评的思想着力解决"为何评"的问题，而文艺批评的方法着力解决"如何评"的问题。中国古代的文艺批评是围绕文艺与社会、与人之间的关系展开的，是为了实现"和"的理想目标而评的。这种思想决定着其批评的基本方法。笔者认为，中国古代文艺批评的基本方法可从如下四个方面来认识。

第一，知人论世的关联方法。知人论世是指批评家基于对创作者本身的认识，而对其文艺作品进行评价。知人论世的方法较早出自儒家。《孟子·万章下》云："颂其诗，读其书，不知其人，可乎？是以论其世也，是尚友也。"① 强调对于创作者所处时代、身世、思想、品格的理解是理解其创作动机、创作过程和作品的前提，提倡与品格高尚的艺术家为友。清人章学诚在《文史通义·文德》中说："不知古人之世，不可妄论古人之辞也；知其世矣，不知古人之身处，亦不可以遽论其文也。"② 郭绍虞对此作过专门论述，他认为儒家对文学批评的方法主要是"体会"的方法。他说："儒家之所谓体会，其方法有二种：一是在本文内体会的，一是在本文外体会的。……其在本文内体会者，更有二种方法：一是论世，一是知人。《周易·系辞传》云：'圣人之情见乎辞'，因为情见乎辞，所以可以知人论世。"③ 知人论世的方法可上溯至《尚书·虞书·舜典》"诗言志"之说。《尚书》较早把诗歌与人的情志联系起来认识。《毛诗序》亦云："诗者，志之所之也，在心为志，发言为诗。"④

---

① 孟轲.孟子[M].杨伯峻，杨逢彬，注译.长沙：岳麓书社，2000：187.
② 章学诚.文史通义[M].李春玲，校点.沈阳：辽宁教育出版社，1998：56.
③ 郭绍虞.中国文学批评史[M].天津：百花文艺出版社，2008：17-18.
④ 郑玄，笺.孔颖达，疏.毛诗正义：卷一[M]//阮元，校刻.十三经注疏（清嘉庆刊本）.北京：中华书局，2009.

毛亨把诗歌看成是人的内心情志的表达，而人的情志与人的身世、机遇都有直接关系。不知其人，难以理解其志，进而难以理解与情志直接关联的诗之含义。司马迁《报任安书》云："盖西伯（文王）拘而演《周易》；仲尼厄而作《春秋》；屈原放逐，乃赋《离骚》；左丘失明，厥有《国语》；孙子膑脚，《兵法》修列；不韦迁蜀，世传《吕览》；韩非囚秦，《说难》《孤愤》；《诗》三百篇，大底圣贤发愤之所为作也。"① 司马迁所举之作皆与作者的身世和处境密切关联，司马迁的批评也印证了中国古代文艺知人论世的批评方法。知人论世把创作者与其作品密切关联，不孤立地看待作品，是中国古代文艺批评最为基本的方法。这种方法贯穿中国古代文艺批评始终，其影响一直延续至今，形成了中国文艺批评的优良传统。

第二，日常体验的言说方法。中国古代文艺批评家自觉让批评渗透在人的日常体验中，渗透在人与人的日常交流过程中，从人的基本情感出发，与人的生活经验、生命体验密切结合，故而充满鲜活的生命力。

《论语·八佾》记载："子夏问曰：'巧笑倩兮，美目盼兮，素以为绚兮。何谓也？'子曰：'绘事后素。'曰：'礼后乎？'子曰：'起予者商也，始可与言诗已矣。'"② 子夏从人的美眸流盼的动人笑容中询问孔子"美"的道理，孔子将其与绘画联系起来，说先要有绚白的底子，然后去作画方能有美感。子夏问"礼"是后来才有的吗？孔子从子夏的回答中得到启发，才说可以与其讨论《诗经》了。可见，孔子正是在与学生的日常谈论中，基于对日常生活的体验来理解和评价文艺现象的。

《庄子·达生》记载了一位名叫梓庆的工匠制作一种名为"鐻"的乐器架的故事。这种乐器架子制成后，"见者惊犹鬼神"。鲁侯见而问其缘由，梓庆说他为了制作好乐器架，需要斋戒七日，直至达到一种虚静忘我的境界方能进入山林，按天性凝神选材，才能制作出如此神奇的乐器架来。③ 庄子借助人与人之间的日常交流，把制作乐器架需凝神静气、进入与物质材料"神交"

---

① 欧阳询. 艺文类聚：卷二十六：人部十[M]. 四库全书本.
② 论语：八佾[M]//朱熹集注. 上海：上海古籍出版社，2007：21.
③ 冀昀，主编. 庄子：达生[M]. 北京：线装书局，2007：210.

的境界以理解乐器架所需之材特性的深刻道理生动地讲了出来。

《礼记·乐记》中记载过魏文侯与子夏讨论"郑卫之音"的故事。魏文侯问子夏："吾端冕而听古乐，则唯恐卧；听郑卫之音，则不知倦。敢问古乐之如彼何也？新乐之如此何也？"子夏对曰："今夫古乐，进旅退旅，和正以广。……始奏以文，复乱以武，治乱以相，讯疾以雅。君子于是语，于是道古，修身及家，平均天下，此古乐之发也。今夫新乐，进俯退俯，奸声以滥，溺而不止；及优侏儒，糅杂子女，不知父子。乐终不可以语，不可以道古。此新乐之发也。今君之所问者乐也，所好者音也！夫乐者，与音相近而不同。"①《乐记》是通过魏文侯与子夏之间的日常对话道出"音"与"乐"的差异，从而阐发古乐与新乐之别。

钟嵘《诗品序》云："观王公缙绅之士，每博论之馀，何尝不以诗为口实，随其嗜欲，商榷不同，淄渑并泛，朱紫相夺，喧议竟起，准的无依。"②钟嵘的这则议论反映出南北朝时期士大夫们常常借助诗歌讨论时事的事迹，说明在南北朝时期，文艺已经渗入士大夫的日常生活而被评价。

在中国古代，除了较为专门的文艺批评著述，多数情况下，人们都将文艺批评与生活体验密切结合，让文艺批评成为人们日常经验的有机组成部分，这种优良传统一直延续到清代。我们从《红楼梦》中贾府的人们在日常生活中的诗歌创作与品评活动即可看出。

第三，以心感物的认知方法。这种方法源自儒家提倡的"格物致知"（《礼记·大学》）、道家提倡的"虚而待物"的"心斋"③，后由魏晋玄学与禅宗的"顿悟"方法所承接，在宋明理学中得以光大，从而成为中国古代文艺批评的认知方法。成复旺曾说："翻开中国传统的美学论著，可以十分清楚地看到，其中的中心议题，就是心与物。""无论诗论、画论、乐论，亦无论'意

---

① 礼记：乐记第十九［M］//阮元，校刻．十三经注疏（清嘉庆刊本）．北京：中华书局，2009．
② 钟嵘．诗品集注［M］．曹旭，集注．上海：上海古籍出版社，1994：62．
③ 冀昀，主编．庄子：人间世［M］．北京：线装书局，2007：42．

象'论、'意境'论,总之都是论心与物。"① 这种看法十分准确。

《礼记·乐记》在谈到音乐的起源时曾云:"乐者,音之所由生也;其本在人心之感于物也。"② 所以"心"与"物"的关系从中国艺术理论的源头开始就是中国文艺的核心命题,以心感物的方法也是中国文艺批评的优良传统之一。《礼记·大学》云:"欲诚其意者,先致其知;致知在格物。物格而后知至,知至而后意诚。"③ 儒家为人的成长设置了"格物、致知、诚意、正心、修身、齐家、治国、平天下"的基本步骤,让人从"格物"开始以达到可为"平天下"的理想目标服务的基本涵养。这是一种智慧而宏远的社会人生设计,是儒家为实现其社会理想而从人的角度提出的实现途径。而正是在这种途径上,让人通过"格物"——体认万物而"致知"——洞明世理,通过"致知"而"诚意""正心""修身",从主观修为上提升自己,进而投身到"齐家""治国""平天下"的实务当中。如果说"格物、致知、诚意、正心"是"体",那么"齐家、治国、平天下"则是"用","体""用"结合,是儒家从个体的人的角度所提供的方略。这种方略为人们认识世界提供了基本方法,其中体认万物以"致知"的方法为认识文艺创作的基本原理、发掘文艺作品的价值、评价文艺作品的基本特征开启了思维之门。

道家以"虚"为特征的"心斋"理念,是借助纯净的"心斋"体认事物奥妙的有效方法。这种方法在后世文艺批评活动中被广为采用。例如,南朝画家宗炳在《画山水序》中提倡的"澄怀味象"④ 正是这种方法的具体运用。"澄怀"是要求体验者涤除内心欲念、以超越世俗功利的心境去看待艺术,是"味象"——体味艺术精神的前提。而禅宗从万物自然变化的规律悟出佛理的做法,则是超越世俗迷障,直指事物本性的思维方法。这种方法让以心

---

① 成复旺.神与物游——中国传统审美之路[M].济南:山东人民出版社,2007:67.
② 礼记:乐记第十九[M]//阮元,校刻.十三经注疏(清嘉庆刊本).北京:中华书局,2009.
③ 礼记正义:卷六十:大学第四十二[M]//阮元,校刻.十三经注疏(清嘉庆刊本).北京:中华书局,2009.
④ 张彦远.历代名画记:卷六[M].明王世贞王氏画苑本.

感物的文艺创作和评论方法提升到一个新的境界。王维"在京师日饭数十名僧,以玄谈为乐……退朝之后,焚香独坐,以禅诵为事"①,方有其如"松风吹解带,山月照弹琴。君问穷通理,渔歌入浦深"(《酬张少府》)、"行到水穷处,坐看云起时。偶然值林叟,谈笑无还期"(《终南别业》)这般空灵自在的诗作。晚唐诗僧皎然遍访名山、精研佛典,他在《诗式》中评价康乐公(谢灵运)诗歌时所云的"但见性情,不睹文字"②就是禅宗思维在诗歌批评中的体现。金元时期的文学家元好问所言"诗为禅客添花锦,禅是诗家切玉刀"(《赠嵩山隽侍者〈学诗〉》)更是生动深刻地道出了禅与诗的密切关系。清人刘熙载的《艺概·诗概》在讨论杜诗时所云"杜诗只有无二字足以评之。有者,但见性情气骨也;无者,不见语言文字也。"③这些都是承继了禅宗的批评方法。

由此可见,无论是儒家、道家还是禅宗,皆在高扬并涵养主体的"心"的能量,用以心感物的方式处理"心"与"物"之间的关系,借以感受、理解、领会文艺作品之精神,深刻影响了中国古代文艺批评的认知方式。

第四,感通万物的思维方法。如果说以心感物是中国古代文艺批评的认知方法,旨在让批评主体与批评客体在界限上发生区别和联系,让批评客体在批评主体思维中被对象化的话,那么感通万物的思维则是让这种认知方式具体化,让批评主体面对批评客体得以浸入、感受、化生、提升和完成得更加具体的方式。

《周易·系辞上》云:"圣人有以见天下之动,而观其会通,以行其典礼。"孔颖达疏:"观看其物之会合变通。"④是指观看主体对万物之变的一种洞察力,与"感通"同义。而"感通"一词最早出自王弼注、孔颖达疏《周易正义》中。《周易正义》又称《周易注疏》,是对《周易》的进一步解读。《周

---

① 旧唐书:卷一百九十下:列传第一百四十[M].武英殿本.
② 释皎然.诗式:卷一[M].北京:中华书局,1985:5.
③ 卷二诗概[M]//刘熙载.艺概.上海:上海古籍出版社,1978:59.
④ 王弼,等注.孔颖达,疏.周易正义:系辞上卷七[M]//阮元,校刻.十三经注疏(清嘉庆刊本).北京:中华书局,2009.

易正义》云："'咸'感也。此卦明人伦之始，夫妇之义，必须男女共相感应，方成夫妇。既相感应，乃得亨通。若以邪道相通，则凶害斯及，故利在贞正。既感通以正，即是婚媾之善。"①"感通"在此是指男女之间的心性感应，孔颖达强调男女只有以合乎法度的方式在内心深处相互感应，才会获得美满婚姻。"感通"是源自《周易》的学说，刘勰的《文心雕龙》深受《周易》的影响，就文学的思维来说，《文心雕龙》对《周易》"感通"万物的思维做了有益的尝试。刘勰《文心雕龙·神思》曰："文之思也，其神远矣。故寂然凝虑，思接千载；悄焉动容，视通万里；吟咏之间，吐纳珠玉之声；眉睫之前，卷舒风云之色；其思理之致乎！故思理为妙，神与物游。神居胸臆，而志气统其关键；物沿耳目，而辞令管其枢机。枢机方通，则物无隐貌；关键将塞，则神有遁心。"②刘勰的"神思"正是感通万物的思维，其在时间上可"接千载"，在空间上可"通万里"，让人之"神"与万物相"游"，从而借助神思之枢机，让万物呈现生气。这种思维既是文学创作的思维，又是文艺评论的思维，强调批评者面对作品要"感而通之"，从而发掘深藏于作品中的生机。

到了宋代，以张载、程颐、朱熹等人为代表的儒学家在解释《周易》时，把"感通"思维发挥到极致，为中国古代文艺批评方法提供了思维"中枢"。《周易》咸卦"彖辞"云："天地感而万物化生，圣人感人心而天下和平。观其所感，而天地万物之情可见矣。极言感通之理。"③咸卦"彖辞"在此把天、地、人"三才"因感应而通万物之理说得很透彻。朱熹云："天地间无非气。人之气与天地之气常相接，无间断，人自不见。人心才动，必达于气，便与这屈伸往来者相感通。"④朱熹在此指出感通万物的思维形式是以"气"为媒介的，人心之"动"须达于"气"，通过"气"才能使"心"与万物"屈伸往来"

---

① 王弼，等注．孔颖达，疏．周易正义：下经咸传卷四［M］//阮元，校刻．十三经注疏（清嘉庆刊本）．北京：中华书局，2009．
② 刘勰，著．文心雕龙校注［M］．杨明照，校注拾遗．上海：古典文学出版社，1958：195．
③ 朱熹．原本周易本义：卷四［M］．文渊阁四库全书本．
④ 朱熹，著．朱鉴，辑．文公易说：卷二十一［M］．文渊阁四库全书本．

之变相通。在宋代理学家看来，思贵虚不贵实。杨万里《诚斋易传》云："心者，身之镜；思者，镜之翳。镜则虚而照，思则索而照。虚而照，无物也，索而照，有物矣。惟无物者见物，有物矣。安能见物哉？……役思于事物往来屈伸之变，故思未能感通于事物，而事物万绪朋来从之而不胜其扰且害矣。"① 杨万里的思想深受老、庄影响，倡导"虚以待物"，认为"役思于事物往来屈伸之变，故思未能感通于事物"，反对从主观意志上让"思"被奴役。苏轼是宋代杰出的诗文家，对《周易》也深有研究，并深受其影响。他所言的"欲令诗语妙，无厌空且静，静故了群动，空故纳万境"（《送参寥师》）也反对杨万里所言的"役思于事物往来屈伸之变"，倡导以空静之心而"纳万境"。

中国古代哲学之"感通"是作为主体的"人"对世界的全面体验。这种体验最初是生理上的，而最终被上升至心理层面，升华为精神性的事物。古代哲学常言的"五色"是目之所感，"五音"是耳之所感，"五气"是鼻之所感，"五味"是舌之所感。人在感受这些事物时最初都是生理上的感受。但中国古代哲学往往能自觉地把生理感受上升至心理、精神感受。这种做法正是"感通"思维的体现，所以在从事文艺批评活动时，批评家能把"色""音""气""味"会通，集中以"味"来体现，体味、品味成为批评的方法，意味、滋味等成为批评结果。之所以集中以"味"来体现，当与中国古人把"舌"与"心"连结起来思考有关。《黄帝内经·素问》云："肝主目……心主舌……脾主口……肺主鼻……肾主耳。"②《灵枢经》云："心气通于舌，心和则舌能知五味矣。"③ 可见"舌"与"心"关系之密切。在古代中国人看来，"心"是感受和思考事物的中枢，"舌"是五官最重要的媒介，所以"心主舌"。由此我们不难体会，为何中国古代文艺批评能将五官所感会通于"味"，也能体会中国古代文艺批评何以能将生理之"味"会通为精神之"味"了。

---

① 杨万里.诚斋易传：卷九[M].文渊阁四库全书本.
② 素问：卷二[M]//黄帝内经.顾氏翻宋刻本.
③ 灵枢经：卷四[M].明赵府居敬堂刊本.

感通思维是需要训练而养成习惯的。《二程粹言》记载过孔子和客人之间的一段对话："或问：'学必穷理。物散万殊，何由而尽穷其理？'子曰：'诵《诗》《书》，考古今，察物情，揆人事，反覆研究而思索之，求止于至善，盖非一端而已也。'又问：'泛然，其何以会而通之？'子曰：'求一物而通万殊，虽颜子不敢谓能也。夫亦积习既久，则脱然自有该贯。所以然者，万物一理故也。'"[1] 孔子在此强调感而会同非一日之寒，需长期炼心养性，涵育思维习惯、厚积薄发，才能有自然而然的贯通。

感通万物思维方式的价值在于让批评者"浸入"作品的时空情境，以"游"的方式自由感受作品描述的物象，并能"跳出来"将这些物象特征提炼出来化作批评者的"心象"，为批评者评判作品价值提供参照。有人说中国古代文艺批评理论多为感受性较强的经验描述，殊不知这种现象恰恰是中国古代文艺批评理论的闪光点所在。中国古代艺术批评家在评判作品时不是刻意把作品切割成可用概念进行判断推理的逻辑元素，而是借助感通思维，从整体上感受作品的特征、把握作品的风貌，并将这种特征和风貌以自由而富有生机的语言表达出来，既能化为批评者自己的精神力量，又能呈现出作品的精神特质，所以带有较强的经验特征。运用感通万物的思维方式所批评的结果，不是固定不变的价值判断，而更多是富有个性的特征判断。所以，感通万物的思维方法是中国古代文艺批评的重要批评方法，也是中国古代文艺批评方法的优良传统。

由上可见，知人论世的关联方法让中国古代文艺作品不被置于孤立状态来看待，日常体验的言说方法让中国古代文艺批评成为人们生活中的有机组成部分，以心感物的认知方法让中国古代文艺批评区分出主体与客体并让二者发生联系，感通万物的思维方法则体现出迥异于西方文艺批评的理性特征，让文艺批评活动成为批评家可浸入、可体验、可化生、可判断、可创造的能动的批评行为。这四种方法互相补充、互相支持，成就了中国古代文艺批评的方法论传统。

---

[1] 程颢，程颐.二程粹言：卷一[M].通行本.

三、中国古代文艺批评的话语特征

如果说中国古代文艺批评的思想源于对文艺与人之间关系的讲求、源于对"和"的理想的追求，那么基于这种追求，中国古代文艺批评表现出独特的批评方法，这些方法使中国古代文艺批评获得了具体的体认、思维和表达途径。而中国古代文艺批评的话语则是基于中国古代文艺批评的思想根源和批评方法而生成的批评模式。所以我们要从中国古代文艺批评的思想根源和批评方法出发思考中国古代文艺批评的话语特征。

"话语"是言说事物过程中所选择的视角、所使用的范畴和概念。这些视角、范畴、概念构成一种言说模式，用以阐发事物之价值、揭示事物之特征。中国古代文艺批评在长期积累和演变的过程中，养成了自身较为独特的言说模式，形成了自己的话语特征。如果说视角是人们认识世界的观测点的话，那么范畴则是人们认识世界的途径，而概念则是在范畴基础上衍生出来的"次范畴"，用以概括次于"范畴"范围的现象。中国古代文艺批评的视角、范畴、概念是建立在中国古代哲学基础上的，是中国古代哲学思想在文艺批评领域的延伸和运用。

中国古代哲学的思维是建立在构筑天、地、人"三才"的关系基础上的，其认识世界的视角也是从这三者关系入手。最早为这三者建立关系的典籍是《周易》。《周易·系辞下》云："古者包牺氏之王天下也，仰则观象于天，俯则观法于地，观鸟兽之文与地之宜，近取诸身，远取诸物，于是始作八卦，以通神明之德，以类万物之情。"[①] 这是《周易·系辞》所言的包牺氏作八卦的思路、方法和目的。"八卦"是"以图示事（理）"的方法，两仪生自太极、四象生自两仪、八卦生自四象，由此再推衍出六十四卦等众多卦象。包牺氏把天、地、人三者之间的联系用图符形式来表示，旨在"通神明之德，以类万物之情"。这种做法也是人与天地沟通，用类比而生的象征方式表现世间万物

---

① 周易：系辞下[M]//阮元，校刻.十三经注疏（清嘉庆刊本）.北京：中华书局，2009.

情状的做法。

　　《周易·系辞上》引孔子语曰："圣人立象以尽意，设卦以尽情伪，系辞焉以尽其言。变而通之以尽利，鼓之舞之以尽神。……是故，形而上者谓之道，形而下者谓之器，化而裁之谓之变，推而行之谓之通，举而错之天下之民谓之事业。"①《周易》是儒家倡导人们阅读的"五经"之一，反映出儒家对先民认识世界原初思维方式的认可和尊重。《周易·系辞》有效地解释了这种方式。观象于天、观法于地，体情于人和万物，区分"形而上者"之"道"、"形而下"者之"器"，重视事物之"变"、万物之"通"，让这种道理施于天下百姓而成其"事"。这种做法开辟了中国古代哲学思想的话语源头，后被广泛运用于文艺批评话语系统中。由此可见，中国古代文艺批评的话语源自中国哲学的话语，从观察世界的思维方式做起，从思考天、地、人之间关系的角度考量，从感物之变、道器辩证、形神兼顾、立象尽意的思想源头渐次展开。儒家、道家沿着这些思想源头展开各自的阐发，魏晋玄学和稍后的禅宗在道家思想基础上开辟了另外的道路。

　　中国古代的哲学范畴由中国古代文艺批评所沿用，成为中国古代文艺批评的感受工具和分析工具。但这些范畴也各有轻重和指向。轻重是指主次，可以层级来划分；指向是指侧重点，如侧重于本体论的范畴、侧重于方法论的范畴、侧重于价值论的范畴等。为了便于理解，我们在本文中把范畴按轻重划分为理想性范畴、根源性范畴、支撑性范畴、延伸性范畴四个层级。其中，理想性范畴代表中国哲学和文艺批评思想的最高理想和目标，根源性范畴代表中国哲学和文艺批评的思想基础，支撑性范畴是用以分析和展开根源性范畴的支柱，而延伸性范畴则是在支撑性范畴基础上进一步展开的较为具体的范畴。

　　"仁"是儒家思想的根源性范畴。"美"与"善"是在"仁"这个范畴基础上衍生出来的支撑性范畴。儒家是在处理"美"与"善"这两大范畴关系的过程中，用"尽善尽美"来树立社会理想与艺术理想，这种理想的最高境

---

① 周易：系辞上［M］//阮元，校刻.十三经注疏（清嘉庆刊本）.北京：中华书局，2009.

界是"和"。所以"和"便成为儒家认识社会和艺术时的理想性范畴。换句话说，儒家思想在"仁"这个根源性范畴基础上，通过处理"美"与"善"这对支撑性范畴之间的关系，来实现"和"的理想。而儒家在讨论"文"与"质"的关系时，强调"文质彬彬"的"和"的风貌，则是围绕儒家"仁"的根源性范畴、"和"的理想性范畴而展开的延伸性范畴。在儒家先哲孔子、孟子的著作中，还特别提出"气"这个范畴。《论语》提到的"食气""血气""辞气"是"气"之便称，孔子未予深究。孟子对"气"作了专门讨论。《孟子·公孙丑上》曰："夫志，气之帅也，气，体之充也。夫志至焉，气次焉，故曰：'持其志，无暴其气。'"① 孟子在此把"志"作为统帅"气"的事物看待，而把"气"看作充满"体"内的力量，倡导人要守其心志，反对滥用体内之"气"。从孟子所言，由"志"而"气"成为儒家思想的两个重要范畴。

　　道家从"阴"与"阳"的辩证关系出发提出对"和"的另解。《老子》曰："道生一，一生二，二生三，三生万物。万物负阴而抱阳，冲气以为和。"② 又云："人法地，地法天，天法道，道法自然。"③ 由此可见，"自然"是道家所树立的根源性范畴，是"道"之师，"道"是道家思想的支撑性范畴，而"阴"与"阳"是道家认识"道"的延伸性范畴，"和"仍然是道家的理想性范畴。儒、道两家殊途同归，均以"和"为理想。与"阴""阳"相对应，道家凝炼出"有""无"两大范畴。《老子》曰："天下万物生于有，有生于无。"王弼注："有之所始，以无为本。将欲全有，必反於无也。"④ 认为"以无为本"，倡导"无中生有"，以"无为而治"的思想实现"和"的社会理想。《老子》曰，"道常无为，而无不为……不欲以静，天下将自定"⑤，提倡祛除人的

---

① 孟子：卷三：公孙丑上［M］//阮元，校刻.十三经注疏（清嘉庆刊本）.北京：中华书局，2009.
② 老聃.老子：第四十二章［M］.范永胜，译注.合肥：黄山书社，2005：100.
③ 老聃.老子：第二十五章［M］.范永胜，译注.合肥：黄山书社，2005：58.
④ 老聃.老子：第四十章［M］.范永胜，译注.合肥：黄山书社，2005：10.
⑤ 老聃.老子：第三十七章［M］.范永胜，译注.合肥：黄山书社，2005：88.

欲念，保持内心之"静"，从而使"静"进入道家思想范畴。道家从"无中生有"演化出一套可以让"有"生生不息的思想，那就是让人的内心保持"静"的状态，才能让万物涌现生机。庄子继承了这种思想，在阐发"静"的思想时提出"动"的范畴以及"虚"与"实"的范畴。《庄子·天道》云："夫虚静恬淡寂漠无为者，天地之本，而道德之至也，故帝王圣人休焉。休则虚，虚则实，实则伦矣。虚则静，静则动，动则得矣。……夫虚静恬淡寂漠无为者，万物之本也。"指出"静而与阴同德，动而与阳同波……以虚静推于天地，通于万物，此之谓天乐"①。在此，庄子以"静"类"阴"，以"动"类"阳"，以"虚静"推于天地、通于万物。所以，正是庄子把道家的阴、阳观和有、无观通过类比的方式转化为"动"与"静"、"虚"与"实"的通用范畴。这四个范畴被广泛运用于中国古代文艺批评活动中。

最为可贵的是道家对"气"的阐发，道家从另一角度作出了自己的解释。老子认为在阴、阳交互作用的运行过程中，需要"冲气"方能达到"和"的境界。那么何谓"气"？老子并未给予界定，而《庄子·人间世》明确指出："气也者，虚而待物者也。"②庄子的解释与孟子把"气"看作充满"体"内力量的观点异曲同工。二者都认为"气"是"体"内之物，但孟子主张"以志帅气"，庄子主张"虚而待物"。孟子是运用人之"志"主动把握体之"气"，庄子则以无为的姿态让"气"处在自然状态以便接纳万物。在老、庄的学说中，是把自然气候变化之"气"与由此延伸出来的人的精神之"气"并用的。例如，《庄子·在宥》所云之"天气不和，地气郁结，六气不调，四时不节"③是指自然气候之"气"，《庄子·达生》所云之"夫忿滀之气，散而不反"④是之人的情绪之"气"，而《庄子·天地》所云之"汝方将忘汝神气，堕汝形骸"⑤则指人的精神之"气"。从老庄对于"气"的运用可以看出，道家是把

---

① 冀昀，主编.天道[M]//庄子.北京：线装书局，2007：142-143.
② 冀昀，主编.人间世[M]//庄子.北京：线装书局，2007：42.
③ 冀昀，主编.在宥[M]//庄子.北京：线装书局，2007：117.
④ 冀昀，主编.达生[M]//庄子.北京：线装书局，2007：206.
⑤ 冀昀，主编.达生[M]//庄子.北京：线装书局，2007：133.

"气"作为连接宇宙万物的纽带来看待的,其与"道"形成一种连带性关系。如果说"道"还较为抽象的话,那么"气"则让"道"有了可以依赖的实体。所以"气"在道家思想中成为一种与"道"相表里的支撑性范畴,而在中国古代哲学和文艺批评思想中,人们常常赋予"气"以精神特质。那么自然之"气"如何转化为精神之"气"的呢?《黄帝内经·素问》云:"人有五脏,化五气,以生喜、怒、悲、忧、恐。"① 是说"气"是由人的"五脏"化而生成的。《管子·戒》云:"滋味动静,生之养也。好恶喜怒哀乐,生之变。聪明当物,生之德也。是故圣人齐滋味而时动静,御正六气之变。禁止声色之淫。"② 房玄龄注云:"六气,即好、恶、喜、怒、哀、乐。"③ 可见,自然之"气"是通过人之五脏转化为人的体内之"气",再经过人心对于"滋味"和"动静"的体认而转化为精神之"气"。正是基于此,"气"才由自然界域"迁移"至精神界域,也才让"气"有机会进入文艺批评话语范围,并成为一个重要范畴。由这个范畴展开的其他范畴十分丰富,如阴(柔)气、阳(刚)气、气象、气质、气韵、气势、神气、正气、生气、灵气、秀气、壮气等。这些概念在文艺批评活动中被广泛运用,或表状态,或表风格,成为十分活跃的话语方式。

与"气"紧密关联的另一范畴是"味"。前文讲过,"味"是中国古代文艺批评感通思维的结果。当自然之"气"转化为精神之"气"时,生理之"味"也在感通思维的作用下转化为精神之"味"。基于此,"味"也与"气"生成一个地位相当的重要范畴,由这个范畴延伸出来的范畴颇多,如品味、体味、玩味等被用于批评活动,意味、滋味、韵味、品味、兴味、趣味等被用于描述批评结果。

魏晋时期,人们崇尚清谈,玄学大兴。士大夫们也在品藻人物的过程中,

---

① 素问:卷二[M]//黄帝内经.顾氏翻宋刻本.
② 房玄龄,注.刘绩,补注.管子:卷十:戒第二十六[M].刘晓艺,校点,上海:上海古籍出版社,2015:184.
③ 房玄龄,注.刘绩,补注.管子:卷十:戒第二十六[M].刘晓艺,校点,上海:上海古籍出版社,2015:185.

将其风气引入文艺批评领域，出现了不少有价值的哲学范畴。《老子》开篇即云："玄之又玄，众妙之门。"① 魏晋士大夫继承了老子的学说，认为"玄"开启了体察事物之"妙"的大门。所以，魏晋时期士大夫们的思想是紧紧围绕"玄""妙"两大范畴展开的。这两大范畴便是他们哲学思想的根源性范畴。相对于《周易》和老庄而言，这两大范畴又是支撑性范畴，因为魏晋士大夫的玄妙之学多是在解释《周易》《老子》和《庄子》的过程中生发的。《周易》《老子》和《庄子》三部经典时称"三玄"，而《老子》《庄子》被称为"玄宗"。魏晋士大夫们凝练出来的"玄"的范畴实与老庄所言之"道"相通，甚至可以说是"道"的另称。恰在这时，由东汉时期传入的佛教与老庄之学合流，于是般若之学、谈玄说妙之风大行其道，直到禅宗的出现，由禅宗生发的"顿悟"思想破除了玄学的迷障，开辟出一条哲学认识新路。由禅宗衍生的哲学范畴，如"心性""自在""清净""本体""妙悟""禅境""禅趣"等为中国哲学引来一股清风。直到宋明时期，大批理学家把《周易》和儒、道、禅宗思想的阐发推向极致，从而大大丰富了中国古代哲学的范畴。这些范畴也被广泛运用于中国古代文艺批评活动中。如南宋时严羽的《沧浪诗话·诗辨》认为"禅道唯在妙悟，诗道亦在妙悟"② 乃典型案例。

  中国古代文艺批评的话语主要是由认识文艺现象的角度和一系列范畴以及在范畴之上衍生出来的"次范畴"——概念构成的。由《周易》开端的哲学思维为这种话语系统开辟了源头，以儒家、道家、魏晋玄学和禅宗的哲学思维沿着《周易》所开辟的源头继续深化，并且形成了既相对独立又相互交织的思维模式。而中国古代文艺批评家们在运用这些哲学思维模式的过程中进一步延伸出丰富的话语体系。如果说以《周易》为开端的哲学思维认识世界的角度是从天、地、人"三才"之间的关系入手，那么儒家、道家、魏晋玄学和禅宗也未脱离这种关系，由此引发的中国古代文艺批评的话语模式也延续了这种关系。这种思想从中国古代文艺批

---

① 老聃.老子：第二十一章[M].范永胜，译注.合肥：黄山书社，2005：1.
② 严羽.沧浪诗话[M].北京：中华书局，1985：2.

评"知人论世""日常体验""以心感物""感通万物"的基本方法即可看出。在中国古代文艺批评的话语体系特征上，围绕范畴的凝练，概括出理想性范畴（如"和"）、根源性范畴（如"仁""自然""心"）、支撑性范畴（如"美""善""道""气""味""有""无""悟"）、延伸性范畴（如"意""象""形""神""文""质""境""妙""雅""俗"）。在这些范畴基础上，一系列"次范畴"——概念被凝练出来，具体运用于文艺批评活动中。

一个值得思考的问题是，中国古代哲学和文艺批评较少讨论"真"的问题。如《论语》《孟子》中从未出现"真"字；《老子》仅出现三次"真"字；儒、道两家早期典籍，唯有《庄子》较多讨论"真"的问题。《庄子·渔父》曰："真者，精诚之至也。不精不诚，不能动人。"① 庄子没有给"真"下一个客观的定义，而是把"真"建立在人之"精诚"的认知态度基础上来讨论的。这是一个有趣的哲学问题，留待哲学家去探讨。需要指出的是，中国古代哲学思想也好，由哲学思想延伸出来的文艺批评思想也好，之所以较少讨论"真"的问题，是因为这些思想从未把"真"当作孤立存在的纯粹客观事物，而是由人之"精诚"与否来感受和判断出来的事物，也是将其置放在特定的语境中来感受和判断出来的事物。这种思想深刻影响到中国古代的文艺批评理论，我们从中国古代文论较少出现有关"真"的典型范畴和概念这一点即可看出。

结　语

中国古代文艺批评理论是中国当代文艺批评理论的思想宝库，其对人与自然、社会关系的持续关注，对人与文艺之间关系的持续思考，依然是中国当代文艺批评应当持守的立场。中国古代文艺批评的方法是富有生命力的方法，无论是知人论世的关联方法、日常体验的言说方法，还是以心感物的认知方法、感通万物的思维方法，都是生机盎然的有效方法，对当下的文艺批

---

① 冀昀，主编.达生[M]//庄子.北京：线装书局，2007：349.

评仍然有效。中国古代文艺批评的话语特征，是在中国古代文艺批评思想根源、基本方法基础上，通过批评家们长期而独特的感受、体悟、凝练而产生，以层次丰富的经典范畴为代表，足以体现中国特色、中国风格、中国气派，当代文艺批评应珍惜这种话语模式，进一步发掘其时代价值，并自觉将其运用于文艺批评活动中。

第二辑
传统艺术的当代传承

中华传统艺术当代传承研究的理论与方法[*]
——"生态理念"与"共生机制"视角

中华传统艺术是指长期在中国境内生长、已融入中国文化传统，有稳定的创作队伍与创作传统、有经典作品传世，以中国特色的形式与风格为代表的艺术样式。中华传统艺术的门类大致包括造型艺术与表演艺术。在造型艺术中主要有书法、篆刻、国画、雕塑、工艺美术、建筑、园林；在表演艺术中主要有音乐、舞蹈、戏曲、曲艺、杂技。中华传统艺术的当代传承是新时代弘扬中华文化精神、树立文化自信的重要命题。要回答好这个命题，我们有必要从理论和实践两大方面进行考量。

一、近代以来中华传统艺术的境遇

中华传统艺术是生长在自给自足的中国农耕社会，伴随着中华传统文化的生长而生长的艺术形式。近代以来，中华传统艺术经历了中西之争、古今之争、雅俗之争等理论争鸣，经历了由传统社会体制向现代社会体制的转化，经历了中国现代化的全过程。在此过程中，中华传统艺术较为稳定的体制保持了其独特的精神品质，也吸收了以西方艺术为主导的现代艺术的养分，成为迄今仍在延续、并在局部范围内富有影响的艺术形式。但在中国社会走向

---

[*] 本文系国家社科基金艺术学重大项目"中华传统艺术的当代传承研究"（19ZD01）的阶段性成果，原载于《民族艺术》2021年第3期，收入本书时有改动。

现代化的过程中，中华传统艺术也随着传统文化的式微而出现式微端倪。其突出表现如下：

（1）中华传统艺术的体系性建构严重缺乏，导致中华传统艺术在全球话语系统中不占优势。

（2）中华传统艺术人才流失严重，相当一部分从事传统艺术创作的艺术家在当代社会出现谋生困境，导致传统艺术创作队伍后继乏人。

（3）以现代媒介为代表的艺术传播载体，在表述中华传统艺术时内容不够丰富、形式较为单一，导致中华传统艺术在媒介塑造的社会话语体系中不占主导地位。

（4）中华传统艺术师徒传授的传承体系在当代社会未被有效继承下来，导致传统艺术精神品质削弱、技艺品质濒危。

（5）中华传统艺术在国民教育体系中的占比不大，青少年一代对传统艺术的理解普遍不足、兴趣欠缺。所以，中华传统艺术尚缺少青少年受众群体，影响中华传统艺术的未来。

（6）由于中华传统艺术在当代中国社会的转化力不足，导致其在国民话语系统中有被边缘化的危机，也导致中华传统艺术在当代社会的活力不足。

（7）当代中国社会未能处理好把传统艺术作为修养及作为谋生手段的关系，导致多数人忽略了传统艺术的修养功能，出现为了谋生而削弱中华传统艺术优秀品质的现象、为了发展损耗中华传统艺术优秀资源的现象。尤其是中华传统艺术在与商业消费接轨的过程中出现急功近利现象，导致传统艺术的艺术传统被削弱，也让中华传统艺术难以承继。

（8）中华传统艺术与当代科技分离，当代科技对传统艺术的介入不足，传统艺术向现代科技贴近程度不足，导致传统艺术的表现手段未能充分吸收科技的力量而被科技所建构的时代边缘化。

（9）以非遗为代表的中华传统艺术，虽在传承体系上初步构建，但仍未能有效进入国民的生活体系。有些非遗因财政支持生存境况略好，但大多数缺乏政府财政支持的传统艺术生存境况欠佳，中华传统艺术在当代社会的生存境遇表现出显著的不平衡特征。

上述问题是近代以来日积月累形成的。中华传统艺术随着中国社会的现代转型，经历了中西之争、古今之争、雅俗之争。

中西之争源自西方文化对中国文化的影响。自鸦片战争开始，清政府一系列军事与政治斗争的失败，让一部分知识分子思考中国道路的选择问题。究竟是选择西方道路，还是走中国自己的传统道路。在19世纪末激烈的讨论中，张之洞在其《劝学篇》[①]中所提出并较为详细论证的"中体西用"论给这场争鸣划定了基调，也是这场讨论的总结性观点。古今之争源自19世纪末维新派与保守派的交锋，延续至接踵而来的改良派与革命派的辩论，到五四运动时期新文化运动中针对文学革命问题的论争，直到新中国成立后[②]雅俗之争源自20世纪初期社会的民主化、平民化、世俗化以及商业进程与现代传媒的发展所提供的大众化的社会的20世纪60年代，毛泽东提出"古为今用，洋为中用"的主张，这种讨论才告一段落。基础。在此基础上，以通俗小说和流行音乐为代表的平民艺术大为兴盛，严肃格调的文艺形式受到威胁。但随着大众文化的迅猛兴起以及战争的频仍，雅俗之争渐渐停歇。

中西之争是中国社会在面对现代化进程时以西方文化为样板所映射出来的中西文化优劣论争。古今之争是中国社会在面对现代化进程时对传统与现代关系的思考。雅俗之争是中国社会在面对现代化进程时对文化格调的审视。所以，中华传统艺术所经历的中西之争、古今之争、雅俗之争都可以归入中国社会在寻求现代化道路时所经历的传统与现代的矛盾。在此过程中，张之洞的"中体西用"论以及毛泽东的"古为今用，洋为中用"论大致概括了中国社会在处理传统文化与现代文化之间矛盾问题时的基本立场。这种立场也体现了中国社会在由传统社会迈向现代社会进程中的中庸而又务实的态度。1951年的43日号，中国戏曲研究院成立，毛泽东亲笔题词"百花齐放，推陈出新"，主张对待京剧艺术要去其糟粕，取其精华，加以继承。这一题词从京剧界延伸到其他传统艺术领域，是新中国成立之后数十年间中华传统艺术在

---

① 张之洞. 劝学篇[M]. 上海：上海书店出版社，2002.
② 孙国林. "古为今用，洋为中用"文艺方针是怎样诞生的[J]. 文艺理论与批评，2010（4）：67-70.

作品创作和理论认识领域所遵循的主要原则。

新中国成立以来，尤其是20世纪末以来，中国政府对传统艺术愈来愈重视，出台了诸多战略性决策，建立了不少制度，也有众多组织在实施这些决策。但由于种种原因，中华传统艺术在当代中国社会的生存境况并未得到根本改善。要而言之，是因为中华传统艺术在当代社会的生态环境尚未建构到位。

任何一种事物的生长与发展都不是孤立的，都是在各种因素的支配下而存在的，都是在特定生态语境中生存的。特定的生态语境是由不同的元素构成的，各种元素互相支撑，共同作用于事物本身，才使事物的生长得到保障。中华传统艺术也不例外。五四运动时期的新文化运动虽然势头强劲，但未从根本上割断中国传统艺术传统精神的延续。因为新文化运动的影响主要是在新生知识领域、上层社会和较大城市的部分领域，而在传统艺术的实践领域和平民阶层，尤其是在广袤的农村地区并未发生根本性影响。在平民阶层，大多数传统艺术并未因知识领域的争论和上层社会的立场而发生大的改变；在广大农村，现代社会的力量波及面甚小。而当中华传统艺术在争论中向前迈进时，遇到了抗日战争。

从抗日战争起，由于出现民族危机的强大压力，传统艺术开始肩负起抗日宣传的宣教功能，音乐、舞蹈、戏曲、曲艺、书法、国画、版画等传统艺术都在竞相表现抗战主题。这是一个特殊的历史节点，虽然在一个方面让传统艺术获得了时代价值，一时间涌现出大批优秀作品，出现一度繁荣的局面，但从另一方面而言，却让传统艺术为了较为单一的时代主题服务而失去了逐渐适应现代社会的机遇，从而为传统艺术增加了"急功近利"的性格。中华人民共和国成立之后的20余年间，传统艺术在不断表现现代主题、不断追赶现代潮流的过程中失去了诸多承继传统精神的机遇。尤其是"文化大革命"十年当中，传统艺术几乎失去了声音。

从1978年开始至今，40余年的改革开放，为理论界在更大范围内、更高层次上认识传统艺术的价值提供了机遇，也为传统艺术在新一轮的社会转型中寻找出路提供了机遇。但改革开放依然未能脱离向西方学习，尤其是全社会在以经济建设为中心的思想指导下，传统艺术在与西方艺术、现代艺术并存的过程中寻找出路时面临了更多的挑战。40 余年来，传统艺术的创作出现了大量好作品，在一个开放的空间内，传统艺术创作在戏曲、美术、音乐、舞蹈等领域取得的成就最为突出。传统艺术理论的研究也获得空前的成就，从艺术史、艺术理论到艺术批评，一大批优秀著作涌现，为我们深刻理解传统艺术的优秀品质打下了较好的基础。但传统艺术在这 40 余年的道路上并非一帆风顺，经历了现代思潮的洗礼，经历了体制改革的挑战，经历了源自西方的时尚艺术的博弈，也在局部领域陷入不良的生态境遇，以致不少传统艺术消逝，不少传统艺人弃艺改行，不少青少年缺乏对传统艺术的记忆和欣赏传统艺术的习惯。

进入 21 世纪，当中国社会渐渐融入全球体系，当我们在全球化语境中思考传统艺术的地位，尤其是中国共产党的十八大以来，国家开始高度重视传统文化之时，我们发现传统艺术已不像理想中的传统艺术那样纯粹了，许多传统艺术形式已经消逝，传统艺术在当代中国社会的生态环境也不是那样完整了。所以，要让传统艺术在当代中国传承发展，必须从生态理念入手，动员全社会的力量，为其创造良好的生态环境。

二、传统艺术当代传承研究的国外经验

每个国家都有自己的传统艺术。每个国家在支持传统艺术生存时，都曾有其独特的立场、战略和方法。

人类史上的巴比伦文明、哈巴拉文明和玛雅文明，都是光辉灿烂的古代文明。但是它们毁灭了。学术界普遍认为，三大文明的溃灭主要是由于"生态灾难"。布朗认为："我们与马亚人也有不同之处，这就是我们了解我们的周围和困境。我们知道我们已走上了一条不能持续发展的道路。马亚人可能认识不到是什么威胁他们的社会，可是我们懂得威胁着我们社会的是什么。我们也知道没有简单的补救办法。错误的对策本身能对文明产生新的威胁。"[①] 布

---

① 布朗.建设一个持续发展的社会[M].祝友三，译.北京：科学技术文献出版社，1984：4.

朗是在讨论美国经济支持系统时谈到玛雅文明因单向发展而遭毁灭的问题的，而当我们今天看待传统艺术时，也需要克服单向发展的思路，从而为传统艺术营造一个良好的生态系统，避免让其因孤立而再遭到各种威胁。

古希腊艺术十分繁荣，在雕塑、建筑、戏剧等方面取得了非凡的成就。马克思说，希腊艺术"就某方面说还是一种规范和高不可及的范本"[①]。但就是如此高不可及的范本，也因战争引发的动荡、城邦的覆灭以及社会体制的转换而衰落了。直到14世纪，文艺复兴在意大利兴起，古希腊艺术的传统才被发扬光大。文艺复兴是借助复兴古希腊艺术而激发出欧洲文化创造活力的运动，也是促进欧洲政治、经济、文化、科技、教育等多个领域全面复兴的运动。这场运动以人文主义为号角，让人文主义的精神渗透各个领域，各个领域相互支撑，才使文艺复兴取得了辉煌的成就。正是在这个意义上，恩格斯才说文艺复兴"是一次人类从来没有经历过的最伟大的、进步的变革，是一个需要巨人而且产生了巨人——在思维能力、热情和性格方面，在多才多艺和学识渊博方面的巨人的时代"[②]。

20世纪80年代，美国文化对法国文化产生全面影响。这种局面导致美国艺术在法国形成巨大市场，且深刻影响了法国的社会风尚。进入20世纪90年代后期，法国开始遏制美国文化，捍卫自己的语言和艺术立场，借助文化例外条约和补贴政策，坚持文化的多样性立场，保护具有法国特色的视听产业。在电影产业当中，从模仿美国的《第五元素》《双面女羯星》等法国大片，到1999年的较有法国文化特征的优秀影片《美丽新世界》的出现，都说明了法国以文化多样性的立场对自己艺术保护的有效性。然而，法国的做法并非上策，其根本原因在于以美国的方式反制美国，还未从根本上发掘自身传统艺术的积极因素，让其转化为一种现代力量，所以这种做法在法国国内也遭到了质疑，导致"以反对美国主导的全球化的名义，法国出现了针对

---

① 马克思.政治经济学批判·导言[M]//中共中央马克思恩格斯列宁斯大林著作编译局，编译.马克思恩格斯选集：第二卷.北京：人民出版社，2012：711.
② 恩格斯.自然辩证法·导言[M]//中共中央马克思恩格斯列宁斯大林著作编译局，编译.马克思恩格斯选集：第三卷.北京：人民出版社，2012：847.

农产品补贴、垃圾食品、'文化例外'、朱佩计划和多边投资协定的宣言和游行"①。法国的成功与失败对中华传统艺术的当代传承富有启示意义。如何在包容性地吸收西方价值观的情形下让自己的传统艺术显示出本色，如何以包容性的态度保护自己的艺术传统，让这种传统在不失特质的情形下在当代社会发扬光大是值得思考的问题。

　　戏剧在世界范围内都是一种较为传统的艺术形态。19 世纪末到 20 世纪中后期，美国的戏剧都很繁荣。但进入 20 世纪晚期以来，美国的戏剧出现衰微现象，尤其是在过度商业化的做法的干扰下，美国戏剧的影响力严重削弱，对其同盟英国的影响微乎其微，而对坚持自身文化立场的法国更是毫无影响。法国对于戏剧的捍卫与美国大不一样。"在法国，这个问题以一种不同的方式呈现出来。因为我们拥有一个庞大的扶持舞台艺术的公共体系，很大一部分专业戏剧能够得到国家拨款。还因为我们实行国家认可的临时合同制度，演员们的处境虽不稳定，但却不如美国那样悲观。"②法国用严密的扶持舞台艺术公共资助体系、国家法令和媒体监督机制有效地保护了具有传统精神的戏剧艺术。

　　日本是比中国早进入现代化的国家，其传统艺术之所以能在现代化进程中得到较好的保存和传承，与日本政府对自己文化所采取的一系列战略措施有关。明治维新之后，日本引入了西方文化，在近 20 年的发展过程中，日本意识到全盘西化的不良后果，最终选择了"和魂洋才"的文化模式。1871 年 5 月，日本太正官颁布《古旧器物保存方》，该文件是日本第一次以政府令形式颁布的文化财保护案。此后的 60 年间相继颁布了《古坟发现呈报方》《人民私有地内古坟发现呈报方》《古社寺保存法》《遗失物法》《史迹名胜天然纪念物保存法》《国宝保存法》《国立公园法》《重要美术品等保存法》。

---

① 库索尔.法兰西道路——法国如何拥抱和拒绝美国的价值观与实力[M].言予馨，付春光，译.北京：商务印书馆，2013：216.
② 马特尔.戏剧在美国的衰落——又如何在法国得以生存[M].傅楚楚，译.北京：商务印书馆，2015：217.

第二次世界大战以后，美国在日本实施软实力战略，以对日本知识分子展开文化攻势，以好莱坞电影在日本成体系成规模播映等方式推广美国文化，造成日本文化的美国化现象，对日本文化造成威胁。例如，1951年4月16日，约翰·D.洛克菲勒三世向约翰·福斯特·杜勒斯递交了一份长达80页的《美日文化关系报告书》。在这份报告书中，洛克菲勒提出了信息与文化交流的计划案。该案所针对的群体首先是知识分子领导者，其次是包括农民和地方居民、工人、专员、妇女以及年轻人在内的涵盖范围广泛的群体。针对第二类群体，该报告书的对策就是"灵活运用能在短时期内影响人们的报纸、广播、电影等大众媒体进行'信息交流'"[1]。面对美国的文化攻势，日本政府不断调整自己的文化战略，实施一系列文化保护政策。早在1950年5月，日本政府就颁布了《文化财保护法》。这是日本历史上第一部完整的文化遗产保护案。在此法颁布之前，日本文化遗产的保护只限于古寺庙和传统建筑（比如1897年颁布的《古社寺保存法》）、美术工艺品（比如1933年颁布的《重要美术品等保存法》）、名胜古迹及天然纪念物（比如1919年颁布的《史迹名胜天然纪念物保存法》）等方面。《文化财保护法》在上述基础上拓展了保护范围，将无形文化财、地下文物一并列入文化遗产的保护范围，从法律上为全世界文化遗产保护开了先河。该文件在1954至2019年间经过30余次修订，已涉及日本众多的传统文化与艺术。[2] 该法案有效地保护了日本的传统艺术，且使其有效融入日本当代社会生活。第二次世界大战以后，日本的歌舞伎在保护的基础上进入市场领域，获得了良好的效果。而针对能乐，日本则注重师徒传授，国家给能乐特殊政策，让其师徒传授的体制得到较为充分的保障。能乐艺人在这种体制保障下得以生存，能乐艺术也在此保障体系的支持下得以有效传承。在工艺美术政策方面，日本把继承与发展有机结合，大部分传统工艺被广泛用于建筑、环境、家具以及日常器用的设计与制作上，传统工艺的

---

[1] 松田伍.战后美国在日本的软实力——半永久性依存的起源[M].金琮轩，译.北京：商务印书馆，2014：124–125.

[2] 中村淳，周先民.日本文化财保护法的发展历程[M]//南方科技大学社会科学高等研究院，主编.遗产：第1辑，南京：南京大学出版社，2019.

艺术理念有效延伸到设计领域，创造出大量富有日本民族文化优秀品质的设计产品，为当代日本设计业注入了活力和文化内涵。日本的影视业、游戏业也特别关注对日本传统艺术精髓的继承。所以，日本在继承传统艺术的基础上，不仅将传统艺术的精神转化到设计领域，在影视业、游戏业等领域也渗透较深，成就了在国际上广有影响的日本风艺术。

新加坡公元3世纪开埠，1959年自治，1965年8月9日建国。20世纪70年代，新加坡成为当时的"亚洲四小龙"之一。到20世纪80年代，新加坡人民的生活水平虽已得到大幅提高，但无法满足新加坡人精神生活日益增长的需求。1988年，新加坡成立文化和艺术咨询理事会，旨在审视新加坡文化和艺术的发展状态，以实现把新加坡建设成一个充满文化活力的社会愿景。1991年，新加坡成立国家艺术理事会，成为保护、传承、发展新加坡文化艺术的支撑性机构。该理事会宗旨为"将新加坡发展成为具有特色的国际艺术之都，并培育艺术人才，促进艺术发展，使艺术成为每个人生活中不可或缺的一部分。"[1] 2019年10月，笔者赴新加坡考察，曾专程拜访新加坡国家艺术理事会的高级经理洪子杰。据洪子杰介绍，他们制订的2018—2022年的计划中有三个领域的工作：一是用传统艺术开启民智；二是通过传统艺术促进民族和谐；三是让传统艺术走出国门，树立新加坡的国际形象。新加坡国家艺术理事会的职责是推动艺术发展，其中包括新加坡三大民族的传统艺术的拓展。新加坡国家艺术理事会通过政策支持、场地支持、资金支持，为新加坡各民族传统艺术的发展提供了有效的帮助。华人的歌子戏、潮剧、京剧、越剧在新加坡均获得了新加坡国家艺术理事会的资助，他们联合社区、学校传承戏曲艺术，在中国传统节日、传统庙会以及新加坡其他艺术节进行表演，出版学术著作，召开学术研讨会，举办戏剧大奖赛等，成效显著。

---

[1] 新加坡国家艺术理事会（NAC）官网［EB/OL］.（2021-12-09）［2021-03-17］.https://www.nac.gov.sg/aboutus/mission-vision.html.

三、改革开放以来的传承之路与时代机遇

针对中华传统艺术的当代传承问题，从新中国成立之初的"推陈出新、百花齐放"开始，传统艺术家就一直致力于以"创新"为主调的艺术创作。这种做法催生了一大批优秀艺术作品的涌现。但由于过于强调创新，对于传统艺术的抢救、保护、传承重视不足，所以整体上使传统艺术边缘化。尤其是"文化大革命"十年，传统艺术及其生态环境几乎被扫荡殆尽，只剩下以8个样板戏为代表的"高大全、红光亮"式的艺术。

"文化大革命"结束后，传统艺术全面恢复，戏曲、曲艺、歌舞、书法、国画等艺术门类率先复兴，传统工艺美术紧随其后，传统艺术一度出现繁荣的局面。但这种局面持续时间较短，传统艺术尚未恢复到位，尚未有较多机会省视、调整和适应，全社会还未形成一种热爱传统艺术、利用传统艺术形式创作艺术的风气，轰轰烈烈的改革开放便开始了。

改革开放的思想基础是坚持马克思主义，坚持中国特色社会主义道路。但改革开放的潜在参照系是西方，是以美国为主的欧美发达国家的发展模式为样板，这种参照系由生产模式渗透到消费模式、生活模式，进而渗透到国民的精神领域。20世纪80年代到90年代初，大量西方艺术形式和理论观点涌入中国，人们竞相生吞活剥地用西方艺术观看、理解问题，用西方艺术形式创作艺术、评价艺术，用西方的习惯消费艺术，用西方的方式打理生活，传统艺术再次被边缘化，甚至有学者认为"古典戏曲作为一种现实的艺术品种而面临的衰退结局肯定是无可挽回的了"，有人发出让昆曲"骄傲而静穆地死去吧"的声音，认为"现代社会从根本上而言，是一个排斥纯艺术的社会。不光是古典戏曲，包括纯文学、纯音乐或纯电影，一概感受到了曲高和寡的清寂。而畅销书、流行音乐以及娱乐片这样一些消费型艺术则主宰着现代社会的文娱需求"[①]。这是西方文化进入中国后一些专家面对中国传统艺术的未来

---

① 李洁非. 死与美：对古典戏曲命运的理性认识［J］. 上海戏剧，1993（1）：19-20.

时的极端观点,也是一种悲观观点。虽则如此,但也反映出当时中华传统艺术在当代社会岌岌可危的局面。尤其是在改革开放的过程中,随着文艺体制的改革,原先在公有制体制下生存的文艺团体被引入市场领域,导致不适应市场模式的传统艺术出现明显的式微甚至消逝现象。这种现象一直延续到20世纪末期,随着国家对非物质文化遗产保护意识的增强,这种局面才逐步有所扭转。

非物质文化遗产概念可溯至两个渊源:一个是1950年日本政府颁布的《文化财保护法》中涉及"无形文化财"的提法;[①] 另一个是1989年联合国教科文组织提出的《保护民间创作建议案》中关于"民间创作"(或"传统的民间文化")的提法。[②] 这两个渊源影响了后来联合国针对非物质文化遗产保护条例和公约的制定。1997年,联合国教科文组织通过建立"人类口头和非物质文化遗产代表作"的决议,且于次年审议通过《宣布人类口头和非物质文化遗产代表作条例》。2003年,联合国教科文组织第32届大会通过了《保护非物质文化遗产公约》,于2006年4月生效。中国政府2004年8月加入该条约。2005年,国务院发布《国务院关于加强文化遗产保护的通知》(以下简称《通知》),《通知》指出:"非物质文化遗产是指各种以非物质形态存在的与群众生活密切相关、世代相承的传统文化表现形式,包括口头传统、传统表演艺术、民俗活动和礼仪与节庆、有关自然界和宇宙的民间传统知识和实践、传统手工艺技能等以及与上述传统文化表现形式相关的文化空间。"《通知》所指出的保护内容涉及中华传统艺术的主要门类,如表演艺术、造型艺术和与这两大类艺术密切相关的民俗活动、礼仪、节庆,有关自然界和宇宙的民间传统知识和实践、传统手工艺技能等,以及与上述传统文化表现形式相关的文化空间。《通知》把传统艺术的保护与传统艺术的文化空间的保护连接在一起表述。《通知》同时指出,"非物质文化遗产保护要贯彻'保护为主、抢救第一、合理利用、传承发展'的方针。坚持保护文化遗产的真实性和完

---

① 王文章. 非物质文化遗产概要 [M]. 北京:文化艺术出版社,2006:3.
② 王文章. 非物质文化遗产概要 [M]. 北京:文化艺术出版社,2006:5.

整性，坚持依法和科学保护，正确处理经济社会发展与文化遗产保护的关系，统筹规划、分类指导、突出重点、分步实施"[1]。《通知》所显示的理念是一种让传统艺术与其生存环境"共生"的理念，是把保护、抢救、利用、传承发展有机结合的理念。《通知》是中华人民共和国成立以来第一部非遗保护文件，这部文件开启了中华传统艺术系统保护传承的航程。2011年，第十一届全国人大常委会第十九次会议通过了《中华人民共和国非物质文化遗产法》，标志着中国政府开始以法律形式全面保护非物质文化遗产。

随着非遗保护的展开，理论界和实践界都付出了卓绝的努力。在十多年的保护历程中，理论界的认识一方面是对联合国教科文组织《保护非物质文化遗产公约》以及中国政府《国务院关于加强文化遗产保护的通知》的理解；另一方面在探索中国非遗保护的实践路径，出现了大量科研成果和实践成果。

2001年5月18日，昆曲被联合国教科文组织命名为"人类口述和非物质遗产代表作"。这个举动一方面增强了理论界和创作界对传统艺术的信心，引发了理论界和创作界开始探索非物质文化保护的思路和办法。针对昆曲的保护和传承，一种观点认为应"原汁原味"地保护昆曲，另一种观点认为昆曲是发展中的产物，应以发展的观点看待昆曲的保护与传承。前者强调了昆曲的本真性，立足于保护与传承为主，但易使昆曲被当作一种凝固的事物，不利于昆曲的前行；后者虽以发展的眼光看待昆曲，但易使昆曲失去传统技艺的精髓，不利于昆曲性格的延续。

随着中国社会现代化的深入，现代传媒与交通、通信业的兴起，中国社会传统与现代并置、新的行业领域迅猛增加，现代艺术乃至时尚艺术开始注意从传统艺术中寻找灵感，或将传统艺术的元素用于现代艺术，相当一部分非遗被用于旅游开发，非遗逐渐被当作一种文化资源看待，并得到中国各级政府的重视。而在重视文化资源保护与利用的过程中，针对非遗的活态保护、

---

[1] 国务院关于加强文化遗产保护的通知［EB/OL］.（2005-12-22）［2021-03-17］.www.gov.cn/gongbao/content/2006/content.185117.html.

生产性保护的浪潮开始兴起。"活态性""生产性保护"从 2009 年开始得到理论界的关注。2009 年在北京举行的非遗论坛上，专家们形成共识，主张将非遗的生产性保护界定为通过生产、流通、销售等方式，将非遗及其资源转化为生产力和产品，产生经济效益，并促进相关产业发展，使非遗在生产实践中得到积极保护，实现非遗保护与经济社会协调发展的良性互动。[①] 这种观点逐渐被人们认可。2011 年，根据《中华人民共和国非物质文化遗产法》和国务院办公厅《关于加强我国非物质文化遗产保护工作的意见》精神，原文化部开展了国家级非物质文化遗产生产性保护示范基地建设工作。2012 年，包括北京景泰蓝制作技艺、河北衡水内画、山西老陈醋酿制技艺等涉及 41 个项目的企业或单位，39 项国家级名录项目入选首批国家级非物质文化遗产生产性保护示范基地。非遗保护逐渐由对非遗自身的保护扩展到生产、旅游、文化产业等行业，其中有不少有价值的尝试。

以对非遗传承发展的分歧态度为代表，"重保护还是重发展"的观念在其他传统艺术领域也引发了争鸣，从而使针对非遗的保护与传承问题扩展到几乎所有的传统艺术领域，进而引发全社会对传统艺术的关注。

针对中华传统艺术的当代传承问题，无论是立足于保护的观点，还是立足于发展的观点，在大多数情况下都限于文化艺术领域，而其他领域并不关心，或关心不足。截至 2014 年，中国政府分四批公布的国家级非物质文化遗产项目共 1372 项，3145 个子项。2020 年 12 月，第五批国家级非物质文化遗产代表性项目名录公示，共有 337 项推荐项目入选。除传统医药和部分技艺外，绝大多数是传统艺术。而这数量庞大的非遗项目，在当代的传承发展状况十分不平衡。有的地区经济实力较强，但未能妥善处理传统艺术的当代传承问题，甚至出现以传统的名义从事缺失传统艺术精神的非理性创新、开发与利用；有的地区经济实力较为薄弱，有着支撑传统艺术生存的优秀传统，但未有实力让传统艺术发扬光大，尤其是在当代转化方面有心无力。这是中

---

① 陈华文.论非物质文化遗产生产性保护的几个问题［J］.广西民族大学学报（哲学社会科学版），2010，32（5）：87-91.

华传统艺术在当代社会的两大问题。

传统艺术是在中国传统农耕社会生长起来的艺术。数千年来，传统艺术涌现出无数杰出的艺术家和优秀的艺术作品。进入现代社会，我们一度忽视甚至蔑视传统艺术，导致传统艺术在社会主流话语系统中被边缘化甚至被当作"落后守旧"的代名词。而当我们开始意识到传统艺术的价值，试图保护和传承好传统艺术并让其为当代社会发展服务时，却发现这种努力是如此艰辛。当我们仅仅从文化艺术领域进行努力，创作出优秀的艺术作品时，却发现缺少受众的支持，许多精湛的传统艺术被长期束之高阁，主要是因为找不到观众；当我们试图让传统艺术从文化艺术领域延伸到其他领域时，却发现其他领域对传统艺术的认识如此缺乏、态度如此淡漠。这些现象都暴露出传统艺术在当代传承发展的问题，这些问题的突出特征是传统艺术在当代中国社会的生态欠佳，仅仅依靠单一的力量来传承传统艺术是力不从心的，仅仅依靠局部突围也是难以做到的。有专家认为："中国艺术史，不应该只是对形式变异的叙述。如果将某种艺术形式视为一种'生态'，则考察环境（社会的、自然的、心理的、文化积淀的等）与形式间的关系，将是十分诱惑人的指向。……传统的世界将整个宇宙看成一个完整的可以相互感应的生命，这本身便排斥了存在是互不相关的形而下见解。在整体联系中去思考联系在整体中的细节或局部的生态及彼此间的关系。艺术形式的整个演变过程反映了价值的调整，新形式不过是新的价值观念的物化形式。所谓'吐故纳新'、所谓'推陈出新'，在根本性质上是价值观念的代谢。"[1] 这种见解是有一定道理的，传统艺术是处在与社会的整体联系当中的，是在社会转型和进化中自然而然地新陈代谢的。如果忽略这种整体联系，忽略自然而然的新陈代谢，而去人为地改变，就会削弱传统艺术的适应性。所以，我们必须从生态理念出发，在当代社会为传统艺术创设与其他领域共生的机制，让传统艺术融入当代社会生活。

2017年10月，习近平总书记在党的十九大报告中提出，要"推动中华优

---

[1] 姜澄清. 中国艺术生态论纲[M]. 兰州：甘肃人民出版社，2009：12.

秀传统文化创造性转化、创新性发展"①，这句话为今后我国文化事业的发展指明了方向，也为传统艺术的当代传承指明了方向。传统艺术的创造性转化和创新性发展关键在于艺术领域的努力，但最关键的还是要依靠全社会的努力。也就是说，要在全社会营造良好的氛围，让传统艺术在与其他领域"共生"的机制中得到有效的传承与发展。

中华传统艺术当代传承的时代机遇主要体现在如下几个方面：

第一，国家兴旺，文化自信可顺势建立。2016年7月1日，习近平总书记在庆祝中国共产党成立95周年大会上明确提出，要坚持"四个自信"，即"中国特色社会主义道路自信、理论自信、制度自信、文化自信"。其中，把文化自信列入国家战略当中。习近平总书记强调："文化自信，是更基础、更广泛、更深厚的自信。在5000多年文明发展中孕育的中华优秀传统文化，在党和人民伟大斗争中孕育的革命文化和社会主义先进文化，积淀着中华民族最深层的精神追求，代表着中华民族独特的精神标识。"②而中华传统艺术的当代传承则是体现坚持文化自信的重要方面。

第二，国家重视，传统艺术传承将有强大支撑。2017年1月，中共中央办公厅、国务院办公厅办印发《关于实施中华优秀传统文化传承发展工程的意见》（以下简称《意见》）。《意见》指出："文化是民族的血脉，是人民的精神家园。文化自信是更基本、更深层、更持久的力量。中华文化独一无二的理念、智慧、气度、神韵，增添了中国人民和中华民族内心深处的自信和自豪。""实施中华优秀传统文化传承发展工程，是建设社会主义文化强国的重大战略任务，对于传承中华文脉、全面提升人民群众文化素养、维护国家文化安全、增强国家文化软实力、推进国家治理体系和治理能力现代化，具有重要意义。""坚持创造性转化和创新性发展。坚持辩证唯物主义和历史唯物

---

① 习近平.决胜全面小康社会，夺取新时代中国特色社会主义伟大胜利——在中国共产党第十九次全国代表大会上的讲话[EB/OL].（2017-10-27）[2020-01-20].http://www.12371.cn/2017/10/27/ARTI1509103656574313.shtmlzhuanzhuan.

② 习近平.在庆祝中国共产党成立95周年大会上的讲话[EB/OL].（2016-07-01）[2021-03-17].http://news.12371.cn/2016/07/01/ARTI1467383240.

主义，秉持客观、科学、礼敬的态度，取其精华、去其糟粕，扬弃继承、转化创新，不复古泥古，不简单否定，不断赋予新的时代内涵和现代表达形式，不断补充、拓展、完善，使中华民族最基本的文化基因与当代文化相适应、与现代社会相协调。"《意见》确立了传承发展中华优秀传统文化的目标："到2025年，中华优秀传统文化传承发展体系基本形成，研究阐发、教育普及、保护传承、创新发展、传播交流等方面协同推进并取得重要成果，具有中国特色、中国风格、中国气派的文化产品更加丰富，文化自觉和文化自信显著增强，国家文化软实力的根基更为坚实，中华文化的国际影响力明显提升。"①这是一部针对中华优秀传统文化传承发展问题最为全面、最为系统的文件。《意见》旨在全方位保障中华优秀传统文化传承发展工程的实施，为中华传统艺术的当代传承创造了机遇、指明了方向。

第三，在四十余年的中西艺术交流过程中，中华传统艺术的优势逐步显现。尤其是近十余年来，中华传统艺术的国际交流日益频繁，传统戏曲、传统音乐、传统美术、传统工艺不断走出国门，引起国际社会的关注。比如，自1988年9月27日贝宁中国文化中心成立，到2019年海外中国文化中心已有37个。该中心已成为中国艺术海外传播的重要窗口。再如，原文化部牵头策划的"欢乐春节"活动从2010年到2021年已经成功举办了12届。该活动把中国民俗活动与艺术表演、展示有机结合，成为扩大中国文化艺术影响力的品牌活动。

第四，全球化时代，艺术需要多元。中华传统艺术是在5000年的中华文明进程中创造出来的，随着全球化进程的加速，中华传统艺术有必要重整士气，以优秀的作品、优秀的机制为世界文化的多元局面做出贡献。

第五，以非遗研究为代表的学术研究蔚然成风。该领域的学术成果众多、研究中华传统艺术的学者众多，中华传统艺术传承体系的建构有了较好的实践积累、知识积累和学术支撑。

---

① 关于实施中华优秀传统文化传承发展工程的意见［EB/OL］.（2017-01-25）［2021-03-17］http：//www.gov.cn/zhengce/2017-01/25/content_5163472.htm.

第六，中国国民的深层文化需求开始产生。十余年来，人们逐步从走进电影院、娱乐场所消费艺术转变为走进博物馆、展览馆、剧场、图书馆等场所欣赏艺术。这表明，中国民众已意识到快餐文化不能满足深层次的文化需求，意识到传统艺术、经典艺术对满足文化需求、增强文化修养的重要性。

上述六点表明，中华传统艺术的当代传承问题的解决正生逢其时。

中华传统艺术的当代传承问题是一个全面性、整体性、系统性的问题。近20年来，我们无论从理论领域的探讨，还是从实践领域的探索，都为从整体上系统回答中华传统艺术的当代传承问题打下了良好的基础。但由于多数传承问题主要局限于文化艺术领域，我们未有机会从整体上系统解决好中华传统艺术传承的理论和实践问题。因此我们需要以文化生态理念为指引，构建传统艺术与中国社会的共生机制，为中华传统艺术的当代传承寻找一个全面性、整体性、系统性的答案。

中华传统艺术从来就不是孤立地发展的。在传统农耕社会，艺术是由政治、文化、教育、民俗、商业等五大领域支撑的精神形态，是由礼乐为统领，宫廷艺术、文人艺术、民间艺术三大系统并行的艺术形态，包含了表演艺术、造型艺术两大门类的艺术形式。进入现代社会，由于社会分工的深化，传统艺术与其他社会形态之间的联系被割断，传统艺术由多种社会形态支撑的生态局面受到威胁，尤其是以西方思想为核心的现代思潮的兴起，使传统艺术从话语系统到实践系统都走向边缘，局限在十分狭小的范围当中。

在国力渐强、国家经济实力显著提升、社会需要全面发展的时代，生态文明被国家提到了议事日程，为我们思考中华传统艺术的当代传承创造了良好的机遇。

四、如何破解中华传统艺术当代传承的难题

回答中华传统艺术的当代传承问题，主要是要解决好文化自信问题，要深入发掘并让全社会充分认识和重视中华传统艺术的当代价值，要落实到如何在抢救、保护和传承好中华传统艺术的基础上，让中华传统艺术融入国民

生活体系，让中华传统艺术有效进入当代艺术创作领域，为提升国民文化素养服务、为当代艺术繁荣服务、为在全球范围内塑造中华传统艺术的价值体系和独立形象服务。

目前，传统艺术的生态环境主要依靠政府文化部门、文化型社会团体和文化企事业单位来支撑。个体的社会成员，除了从事传统艺术创作的艺术家、收藏家、管理者，大多数国民并未充分关注传统艺术的传承与发展，也未充分意识到传统艺术对自身建构的重要性。也就是说，中华传统艺术在当代中国的价值尚未得到国民的高度重视和普遍认可。这说明，中华传统艺术的生态环境在当代中国社会的建构还有较大空间。

要强化生态理念，就要意识到传统艺术并未停留于艺术自身，它是中国传统文化的有机组成部分，与当代中国社会的经济建设、政治建设、文化建设、社会建设和生态文明建设有十分密切的关联性。要让生态理念落实到中华传统艺术当代传承的理论建设和实践活动中，就需要强化这种关联性。而强化这种关联性的关键，就是要建构传统艺术与当代社会各个领域的共生机制。

共生理论源自生物学领域，其概念最早由德国真菌学家德贝里（Anton de Bary，1879）提出。他认为，很多现象都可以被理解成共生，如寄生、腐生、共存等。1884年，德贝里又进一步论述了共生、寄生、腐生之间的关系，提出了生物间的多样共存方式，并分析了共生和非共生的区别、寄生与共生的区别等，从而使人们对共生的理解更加清晰。1970年，美国生物学家马格里斯提出"细胞共生学"，"共生学说"由此更加盛极一时。[①]20世纪中期以来，共生理论被广泛应用于社会科学领域。但迄今为止，共生理论尚未应用于中华传统艺术的传承领域。

共生理论强调一事物与其他事物在发生关联时所产生的相互依存和支撑作用。当一事物孤立发展时，难以得到其他事物的支持。而当把一事物的发展与其他事物关联起来，让其产生互相支撑时，便会让相互关联的事物产生

---

① 胡守钧. 序［M］// 社会共生论：第二版. 上海：复旦大学出版社，2012.

连带效应。中华传统艺术是在中国传统社会中生长起来的，与传统社会的政治形式、经济形式、社会形式都有密切关系。所以，在传统社会，艺术家往往同时或是官员，或是商人，或是农民。这是因为官员、商人或农民，在为官、经商或农耕之余，以艺术的方式表情达意、为自己创造财富，通过艺术感知自然、感知社会，让艺术与自己的生活融为一体。之所以会出现这种情况，是因为在古代中国，艺术与政治、经济、教育、民俗、社会交往都有密切关系。在古代中国，国家治理是在以礼乐为主调的儒家政治思想指导下，把艺术与社会融为一个整体而进行的。在传统社会，艺术作为人的基本素养，与人的成长和全面发展关系密切。而进入现代社会，由于社会分工的加速，专职官员、专职商人、专职工人或农民很难同时成为优秀的艺术家。而艺术家倘与其他行业的人士无密切交往，对社会生活缺乏仔细观察和深入体验，也很难创作出优秀的艺术作品。当代中国的传统艺术之所以出现式微现象，与艺术行业同其他行业的割裂有关，也与其他行业不关心艺术导致艺术行业孤立发展有关。时代发展到今天，技术的进步，尤其是现代传媒、通信和交通的进步为人们创设了相互关联的基础，行业之间的关联性愈加明显，我们应有意识地利用这种基础，建立传统艺术与当代社会的共生机制，让传统艺术在与当代社会建立关联、互相支撑的过程中得以传承和发展。

当我们用共生理论思考中华传统艺术在当代社会的传承问题时，主要是考虑中华传统艺术与当代政治、经济、文化、教育、民俗等领域的共生关系。

当政治缺少艺术的支撑时便会滑向空洞。所以，政治与艺术的共生就要求将艺术的传承与发展纳入国家战略，纳入国家治理的整体思路。当艺术脱离政治而生存时，艺术便会流于形式，缺乏对民生的关注，缺乏对人的生命形式的关注，缺乏对人的发展的关注，艺术就会因空洞的形式而死亡。当文化缺少艺术的支撑时，文化就会流于干涸的理念、空洞的说教，从而使文化不能有效地成为社会发展的动力。当艺术缺乏文化内容时，会使其表现形式固化，艺术从而因丰富性的丧失而成为僵尸。民俗是文化的重要组成部分，民俗与艺术之间的共生现象由来已久，艺术是民俗的重要表现形式，也是民俗的重要内容；民俗为艺术提供重要载体，从时空环境的营造到资金的筹措再到传播路径的开辟，民俗成为艺术的重要依靠。中华传统艺术与民俗的联系至今未被彻底割断，仍在重要节日、百姓婚丧嫁娶等场合发挥作用。经济与艺术之间的联系是天然的，经济领域的产品、经营模式倘若缺少艺术的注入，经济便会因人文内涵的缺失而丧失生机。艺术如果忽略经济，也会因缺少市场意识而被社会所抛弃。艺术是教育内容的有机组成部分，无论是国民教育体系，还是民间教育体系，艺术都为教育提供了关键内容。传统艺术作为一种独特的感知世界的方式，为提升国民的感性素养提供了营养。相反，教育也会为艺术的传承提供智力支撑和人才支撑，艺术缺乏教育的支撑，将会脉络难续、后继乏人。科技是当代社会发展的重要领域，科技与艺术的有机结合在美国、日本等发达国家已形成风气，众多的科技工具和传播媒介渗透进传统艺术，出现了许多让传统艺术活起来的成功案例。近30年来，中国科技的发展促使一些科技力量关注传统艺术。科技借助现代媒介手段渗透传统艺术的创作、教育、传播与营销领域，取得了不少令人瞩目的成果。传统艺术必须高度重视科技的作用，主动思考与现代科技的结合，从而为自身的当代传承找到路径。

鉴于上述原因，中华传统艺术当代传承的研究需要坚持抢救、保护、创新、应用的基本原则，以生态理念为统领，构建传统艺术与中国社会的共生机制，让传统艺术融入当代社会生活。这种做法的价值主要体现在如下三个方面。

第一，学术价值。在生态理念的统领下，围绕中华传统艺术当代传承问题进行探讨，有利于深化传统文化在当代社会传承理论的建设。传统文化在当代社会的传承是一个时代的难题。许多学者在这方面做过尝试，也取得了较大的进展。但传统文化的当代传承是一个综合性很强的问题，需要一代又一代学者的努力，需要从不同角度进行尝试。

从整体上来看，中华传统艺术当代传承的问题应从理论体系、战略体系、制度体系、组织体系、实践体系五大方面进行探讨。在理论体系方面，应当挖掘传统艺术的本质特征和当代价值，探讨传统艺术与政治、经济、文化、教育、科技等社会领域共生机制建构的可能性，探索中华传统艺术融入当代生活的教育路径、保护路径、产业路径、传播路径和消费路径。在战略体系方面，应当思考各种战略的生成背景，战略的统领特征、智慧特征、适用特征与实施效果。在制度体系方面，应当思考在战略指引下制度的生成情况、制度的严密程度及实施效果。在组织体系方面，应当思考艺术组织与其他社会组织之间的关系，艺术组织的特征、功能和作用。在实践体系方面，必须从传承实例出发，思考当下中华传统艺术当代传承面临的挑战、存在的问题和成功的经验，探索在传承过程中的共性和个性问题。这种做法是将中华传统艺术当代传承当作一个整体来研究，让中华传统艺术在与社会其他领域的对话中建立联系、产生价值、发挥作用，并在此过程中思考中华传统艺术在当代社会传承的知识体系和实践体系，这比以往孤立地思考传统艺术的当代价值、缺乏关联地建构传统艺术传承的知识体系和实践体系更加丰富、更加得力，也更加务实。

第二，应用价值。中华传统艺术的当代传承既是一个理论问题，又是一个实践问题。我们需要在生态理论的指导下，构建中华传统艺术与当代社会的共生机制，从整体上系统思考中华传统艺术融入当代中国社会生活体系的路径，让中华传统艺术的当代传承体现出显著的务实精神。传统艺术是传统文化的有机组成部分，也是国民生活的有机组成部分。如果在传统艺术当代传承问题上的研究富有成效，将会为整个中华传统文化当代传承问题的解决提供有力的借鉴，也会让中华文化在当代中国社会发展的整体进程中做出贡献，为国家当代文化建设做出贡献，为丰富国民的物质生活和精神生活做出贡献。

第三，社会价值。中华传统艺术当代传承需要着眼于国家、着眼于全球、着眼于未来、着眼于人的全面发展来思考。从国家立场出发，为让中华传统艺术融入国家文化发展战略，进而融入国家文化发展体系、融入国民日常生活体系找到路径，让国民在日常生活中把创造艺术、享用艺术、关心艺术作为一种习惯。2016年5月，习近平总书记在哲学社会科学工作座谈会上指出："观察当代中国哲学社会科学，需要有一个宽广的视角，需要放到世界和我国发展大历史中去看。……中国古代大量鸿篇巨制中包含着丰富的哲学社会科

学内容、治国理政智慧，为古人认识世界、改造世界提供了重要依据，也为中华文明提供了重要内容，为人类文明作出了重大贡献。"① 针对中华传统艺术当代传承问题的研究也是一样，我们需要从全球立场出发，为让中华传统艺术屹立于世界优秀传统艺术之林，成为全球多样性优秀文化的一种、成为被国际认可的优秀艺术找到依据，也为加快建设社会主义文化强国、增强文化软实力、提高我国在国际上的话语权找到依据。中华传统艺术是数千年积累的艺术形式，无论从内容上还是形式上都富有独立价值。这种价值需要在当代被充分发掘、大力传播与广泛应用，从而为增强国民的文化自信做出贡献，为增强中国文化的软实力做出贡献，也为世界文化发展做出贡献。从未来立场出发，着力思考中华传统艺术在未来社会的地位、生存和发展问题，为中华传统艺术在未来的延续和发展找到依据。

---

① 习近平.在哲学社会科学工作座谈会上的讲话［EB/OL］.（2016-05-19）［2021-03-17］.http：//news.12371.cn/2016/05/19/ARTI1463594345596569.

技艺视角下中华传统艺术的当代传承*

中华传统艺术在当代社会的传承是自非物质文化研究兴起之后一个常谈常新的话题。传承什么，如何传承，是中华传统艺术当代传承的核心问题。就传统艺术本体而言，技艺是其核心，如果一门艺术的技艺消失了，这门艺术就消亡了。所以，技艺是保障一门艺术存在和延续的关键，也是维护其特征和样貌的核心依据。中华传统艺术门类众多、风格各异，是数千年来一代又一代艺术家积累的结果，这种积累主要集中于技艺层面。进入当代社会，一些传统艺术门类的技艺濒临灭亡，导致这些艺术门类出现衰势。因此，以技艺为视角讨论中华传统艺术的当代传承问题就显得十分必要。

一、为何要从技艺视角入手

无论我们赋予艺术多么崇高的地位，都很难回避一个问题，那就是艺术永远都是以作品形式存在的，具体可感的作品的存在才意味着艺术的存在。但保障艺术作品存在的核心因素，不是表达艺术作品的物质材料，如固体、液体、气体、光等，而是将这些物质材料按照特定结构组织成艺术作品的技艺。正是技艺的核心地位以及艺术家对技艺的掌握，才让一件件生动的艺术作品呈现在我们面前。笔者曾对艺术概念作过界定，认为艺术是以情感为内

---

* 本文系 2019 年国家社科基金艺术学重大项目"中华传统艺术的当代传承研究"（项目编号：19ZD01）的阶段性成果之一，原载于《中国文艺评论》2020 年第 7 期，收入本书时有改动。

核的感性形式①，这种感性形式之所以给人带来美感，是因为艺术是以作品形式呈现的，艺术作品又是有特定结构的审美形式，而这种特定结构则是构成艺术作品的技艺。这就意味着没有技艺，就没有艺术作品，也就没有艺术。

艺术的创作技艺是人类从实践中摸索和感悟到的，是人类经验的产物。实践包括生产和生活两大领域，最初体现出显著的实用特征，主要是为了满足人类物质生存之需。但随着时代的变化，一部分曾用于满足生存之需的经验不再用于生产和生活实践，这些人类曾在其中体会到的可以表达情感、获得愉悦的事物便被用于艺术创作。这些事物包括人类曾在物质实践活动中因警示而发出信号的声音、因交流而使用的语言、制造生产工具和生活器皿的经验、捕获猎物的装扮、庆祝丰收仪式的肢体动作等等。我们可以从人类学文献中找到大量这样的例子。而当人类将这些从生产和生活中所获得的经验用于艺术创作，使其结构成以情感人的艺术作品时，这些实践经验就逐步演化为艺术创作的技艺，进入艺术这个专门领域。这种现象在原始社会末期已经较为普遍，以用于造型的石器、壁画、岩画以及用于表演的歌舞、戏剧为代表。当最初的造型艺术和表演艺术出现之后，随着社会分工的日益明显，一部分人成为身怀创作技艺的艺术家，以具体生动的艺术作品作为生产目标专门从事艺术创作。中华传统艺术也不例外。中华传统艺术大致可以归入两大类：一是造型艺术，二是表演艺术。造型艺术主要包括书法、篆刻、国画、雕塑、工艺美术、建筑、园林等七大门类；表演艺术主要包括音乐、舞蹈、戏曲、曲艺、杂技等五大门类。前者偏静态，后者偏动态。这12个艺术门类凝结了中国人在创造艺术的历史上所积累的众多智慧和经验。这些智慧和经验的核心就是各个艺术门类的创作技艺。时代发展到今天，这些艺术门类有的传承得较好，有的则不尽如人意。相当一部分技艺因未能妥善传承而消失，甚或濒临灭绝。创作技艺的消失就意味着艺术的消失。所以，我们今天才对传统艺术和技艺进行挖掘、抢救、保护，进而传承。

技艺的核心是艺术家在艺术创造过程中所使用的创作方法，主要包括对

---

① 王廷信.什么是艺术［J］.艺术学界，2016（2）：49-63.

于艺术媒材、工具、创作技巧的驾驭。中华传统艺术是在中国漫长的农耕社会生长起来的。进入现代社会，西方发达国家的艺术随着其文明形式对中国的影响而涌入中国的大门，强烈改变着中国人的审美风尚，从而使中华传统艺术从整体上遭到威胁。当中国自己的传统艺术不再"为时所尚"，乃至为人遗弃时，创造传统艺术的技艺也就失去用武之地。只有当中国国力强大，我们有时间、有精力对中国和西方的艺术特性充分了解之后，才会意识到每个民族在艺术创作上积累的技艺都有其独特的价值，中华传统艺术创作技艺的价值才会被我们重新审视。而当我们发现这一点时，也发现我们数千年积累的许多创作技艺已经或正在消失。基于此，我们认为从技艺的角度来探索中华传统艺术的当代传承问题是最为有效的。

那么我们应如何理解中华传统艺术的技艺问题？笔者认为，这个问题可以分两个层面来理解：一是知性层面，二是操作层面。

"知性"是一个哲学术语，属于认识论的范畴。在西方哲学史上，从柏拉图到康德、黑格尔等哲学家对知性都有较为繁富的论述。从实质上而言，知性是一种感知和思维的形式，也是感知事物、思考事物特征的思维能力。中国文献较早出现"知性"一词者是《孟子》。《孟子·尽心上》云："尽其心者，知其性也。知其性，则知天矣。"[①] 这是指用心来感受事物的特性。这种感知事物的方法以"心"与"物"的关系为主轴，一直贯穿中国哲学的认知系统。儒家所讲的"格物致知"就是这种方法的简明概括。"格物"就是用"心"来感受、体悟、推究"物"的特点，通过"格物"达到对支配世间万物的规律的认识。这种方法对中华传统艺术创作技艺的知性层面而言十分可贵，也被历代艺术家们所继承。《礼记·乐记》云："凡音之起，由人心生也。人心之动，物使之然也。感于物而动，故形于声。声相应，故生变；变成方，谓之音；比音而乐之，及干戚羽旄，谓之乐。"[②] 这里所说的是音乐作品的创作过程，是人之"心"因感于"物"而"动"，用声音表现就成为"乐"。没有以

[①] 徐强，译注. 孟子 [M]. 济南：山东画报出版社，2013：250.
[②] 郑玄. 礼记·乐记：乐本 [M] // 孔颖达，等正义. 礼记正义. 北京：中华书局，1980：1527.

心感物的过程和结果，艺术家很难通过技巧让声音发生变化、形成特定的秩序，也就不会有乐曲的产生。所以，以心感物是艺术家认识创作素材、加工创作素材的感知和构思过程。这个过程包含了艺术家的感知能力、思维能力、认识能力等，均属于艺术创作技艺的知性层面。《礼记·乐记》说得更加透彻："德者，性之端也；乐者，德之华也；金石丝竹，乐之器也；诗，言其志也；歌咏其声也；舞，动其容也。三者本于心，然后乐器从之。"[1]其强调的是诗、歌、舞三者对于"心"的依赖。而这里的"心"是对事物有了体认之后的"心"，否则就不会对事物之特性——"德"有所理解，也不会以"德"之"华"——"乐"来表现事物的特性。而具体到金石丝竹则属于操作层面的事。有了知性的作用，操作层面才可能发挥应有的价值和作用。所以，知性对于传统艺术创作技艺来说十分重要，从技艺入手传承中华传统艺术，必须先掌握中华传统艺术知性层面的技艺。

先秦时期是中华文化性格的奠基期。直到今天，我们都可以从先秦诸子百家的言论中找到中国文化的基因，就是因为有了这个漫长的奠基期。寻找中华传统艺术技艺在知性层面的基因也是一样。中华传统艺术的技艺在知性层面的文献可谓汗牛充栋，艺术家在创作过程中所使用的感知事物的方法很丰富，但这些方法主要都集中在"心"与"物"的关系的处理上。南朝宗炳所言的"圣人含道暎物，贤者澄怀味像"[2]，唐人张璪所言的"外师造化、中得心源"[3]，宋人苏轼所言的"幽居默处而观万物之变，尽其自然之理"[4]，都是艺术家从知性层面以心感物的经典案例。

中华传统艺术在技艺操作层面主要是对创作媒材的认知、对创作工具的掌握以及对创作技巧的驾驭。创作媒材和创作工具是其中的物质层面。前者

---

[1] 郑玄.礼记：乐记：乐本［M］//孔颖达，等正义.礼记正义.北京：中华书局，1980：1536.
[2] 宗炳.画山水序［M］.陈传习，译解.北京：人民美术出版社，1985：1，
[3] 张彦远.历代名画记［M］.俞剑华，注释.上海：上海人民美术出版社，1964：201.
[4] 苏轼.上曾丞相书［M］//李之亮，笺注.苏轼文集编年笺注：第6册.成都：巴蜀书社，2011：232.

是让艺术作品得以呈现的物质凭依，后者是对这种物质凭依进行加工的器具。而创作技巧偏于艺术家构思、结构作品的方法。书画创作中，艺术家要对纸张和墨水的性能十分熟悉，对毛笔的运用方法熟练掌握，在此基础上要有精妙的构思、精巧的结构，才能让一幅书法作品或国画作品得以实现。在戏曲表演技艺中，演员要对剧本充分理解，对剧中人物性格充分把握，要对表演中所使用的服装和道具等的性能烂熟于心，要有精湛的唱、念、做、打的基本功，三者有机结合才能让戏曲人物形象栩栩如生地呈现出来。音乐演奏更是如此，演奏者对乐曲本身的认识、对乐器特征的认识、对演奏技巧的掌握都是技艺在操作层面实实在在的事情。相声的说、学、逗、唱四门功夫是表演相声的基本技艺，哪门技艺缺失，都会影响表演效果。传统的工艺也是如此，《考工记·总论·国有六职·知者创物》云："知者创物，巧者述之，守之世，谓之工。百工之事，皆圣人之作也。"[1] 有智慧、有才能的人创造事物，身怀技巧的人传承事物，事物被一代代人承继下来，才能形成专门的工艺行业，各种工艺皆由德才兼具的神圣之人所创。这里是把技艺的知性层面与操作层面结合起来思考的。中国传统的工艺、建筑、园林等皆有优秀的技艺传统，也培育了我们今天所说的"工匠精神"，对于这种优秀传统的传承将为艺术创造提供不可替代的资源。

总之，中华传统艺术的技艺要害在于知性和操作。知性表现在艺术家的体悟能力上，通过体物、体事、体人，以物之性、事之理、人之情凝结作品的意识。对于物的体悟包括以自然为师，通过格物而达到致知，属于艺术创作技艺的知性层面；而让所体悟的道理结构成艺术作品，需要对工具的掌握、媒材的巧用、构思方法的驾驭，属于艺术创作技艺的操作层面。对于技艺的传承应侧重从这两大层面入手。

---

[1] 张道一. 考工记：总论 [M] // 考工记注译. 西安：陕西人民美术出版社，2004：8.

二、从技艺入手传承传统艺术的资源

中华传统艺术的技艺是知性与操作两大层面的有机结合,在艺术的延续和发展过程中,这两大层面均化入艺术家的经验中,让一代又一代艺术家创造了无数经典作品。在传统技艺资源层面,一方面,艺术家、理论家或批评家已将这些可贵经验总结为理论成果,形成中华传统艺术技艺传承的知识类资源;另一方面,健在的优秀艺术家和学校专业教育为技艺的传承提供了教育类资源。对这两大资源的利用,决定着中华传统艺术技艺当代传承的成效。

知识类的资源主要包括三大类型:一是艺谱类,二是艺诀类,三是艺论类。

第一,艺谱类。艺谱类资源是针对某个艺术门类的创作技艺的实操性表述和概括,具体表现为书谱、画谱、曲谱、舞谱等针对特定艺术门类技艺的总结性著述。艺谱是基于技艺经验的谱系化的表达,它所体现的是艺术创作技艺的格范、样本和方法,可以让后学者按图索骥,较为直接地学到艺术创作的技艺。在造型艺术方面,以书法和绘画为代表的艺谱较为丰富,流传也较广泛。有关书法技艺,如旧题晋人卫夫人所撰《笔阵图》、唐人孙过庭所撰《书谱》、北宋官修的《宣和书谱》、南宋姜夔所撰《续书谱》等。除了书谱类著作外,在书法技法方面还有大量的碑帖供临摹训练。中国书法有深厚的临摹传统,临摹也是学习书法技艺的第一步。碑帖均为前代书法家留下的笔墨,大量碑帖的流传,让书法技艺代代相承,迄今仍然是书法技艺传承的核心依据之一。有关绘画的画谱,如五代后梁时期荆浩的《笔法记》、北宋宣和时期的《宣和画谱》、南宋时期宋伯仁编的《梅花喜神谱》、元人李衎的《竹谱详录》、明人顾炳辑录的《顾氏画谱》、明人杨尔曾编的《图绘宗彝》、明人胡正言辑印的《十竹斋笺谱》、清人石涛的《画谱》、清人上官周的《晚笑堂画传》、清人王原祁等纂辑的《佩文斋书画谱》、清人王概的《芥子园画传》、清人邹一桂的《小山画谱》等。与书谱相比,画谱更加丰富多样,是中国画技艺传承的宝库。

在表演艺术方面，以戏曲、音乐、舞蹈为代表的艺谱也很丰富。在戏曲方面，如明人朱权编撰的《太和正音谱》、明人沈璟著述的《南曲格律谱》（全名《增定查补南九宫十三调曲谱》，别名《南曲全谱》）、清康熙时编纂的《南词定律》、清乾隆年间编纂的《九宫大成南北词宫谱》、清乾隆年间叶堂编订的《纳书楹曲谱》、清人叶堂与冯起凤共同校订的《吟香堂曲谱》、清人汤斯质与顾峻德传谱的《太古传宗》、清同治年间王锡纯辑录的《遏云阁曲谱》、清光绪年间怡庵主人著述的《六也曲谱》等。在古琴方面，如相传孔子所作的《龟山操》《获麟操》（又名《谨微》）、《幽兰操》（又名《猗兰操》），相传伯牙所作的《高山流水》，相传蔡文姬作的《胡笳十八拍》等。古琴曲谱多为后人编纂辑录，如明人朱权编纂的《神奇秘谱》、明人严澂编纂的《松弦馆琴谱》、明人徐上瀛编创的《大还阁琴谱》（又名《青山琴谱》）、清人徐常遇辑纂的《澄鉴堂琴谱》、清人祝凤喈纂辑的《与古斋琴谱》、清人张孔山与唐彝铭合编的《天闻阁琴谱》、清人陈世骥撰辑的《琴学初津》、近人徐立孙据王燕卿《龙吟观琴谱》残稿及梅庵所传曲谱整理而编的《梅庵琴谱》等。在舞蹈方面，如大英博物馆藏收的《敦煌舞谱残编》、宋人编纂的宫廷舞谱《德寿宫舞谱》、明人朱载堉的《人舞谱》《六代小舞谱》《灵星小舞谱》（见《乐律全书》）、蒙古舞谱《查玛经》《东巴经》所记载的舞谱等。

艺谱是艺术文本在技艺方面的核心依据，对传承传统艺术有着指南性价值和方法论意义。所以，利用好艺谱类资源，当会对从技艺入手传承中华传统艺术发挥直接作用。

第二，艺诀类。艺诀，亦称"艺谚"，或合称"诀谚"，是艺术家在创作实践过程中总结的要诀和格范，有的艺诀是艺术家或理论家对技法原理的简要论述。这类资源往往简明扼要、顺口易记、便于理解，可以直接运用到艺术创作过程中，对传统艺术技艺的传承有着不可忽视的参考价值。艺诀分布在各个艺术门类中。在造型艺术中，如书法方面有唐人张怀瓘的《书诀》、明人丰坊的《书诀》（又名《笔诀》）、清人梁巘的《执笔歌》、今人杨谔的《书法要诀》等。在绘画方面有唐人王维的《画学秘诀》、唐人白居易的《画竹歌》、五代时李成的《山水诀》、宋人郭熙的《画诀》（见《林泉高致》）、宋人李澄叟的《画山水诀》、元人黄公望的《写山水诀》、明人董其昌的《画诀》、清人弘仁的《画偈》、清人龚贤的《画诀》、清人孔衍栻的《石村画诀》、清人戴以恒的《醉苏斋画诀》、今人王树村编纂的《中国民间画诀》等。书画方面的艺诀记载较多，多数以现代出版物形式印行，是传统书画技艺传承的宝库。艺诀往往简明扼要地指出艺术创作技艺的特征和方法，如张怀瓘在《书诀》中强调的"粗不为重，细不为轻"，指的是笔画粗并不意味着厚重，笔画细也不代表着轻灵，旨在强调对笔力的掌握；粗而有力、细而不浮，强调对笔力的要求。又如，丰坊在《书诀》中说的"双钩悬腕"是指持笔和运笔的方法，要让食指和中指弯曲如钩，与拇指相齐握直毛笔，且要让肘腕离开纸面方能"运笔如飞"。丰坊所言的"无垂不缩、无往不收"出自米芾的《论书·答翟伯寿》，是行笔时收笔的方法，前句是指竖画写到末尾要注意回笔收缩，其他笔画在向任何方向行笔都要有收笔的动作，这样才能使笔画有始有终、气势连贯。王维的《画学秘诀》字数不多，但把水墨画的画法讲得清晰全面，桥梁、舟楫、山水、寺塔、山石、林木、人物、气象等举凡水墨画的核心要素，均有简明扼要的画法表述。除了书法和绘画外，中国传统艺术的其他造型门类也都拥有自己的技法口诀，如剪纸有"桃花尖，梅花圆，海棠花向内弯，牡丹花像个'3'，圆形花两条边，其他花自己编，聪明才智在花间"，寥寥数语就把不同花种的剪法讲得十分形象。

有关表演艺术的口诀，中国古代没有较为专门的专著记录，也很少有专门的作者，有的是对表演专著中观点的凝练，大多是艺人在课徒或从事创作实践时总结出来的，仅有少量的艺诀由今人整理出版，如胡度的《川剧艺诀释义》。但表演艺术的艺诀十分丰富，分布在各个艺术门类，如舞蹈的口诀"心里没有，身上白走"，说的是学习或表演舞蹈时须对舞蹈作品有深刻理解，并使这种理解化入肢体动作方能让舞姿有灵魂。"慢而不断、快而不乱"，强调对舞蹈节奏的得当把握，慢动作要有连续性，快动作要清晰干练。"肩带手、身让手、胸推手"，强调在做"云间转腰"的舞蹈动作时身体各部分的主次连带关系，手部动作是靠肩部动作带动的，手动而肩不动，则会让手部动作没有根脉；手部动作比身体动作更加重要，身、手皆动时，身体动作当放在次要位置；手部动作要做得有力，需要依靠胸部推动，否则手部动作的力量没有来源。中国传统舞蹈的种类很多，每个舞种都会留下众多口诀。戏曲更是如此，戏曲表演的技艺凝结在唱、念、做、打四门功夫中。每门功夫的训练和表演都有精彩的诀谚。在唱功方面，如"擒字如擒兔，每字圆如珠"，是指演员在演唱时要准确地咬字，把每个字的头、腹、尾都能唱出来，唱出的字音要圆润饱满。"三分唱、七分打"，指的是演员在台上演唱与音乐伴奏的轻重关系，与演员的演唱相比，伴奏多是在控制节奏，节奏不准、快慢掌握不当或与演员之间配合不密切，都会影响到演唱效果，旨在强调伴奏的重要性。在念功方面，如"讲为君、唱为臣"，指的是"念"与"唱"的主次关系。戏曲的念白大致可分为韵白和散白，需要演员长期训练，对于塑造人物形象有独特的价值。李渔在《闲情偶寄》中说："唱曲难而易，说白易而难。"[1] 这句话指明了唱功与念功的难易辩证关系。前者是指唱曲虽难，但因其天然的韵律格范，演员有谱可依，往往不易失范；后者是指念白虽然犹同说话，但念白无谱可循，高低、抑扬、缓急、顿挫难以掌握。优秀的念白可以迅速点亮人物性格，所以有"千金白、四两唱"的说法。相声有"三分逗、七分捧"的口诀，指逗哏虽然很重要，但要靠捧哏者来捧，捧不好，哏就无法自然流露。"逗哏是划船的，捧哏是掌舵的"，说的也是逗哏与捧哏之间的关系，意谓逗哏者的主要任务在于做出各种笑料，但没有捧哏者掌握方向，就会使逗哏者走入误区，无法产生良好的艺术效果。

艺诀多是先行者总结出来，供后学者训练所用，所包含的内容很多，从做人到学艺、从生活到艺术、从整体性技法到局部性技法都已涉及，是技艺传承的宝贵经验。

第三，艺论类。艺论与艺谱、艺诀不同，是指有关艺术的各类历史、理论和批评文献。这类资源比艺谱、艺诀类更加丰富，其内容包括对某类艺术历史的梳理、原理的阐释、风格的裁定、品类的评判等，既有深度，又有广度，具有较强的针对性，是技艺训练达到较高层次的学习资源。举凡富有成

---

[1] 李渔.闲情偶寄[M].诚举，胡兴文，等译注.昆明：云南大学出版社，2003：65.

就的艺术家，都对艺论有深入的学习与理解，也会自行撰述艺论成果。艺论的作者多数在理论和实践两方面都很擅长，众多作者也具有深厚的学养。所以，以技艺为视角传承中国传统艺术必须对艺论有深刻的理解，才能由技入道，掌握技艺的精髓。

技艺传承重在教与学。中国传统艺术经历了由传统到现代的转型，除了一部分消失之外，流传下来的艺术基本保持了其传统面貌，关键就在于教育。就传统艺术的技艺传承而言，以西方现代教育模式构筑的国民教育体系中渗透着传统艺术技艺的教育。目前，中国在美术、音乐、舞蹈、戏曲等方面均有专门的高等院校，除了这些院校外，还有综合类艺术院校、综合类大学、师范类院校以及众多职业类高校都在培养艺术类专门人才。这个庞大的艺术教育体系属于国民高等教育体系，已成为中华传统艺术技艺传承的主流教育模式。与此相关的还有社会教育体系，包括传统的师徒传授教育、艺术教育培训等。所以，国民教育体系和社会教育体系两大艺术教育资源，是传承中华传统艺术技艺的优质资源。

如果说知识类资源着重认识和方法，属于中华传统艺术技艺传承的知性层面的话，那么教育类资源是让技艺在知识的支撑下提升受教育者技艺本领的实践层面，这个层面保障了中华传统艺术技艺的传承实践。所以，建构好中华传统艺术的知识资源和教育资源是保障传统技艺传承的基础性工程。

三、从技艺入手传承传统艺术的方法

模仿是人类文明传承的起点，任何技艺的传承离开模仿都是无法进行的。模仿需要过程，知识、技艺和素养的塑造无法脱离这个基本过程。模仿也需要方法，这些方法都贯穿模仿过程。就中华传统艺术技艺的传承方法而言，模仿是基础，创造是归宿。从模仿到创造的飞跃既是中华传统艺术技艺传承的目标，也是这种传承的基本方法。纵观中国艺术史，我们可以看出，针对基本知识、基本技能、基本素养的模仿与创造是从技艺入手传承中华传统艺术的门道。在中国艺术史上，举凡成功的艺术家，都是把基本知识的掌握、基本技能的训练、基本素养的提升有机结合起来，从而让技艺迸发出无限的创造力。所以，技艺看上去是单纯的，但其中渗透着艺术家对艺术的认知及其基本素养。

基本知识，重在对一个艺术门类特点的理解。中华传统艺术有12个经典门类，每个艺术门类下都包含十分丰富的品类，每个品类都有各自的特点。对于具体艺术门类及其品类特点的理解是模仿的前提。艺术的基本知识都已被前人以著述形式总结出来，阅读这些著述有助于较为系统地理解艺术的特点。就对艺术技艺的理解而言，阅读前人著述必须对照作品和艺术创作实践进行理解。因为著述都是以文字形式表达，文字属于理性符号，针对艺术这种感性特征十分显著的事物而言，常有言不尽意之处。因此，把理论表述与具体作品及艺术创作实践活动进行对照方能较为准确地理解艺术的特点。

陆游曾说："纸上得来终觉浅，绝知此事要躬行。"（《冬夜读书示子聿》）就技艺传承而言，投入时间和精力进行模仿训练是最为关键的一环。中华传统艺术积累深厚，大量的模仿范本都已行世，众多艺术大师仍然躬行于自己喜爱的艺术门类从事创作。所以，对于范本的模仿、对于大师的模仿，都是训练技艺的重要途径。戏曲行业有两句谚语，谓"台上一分钟，台下十年功"，而台下的"十年功"主要就是基本技能的训练。其他艺术门类基本技能的训练也是一样的，而这种训练在多数情况下就是模仿。南朝画家、理论家谢赫在他提出的"六法"当中专门提及"传移模写"一法[1]。所谓"传移模写"就是对优秀艺术作品的临摹，是一种模仿训练。作为一种基本功的训练以及创作方法的学习，"传移模写"是最为有效的方法。清代书画家王学浩在《山南论画》中引王原祁《雨窗漫笔》指出："学不师古，如夜行无火。遇古人真迹，以我之所得，向上研求，看其用笔若何？积墨若何？出入若何？偏正若

---

[1] 谢赫.六法[M]//谢赫,姚最.古画品录.王伯敏,标点译注.北京：人民美术出版社,1959：1.

何？必于我有出一头地处，久之自与吻合矣。"①王学浩认为，"摹画之法，此论最确"②。王原祁与其祖父王时敏均为清初"四王"代表人物，王原祁自幼即习"六法"，在传移模写上学习古人的用笔、用墨、出入、偏正等方法，以达"吻合"，才有他在清初画坛的崇高地位。

在模仿过程中，首先是对模仿对象的理解，其次要经过持久的训练，方能得心应手。清人董棨《养素居画学钩深》云："看帖是得于心，而临帖是应于手。看而不临，纵观妙楷所藏，都非实学。临而不看，纵池水尽墨，而徒得其皮毛。故学画必须临摹入门，使古人之笔墨皆若出于吾之手，继以披玩，使古人之神妙，皆若出于吾之心。"③董棨是晚清画家，他所说的"得心应手"是学习绘画技艺最为根本的方法。在临摹古画的过程中，心与手的关系一直是核心关系，看画是得心，临帖是应手。进而言之，让古人笔墨出于己之手是初步模仿，而让古人绘画之神妙出于己之心方得模仿真境。

艺术家的基本素养是在模仿中积累起来的。从模仿到创造，主要得益于艺术家的基本素养。模仿是对技艺基本功的训练行为，对于艺术语汇的熟悉和掌握是在模仿过程中习得的。而艺术家在模仿基础上进行创造，就必须具备良好的素养。在本文第一部分，笔者谈到艺术技艺的知性层面，并认为有了知性的作用，操作层面才可能发挥其价值和作用。当艺术家利用模仿方法掌握艺术语汇之后，就必须借助基本素养提升和创造。而这个基本素养主要是围绕知性层面展开的。

我们说中国传统艺术在知性层面是围绕"心"与"物"的关系展开的，每位艺术家都要过好"以心感物"这道关。作为一个个体的人，艺术家通过与世界的接触获得对世界的感受和认知，需要一个漫长而又复杂的过程。中国传统艺术代有所传，也代有不同。每代艺术家在模仿前人的过程中都创造出不同于前人的精品佳作，关键在于他们围绕"心"与"物"的关系过好了"以心感物"这道硬关。

---

① 王学浩.山南论画[M]//周积寅.中国画论辑要.南京：江苏美术出版社，1985：338.
② 王学浩.山南论画[M]//周积寅.中国画论辑要.南京：江苏美术出版社，1985：338.
③ 董棨.养素居画学钩深[M]//周积寅.中国画论辑要.南京：江苏美术出版社，1985：339.

在中国古代，读书是艺术家感知世界的一个重要通道。杜甫所讲的"读书破万卷，下笔如有神"（《奉赠韦左丞丈二十二韵》），正是强调读书对于艺术创作的直接作用。明代书画家李日华认为："绘事必须多读书，读书多，见古今事变多，不狃狭劣见闻，自然胸次廓彻，山川灵奇，透入性地，时一洒落，何患不臻妙境？"[1]在李日华看来，读书是了解古今事变、不拘泥于狭隘见闻、开阔视野和胸襟的关键通道。艺术家只有通过读书让自己"胸次廓彻"，才能让山川灵性入于心性、见于笔墨，也才能让艺术创作达到妙境。清代画家方亨咸曾讲道："绘事，清事也，韵事也。胸中无几卷书，笔下有一点尘，便穷年累月，刻画镂研，终一匠作耳，何用乎？"[2]我们常常发现优秀的艺术家创作的作品都有几分"书卷气"，而这种书卷气多是艺术家的知识涵养所致，也正是因为这种书卷气，才能避免艺术家的创作落入俗套。

但艺术家素养的获得还不仅仅止于读书。中国古代艺术家的素养更需要丰富的游历经验。游历主要包括对于真实事物的感知、与具有真知灼见者之间的交游。艺术家通过对真实事物的感知，获得真切的理解、情感的激励、灵感的迸发。对于艺术家而言，游历需要伴其一生。游历的基本经验和素养最后化入艺术家的品格，包含人格、艺格。中外艺术史上，每位杰出的艺术家都是一座精神高峰，主要就体现在艺术家的品格上。晚清书画家松年在《颐年论画》中指出："书画清高，首重人品。品节既优，不但人人重其笔墨，更钦仰其人。唐、宋、元、明以及国朝诸贤，凡善书画者，未有不品学兼长。"[3]松年列举了宋代蔡京、秦桧，明代严嵩等爵位尊崇、书画文学技艺皆高潮者，但遭后人唾弃，"皆因其人大节已亏，其余技更一钱不值矣"。[4]所以就艺术家的品格而言，人格会影响其艺格的价值。因为中华传统艺术有以人格率艺格的优秀传统。到今天这种传统依然被继承下来，国家对艺术家德艺双馨品格的强调正是对这种传统的延续。人格、艺格的养成均与游历有关，

---

[1] 李日华. 墨君题语 [M] // 周积寅. 中国画论辑要. 南京：江苏美术出版社，1985：394.
[2] 周亮工. 读画录 [M] // 周积寅. 中国画论辑要. 南京：江苏美术出版社，1985：395.
[3] 松年. 颐年论画 [M] // 周积寅. 中国画论辑要. 南京：江苏美术出版社，1985：392.
[4] 松年. 颐年论画 [M] // 周积寅. 中国画论辑要. 南京：江苏美术出版社，1985：392.

是艺术家积累素养的核心途径。梅兰芳是一位京剧表演艺术家，很注重游历。他无论是在上海演出，还是赴美、赴日、赴苏联演出，都注意与优秀的艺术家和理论家交往，引发国际学者和艺术家对京剧的关注。即使身居北京，他的朋友也遍及学界和艺术界。在学界，他与南开大学教授张彭春的交往、与京剧理论家齐如山的交往，使他获得了对京剧新的理解。在艺术界，他与齐白石、徐悲鸿等人的交往使他热爱起国画，所画的梅花在当时的画界已产生影响。他还自觉将绘画素养用于自己在京剧舞台上的化妆、服装上，其《嫦娥奔月》《天女散花》等剧目都吸收了国画乃至敦煌壁画的优长，从而使他的京剧表演超越了传统京剧，被后人奉为"梅派"，影响一直延续至今。

总之，读书与游历是艺术家积累基本素养的两大关键途径。通过读书和游历，体悟"心"与"物"的关系，并由此明白事理、体验生活、开阔胸襟，从而养成艺术家独特的人格和艺格。只有养成这种独特的人格和艺格，才能使中华传统艺术在传承中从模仿上升到创造。

中华传统艺术当代传承的媒介路径[*]

媒介是事物延续和再生的凭依。媒介的演进，使事物在不断适应人的需求的轨道上延续和再生。传承是事物在时间轴上的延续和再生。艺术是人类文化的有机组成部分，一种艺术一旦形成一个富有价值的门类，便在媒介这条路径上沿着时间轴向后延续和再生，从而得到传承。

中华传统艺术是长期生长在中国农耕社会的文化形式。19世纪末，在中国社会开始向现代社会转型之际，中华传统艺术的主要门类就开始渐渐适应现代社会的节奏，沿着不同的路径进入现代社会。媒介基于人对自身力量的突破和超越时空限制的需求，以不同形式渗透在人类社会的各个领域，对推动人类社会的前进起到了不可忽视的作用。所以，媒介是中华传统艺术迈向现代社会的重要路径之一。

在中国社会由传统向现代转型过程中，政治、经济、文化、科技、教育等重要领域的变革是社会转型的目标，但这些变革从来都没有离开过媒介的作用。艺术对于媒介的天然依赖更使其须臾未能脱离媒介的支撑。在中国社会由传统向现代转型之前，中华传统艺术的主要门类是依赖中国本土的媒介。这些媒介因对语言文字、天然的物质材料和人体的高度依赖而呈现出较为保守的状态。这种状态使中华传统艺术局限在中国本土，而难以突破时空的限制。但这种状态也使中华传统艺术较为稳定地延续，形成了丰富的表现技艺。

---

[*] 本文系2019年度国家社科基金艺术学重大项目"中华传统艺术的当代传承研究"（项目编号：19ZD01）的阶段性成果之一，原载于《北京电影学院学报》2020年第11期，收入本书时有改动。

中国社会由传统向现代转型之际，正是照相机、望远镜、摄像机、留声机、广播等西方媒介传入中国之际。20世纪50年代末进入中国的电视媒介，到20世纪80年代开始在中国逐渐普及，使现代媒介突飞猛进。进入20世纪90年代，以计算机和互联网为代表的新型现代媒介的兴起，使现代媒介发生了质的变革。面对这些现代媒介，中华传统艺术继续在原先的轨道上前行就显得十分艰难，中华传统艺术的稳定结构逐渐出现松动。

中国人对于西方现代媒介的接受是自然而然地"全盘接受"。在全盘接受的过程中，中华传统艺术一部分精神虽然丧失了，但在现代媒介所创设的空间中找到了延续的路径。那么现代媒介与中华传统艺术的传承之间有何关系？现代媒介对中华传统艺术的传承起到了怎样的作用？本文试就此类问题进行探讨，以求证于方家。

一、传播对传统艺术传承的价值

法国媒介学家雷吉斯·德布雷（Régis Debray）说："如果要传承的话，首先必须要有传播。"[①] 一种事物如果不能广泛传播，不能被众多的人所接受，就不会为主导这种事物的人创造价值，也不会激励这些人持之以恒地把这些事做下去。所以，事物的传播同主导该事物的主体与对该事物接受人群之间的"供需"关系十分密切。离开这种关系，事物的传承无法顺利进行。中华传统艺术门类众多、形态多样，是在两千多年的历史进程中逐步积累并流传下来的。在这漫长的历史进程中，相当一部分艺术门类因传播不力、影响微弱而被淘汰。这些都与中国传统社会为中华传统艺术的传承所构筑的独特的传播体系有关。

中国传统社会是建立在农耕基础上的自给自足的社会形态。人们以自然赋予的四季为时序，以农业为主要生产方式，以官方仪典、民情风俗、社会交往体现人际关系，构成生活方式。中华传统艺术虽然在中国本土融合了各

---

① 德布雷. 媒介学引论 [M]. 刘文玲，译，北京：中国传媒大学出版社，2004：5.

民族的艺术形式,呈现出丰富多彩的艺术样貌,但从总体上来说都未脱离中国农耕社会的生产方式和生活方式。中华传统艺术也是在这种生产方式和生活方式所构筑的生态空间中生长、传播和传承的。在这个生态空间中,传播为艺术传承创设了价值系统和生态系统。

第一,传播为艺术传承创设了一个价值系统。事物的价值虽然与"供需"有关,但"供需"关系不是自然而然产生的,尤其是文化性较强的艺术。艺术家需要不断创作符合人们精神需求的作品,并采取有效的传播策略和措施,才能让艺术的价值得到受众的认可,艺术家所从事的艺术门类的创作技艺才能得到传承。除了艺术家外,社会导向、舆论支持、教育养成和媒介参与等也是艺术价值得以保持的重要因素。所以,传承是遵循价值规律的。没有价值的事物流传不久就会在传承领域消失;有价值但不被人们认可的事物也无法得到传承。中华传统艺术的经典门类在农耕社会的生长环境中千锤百炼,每个门类都涌现出大批优秀的艺术家、创作出大量经典艺术作品、出现众多的艺术流派、形成优秀的创作传统并流传至今,说明其价值的恒久性。如果我们反观这些艺术门类的历史就可以发现,它们都经历了有效的传播,这些传播也都在为艺术增加价值。

在中国农耕社会,艺术的传播主要依靠官方仪典、民间风俗、社会交往等内在力量推动,因为人们的精神需求和价值追求主要体现在这些方面。艺术是在这些内在力量的推动下,借助各种路径进行传播才产生了我们今天所看到的影响。在媒介路径上,中华传统艺术经历了几个时代。在口传时代,人们依靠人与人之间直接的口头交流传播艺术,神话传说、民间故事都在此过程中传播。在文字时代,人们依靠较为理性的符号传播艺术,传统的神话传说、民间故事借助文字被记录下来,人们不仅可以借助口传媒介,而且可以借助文字符号感知这些艺术。纸张发明之后,艺术的传播获得了便利的通道,使艺术发生了普遍影响。原先借助口头表达和诸如石头、陶土、兽骨、青铜、布帛等固体材料媒介表达的艺术纷纷改由能轻便书写的纸张来传播。而在印刷时代,人们超越了在纸张上手工"书写"的作业方式,依靠便捷的复制技术有效地扩大了艺术的传播空间。由神话传说、民间故事滋生的各类文学作品开始呈现出大众化的现象。书法、绘画、音乐等传统艺术也因印刷媒介的发达而走进大众空间。

基于精神需求的内在社会机制的推动是艺术得以传播的根本，媒介的进步是让这种精神需求进一步强化并使社会机制发生变革的手段。内在需求和外在手段的相互作用，在社会空间上为艺术创设传播机遇的同时也使艺术沿着时间的轨道一代又一代地延续和再生，从而得到传承。从这个意义上来说，传播是在一个特定的空间内进行的，它让艺术在特定的空间中以富有价值的形式存在。所以，传播为艺术的延续和再生奠定了价值基础，而事物的延续和再生正是事物的传承。

第二，传播为艺术传承创设了一个生态系统。中华传统艺术的传承得益于其在农耕社会的有效传播。我们说在现代媒介兴起之前，传统艺术的传播依靠官方仪典、民间风俗、社会交往等内在力量推动。譬如，被儒家当作治国理政法宝的礼乐文化在中国农耕社会延续两千余年。在中国历史上，每个朝代都有专门的礼乐机构，这些机构自上而下都在特定的庆祝、祭祀等仪典场合表演盛大的乐舞，让音乐、舞蹈两大艺术得以传播，并以制度的形式得以传承。礼乐思想延伸到民间，在音乐、舞蹈两大表演艺术的基础上不断吸收民间其他表演艺术，如戏曲、曲艺、杂技、锣鼓、秧歌等，这些滋长于民间的艺术也在各类民情风俗中传播着。民间风俗是一种文化习惯，无论是节日庆典、祭祀活动，还是婚丧嫁娶，都因习惯而成规矩。所以，民间艺术借助民间风俗的文化习惯而有效延续着。官方仪典和民间风俗上下互动。官方仪典为民间风俗树立了榜样，民间风俗也启发着官方仪典，尤其是其中的表演艺术，官方和民间互相启发、互相吸收的现象在中国传统农耕社会十分普遍，从而为传统表演艺术构筑出一个良好的环境。这个环境为传统艺术的传播和传承营造了富有价值的生态系统。社会交往是传统艺术得以传播的另外一种力量。这种力量不仅体现在官方仪典和民情风俗中，也深入民众日常的交往活动中。在农耕社会，人们的社会交往反映在两大阶层中，分别是文人士大夫阶层和普通民众阶层。在文人士大夫阶层，书法、篆刻、国画、品级较高的工艺以及较为高雅的歌舞和戏曲因该阶层的雅趣而流传。这些艺术一方面被当作体现个人才华、情趣、社会地位以及增进情谊的手段，另一方面被当作修身养性的途径。这个特殊的社会空间为高雅艺术所构织的生态系统使艺术得以自然传播，历代文人士大夫也延续了这个传统，从而使文人艺术绵延不绝。而在普通民众阶层，艺术一方面承接了文人士大夫阶层的趣味，使这种趣味在民间渗透，另一方面又体现出有别于文人艺术而偏重娱乐和享用的倾向。在这个阶层流传的艺术，我们今天称之为"民间艺术"。这类艺术渗透在民间各类风俗和以艺谋生的行业当中，呈现出十分活跃的状态。所以，民间艺术也是在普通民众阶层的社会空间所构织的生态环境中传播的和传承的。文人士大夫阶层和普通民众阶层对于艺术的好尚虽然有别，但都在各自的好尚中为艺术构织出一个生态系统。艺术的创作、传播和传承都在这个系统中有序循环着。

　　如果没有西方现代文明带来的现代媒介的兴起，那么中华传统艺术在中国本土的价值系统和生态环境中的传播和传承不会发生根本性变化。但现代媒介的兴起打破了这个相对封闭且稳定的系统。与现代媒介兴起之后的情形相比，传统艺术在中国本土的价值系统和生态系统中的传播是有限的。在现代媒介兴起之前，传统艺术的传播速度、传播距离都局限在较为狭小的空间内，普通民众的参与机会也十分有限。一方面因为传统社会的官方仪典、民间风俗和社会交往主要在中国本土的各个民族和地区中进行，形成模式化、本土化的特点，不主动向外延伸。另一方面因为传统媒介主要体现为语言文字、物质材料和人的身体，媒介之间的互通互动能力有限、媒介自身的能动性不足。所以，传统艺术在传统社会稳定的空间和互通互动能力较弱的传统媒介的作用下形成稳定的样态、恒定的性格。这种样态和性格虽然保持了传统艺术的特质，但既不利于传统艺术向更加深远的时空延伸，也不利于民众的参与。所以许多艺术门类因媒介的局限而不能发扬光大甚至被埋没了。尤其是自19世纪末起，现代社会形态的兴起和现代媒介形态的进入，打破了中国传统社会和传统媒介为艺术所构筑的价值系统和生态系统的平衡，导致传统艺术出现诸多不适应症状。

二、传统艺术在现代媒介中的生与死

中华传统艺术基于语言、文字、物质材料和人的身体等媒介来呈现。语言、文字是基于人与人之间交流的产物，物质材料和人的身体是自然的产物。当这些事物被传统艺术作为媒介来创造艺术时，便决定了中华传统艺术自身的性格。这种性格由传统艺术的运行系统和传承系统构成。

在现代媒介进入中国之前，中国传统艺术已构成自身的价值系统和生态系统。但当这种系统的平衡因现代媒介的进入而被打破后，原先的文人艺术与民间艺术都发生了诸多变化。西方现代文明的特征是基于西方工业革命的社会分工的兴盛。中国传统生产和生活方式所支撑的较为粗略的社会分工日渐被精细的社会分工所替代。传统的官方仪典所依赖的乐舞机构由被现代社会分工所主导的专业表演院团所替代。传统的乐舞分化为以艺术门类为标志的专业表演机构，这些机构多数情况下都是自主运营，并不主要服务于官方仪典。在现代社会体制中，知识阶层因社会分工的深入，其进阶也获得了更加多样的通道，在传统科举制度和文官制度支配下的中国传统的文人士大夫阶层渐渐隐去，这个阶层的传统趣味日渐消退，文人艺术也在日渐现代化的社会环境中失去了原先的价值和地位。传统的民间风俗开始发生变化，社会革新使诸多民间风俗简化或消失，民间艺术所依靠的价值系统和生态系统发生了巨大变化。所以，现代社会打破了传统艺术所依赖的价值系统和生态系统，传统艺术面临着适应现代社会的难题，而对于现代媒介的适应就是其中的一个难题。

在传统的文人艺术体系和民间艺术体系中，艺术的传承对传统媒介高度依赖。他们创造的艺术所依赖的媒介还没有脱离语言文字、自然物质材料和人的身体本身。传统艺术家对于语言文字、物质材料和人的身体的训练、掌握和使用所下的功夫十分深厚，体现为特定的创作技艺。这种技艺体现为创作者根据自己的艺术构思对创作媒介的直接改造，对语言文字、物质材料、肢体动作和表情的提炼和运用。所以，中华传统艺术借助艺术家的智慧与力量直接接触所运用的创作媒介，形成"创作者"与"创作媒介"之间的"无缝接触"。这种"无缝接触"决定了创作者对创作媒介性能的熟悉、掌握及加工技艺的训练和运用，其作品也呈现出极强的"人工痕迹"。"人工痕迹"是中华传统艺术在传统媒介时代的重要特征。中华传统艺术包含众多门类，每个门类的作品因创作媒介的相似而呈现出相似的面貌，但又因创作主体性格、修养、技能的差别而呈现出各自的特点。这些特点正是艺术家体现在作品中的个性。

当现代媒介开始介入艺术领域时，这种状况发生了巨大变化。现代媒介首先重整了"创作者"与"创作媒介"之间的关系。"创作者"不再"直接"加工"创作媒介"，而是"创作媒介"具备了其自身独特的视角和工作原理，艺术家可以借助现代创作媒介直接批量生成艺术作品，从而使作品的"人工痕迹"淡化，进而使艺术家渗透在艺术作品中的"个性"消逝。从艺术家直接对语言文字、自然物质材料和人体等传统的创作媒介加工生成艺术作品，到艺术家借助现代创作媒介直接生成艺术作品，二者最大的区别在于现代媒介因其特定的自动化性能而替代了艺术家的部分构思和对传统创作媒介的直接加工。例如，当照相机出现时，照相机通过摄影师的操作，以机械的方式直接捕获人像，与肖像画家运用画笔捕获人像的机能相比，其准确性、成像速度都要高出许多。照相机替代了画笔和颜料而实现了人曾经必须通过眼睛观察、画笔描摹、颜料使用等手段才能实现的目标。"创作者"与"作品"之间的传统的物质媒介消逝了，替代这些物质媒介的是自动化的媒介——摄影镜头、感光药物、胶片和相纸，传统的物质媒介被机械媒介所替代。就肖像画而言，肖像画家对于画笔、颜料等媒介的掌握以及对于眼力的训练，被照相机这种机械媒介淹没了，那么传统肖像画的创作技艺就渐渐由摄影技艺来承接了。在中国摄影史上，最早的一批摄影师除了有海外背景的摄影爱好者外，相当一批摄影师就是由传统的画师直接转向摄影师的。例如，"咸丰年间（1851—1861年），在香港合伙经营油画业的画师周森峰、张老秋、谢芬三人，预见到照相业在中国的发展前景，并认为摄影和绘画有相通的一面，于是便合资延请了当地外国兵营中一个会摄影的人传授技术。学成后各投资二百元置办器材，遂改营照相馆"①。周森峰、张老秋、谢芬三位画师由此成为中国最早的由画师转为摄影师的代表人物。从此，由画师用画笔和颜料直接创作肖像画日渐减少。

照相机的出现对传统绘画的冲击是必然的，但传统绘画并未因照相机的出现而消失，具有中国传统气质的国画依然十分流行。照相机这种现代媒介只是承接了中国传统绘画的部分功能。这是一种十分奇特的现象。如果我们要深究这种现象出现的原因，只能从中国传统绘画独特的审美价值来探讨了。照相机捕获的是实景，被拍的对象是什么，拍出来的照片就是什么。尽管到了今天，数码相机及一系列辅助软件正在努力做出了一些美化效果，但也未能替代中国传统绘画那种由视角、观念、技艺所塑造的独特气质。虽然中国人没有拒绝照相机这种现代媒介，但中国人也未因照相机的出现而丢弃自己的传统媒介来创作绘画作品。正是在这种情形下，中国传统绘画的技艺被传承了下来。

如果说照相机只能捕获静态影像的话，那么摄像机则能捕获动态影像。1905年，北京丰泰照相馆的创办者任庆泰用摄像机拍摄了由著名京剧老生演员谭鑫培主演的《定军山》的片段，成为中国人自己摄制的第一部电影。这个事件标志着中国人对于摄像机的接受。摄像机是基于照相机的技术，将影像由静态转为动态，这是人类影像媒介的巨大进步，也是现代媒介进步的重要标志。当戏曲演员还在舞台上伴随着热闹的锣鼓尽情表演时，摄像机的出现已悄然为这种实体剧场的表演注入了另外一种力量。对于戏曲来说，这种力量既是积极的，又是消极的。积极的一面是摄像机会保存实体剧场中演员表演的成果，并让其远播四方；消极的一面是摄像机从实体剧场分走了一大批观众，为戏曲在日后出现的危机埋下了伏笔。摄像机的出现虽未迅速让戏曲出现尴尬局面，但对擅长实体剧场演出的戏曲而言，摄像机已开始打破戏曲在实体剧场演出的平静的湖面。因为对于戏曲而言，摄影机最初还不是一种很能动的媒介，即使摄影师掌握了摄影技巧，但如果没有戏曲演员的精彩

---

① 胡志川，马运增.中国摄影史（1840—1937）[M].北京：中国摄影出版社，1987：18.

表演，这种技巧也只能远离戏曲。令人惊奇的是，不仅丰泰照相馆的任庆泰在购置到第一架摄像机后首次把镜头对准了戏曲，造就了中国第一部电影，而且引发了其后大批摄影师对戏曲的青睐。在摄像机传入中国之初，对于戏曲的拍摄一时成为风尚，举凡有点名气的戏曲演员大都有过在摄像机镜头前表演的经历。这种情形说明，中国传统艺术家对于现代媒介从未拒斥过。现代媒介出现后，传统艺术与现代媒介之间是"共赢"式的合作。摄像机借助戏曲获得了影像内容，戏曲借助摄像机获得了传播机遇。

如果说戏曲艺术的媒介是演员的语言和肢体的话，那么摄像机这种现代媒介在早期并未有能力替代戏曲的传统媒介——演员的语言和肢体。戏曲是"以歌舞演故事"[1]，摄像机是以活动的影像画面演故事，离开活动的影像画面，摄像机是难以讲故事的。所以，在摄像机出现之初，戏曲并未因摄像机的出现而被替代，而是按照自己的习惯一代一代地传承着。

加拿大媒介学家麦克卢汉（Marshall McLuhan）说"媒介即是讯息"[2]。对这种观点虽然有不少人持不同看法，但不是没有道理的。最为深切的道理在于新的媒介就是一种新的"尺度"。这种"尺度"就是其为人类创设了观察世界、生产信息、输出信息的新方式。在这种方式的基础上，新的媒介创设出基于观察事物、生产信息和传播信息的一套新的体系。

我们说戏曲未因摄像机的出现而中断其传承，是因为戏曲侧重运用的媒介不是摄像机，而是由人的语言和肢体动作提炼而成的具有程式化特征的歌舞形式。但即使如此，戏曲借以传播的剧场因其固定性和实体性特征，也只能使戏曲局限在较小的范围内。一个戏曲剧目要扩大其影响，就必须在一个或更多的剧场不断重复演出。而摄像机则不同，摄像机生产信息的机制是决定了只需要拍摄一次就可以无限次复制，在更加深远的空间便捷地传播。在传播过程中，传播渠道与受众之间的互动生成新的需求，相当一部分受众离开实体剧场，依靠现代媒介的传播终端接受戏曲信息，而主要依靠实体剧场

---

[1] 王国维.戏曲考原[G]//王国维.王国维戏曲论文集.北京：中国戏剧出版社，1957：201.
[2] 麦克卢汉.理解媒介[M].何道宽，译.北京：商务印书馆，2000：33.

表演的戏曲艺术则因观众的减少而渐渐失去了往日的优势。

现代媒介的出现给艺术造成的影响体现在艺术所依赖的生态上。当传统艺术依靠传统创作媒介进行"人工"创作并在实体空间传播时，其传承是基于传统艺术在实体空间的展示和演出进行的。现代媒介进入传统艺术领域后，一方面要利用传统的传承方式所训练的艺术家及其创作成果进行创作，另一方面滋生着新的创作技艺及其传承方式所训练的艺术家，创作出与现代媒介相适应的创作成果。例如，当摄像机直接对准谭鑫培表演的《定军山》进行拍摄时，是要利用受过传统戏曲表演技艺传承训练的谭鑫培的精湛表演，而当摄像师熟悉并掌握摄像机的更多性能后，摄像自身也成为一种技艺，这种技艺结合电影的蒙太奇编辑手法生成有别于戏曲舞台表演的戏曲电影。戏曲电影是与摄像媒介直接相适应的新的电影品种。戏曲虽然借助摄像机延续了下来，但其延续是与摄像机及其播放媒介这种现代媒介相适应的戏曲，它影响着戏曲的传统的创作模式、传播模式和传承模式。

三、传统艺术的传承在现代媒介中的转换

20 世纪 80 年代中期起，一方面，随着中国改革开放的不断深入，大量西方艺术涌进国门，分走了传统艺术的一部分受众；另一方面，西方现代媒介所塑造的虚拟影像超越了实体空间，让受众获得借助虚拟空间感受传统艺术的新通道。中华传统艺术曾因依赖传统媒介而创作、依赖实体空间而传播，现代媒介使中华传统艺术在"实体"空间失去了优势，但也使其在虚拟空间获得了延续和再生的机遇。中华传统艺术在新的语境中一方面从技艺层面维护其艺术本体，另一方面适应新媒介，在新型媒介轨道上进行转换，延伸至新媒介塑造的虚拟空间。

就表演艺术而言，戏曲、曲艺、音乐和舞蹈因摄像机、留声机、收音机、电影、电视、计算机、互联网等现代媒介的出现，一方面将其实体剧场的表演成果借助这些媒介进行传播，观众虽然不是在实体剧场直接观看或聆听，但与实体剧场看到或听到的视觉或听觉内容没有太大差别。现代媒介在这种

情况下仅是发挥其"载体"功能，将实体空间的内容"转移"至虚拟空间。另一方面，现代媒介的"加工"功能改变着这些表演艺术的艺术形态，使其转化为有别于传统表演艺术的新的艺术形态，如戏曲电影、戏曲电视剧就是有别于舞台戏曲的新的艺术形态。现代媒介的"加工"功能是其能动性的创作功能，即在传统艺术的基础上充分发挥现代媒介的能动特性，让传统艺术借助现代媒介形成一种与传统艺术不尽相同、与现代媒介高度适应的媒介艺术，有学者称之为"传媒艺术"。胡智锋、刘俊指出："传媒艺术指自摄影术诞生以来，借助工业革命之后的科技进步、大众传媒发展和现代社会环境变化，在艺术创作、传播与接受中具有鲜明的科技性、媒介性和大众参与性的艺术形式与品类。"[1] 作者是从狭义的角度来界定传媒艺术的，这类艺术是现代媒介兴起之后才出现的新的艺术类型，与传统艺术有着天然的联系，但因其"加工"方式依靠现代媒介自身的特点而与传统艺术有了区别。

值得玩味的是曲艺、舞蹈并未因现代媒介的"加工"功能而改变其艺术形态，或者说，现代媒介不具备针对曲艺和舞蹈的深度"加工"功能。我们从电视荧屏上看到的相声或舞蹈表演与从舞台上看到的相声或舞蹈表演没有太大区别。如果说有区别的话，那也只是因简单的蒙太奇手法的应用而让观众从更多视角看到了相声或舞蹈表演的画面。就造型艺术而言，中华传统艺术主要体现为书法、篆刻、国画、工艺美术、建筑、园林等门类。现代媒介的出现为造型艺术提供了更加广阔的传播平台，而未能改变传统造型艺术的门类形态。换句话说，传统造型艺术并未因现代媒介的出现而改变其作品形态。这种情况说明，现代媒介对于传统艺术的"加工"能力是因门类的不同而不平衡的。

虽然现代媒介对于传统艺术的"加工"因艺术门类的差异而呈现出不平衡的状态，但传统艺术向现代媒介的延伸，并从中寻找生存空间却成为趋势。即使是造型艺术，也未忽略现代媒介的作用。现代媒介出现后，造型艺术在传播方面有效地利用现代媒介，各类造型艺术以图像的形式涌向以电视荧屏、

---

[1] 胡智锋，刘俊.何谓传媒艺术［J］.现代传播（中国传媒大学学报），2014, 36（1）: 72-76.

计算机屏幕、手机屏幕为代表的现代媒介终端。这种现象让造型艺术的新旧成果有效延伸至现代媒介，转化为当代社会的视觉资源，从而使造型艺术在当代社会产生了强有力的影响。

现代媒介的出现让传统艺术以虚拟影像或图像的形式出现，转移了受众的注意力。受众从对传统艺术在实体空间的关注转向对其在虚拟空间的关注。受众注意力的转移与现代媒介给受众提供的便捷而又时尚的接受艺术的轨道关系十分密切。这种轨道上的现代气息让受众从对内容的关注转向对传播轨道的关注，从对艺术作品的单纯接受转向借助现代媒介对艺术创作和传播的深度参与。实体剧场日渐萧条，实体表演院团、实体作坊、实体展览馆遇到了前所未有的困境。依靠实体空间从业的艺术家们也遇到了难题，许多艺术家不得不另谋生路。这种情况直接关系到传统艺术利用传统媒介进行创作的艺术生产方式、利用实体空间进行传播的艺术传播方式以及受众接受艺术的方式，进而影响到传统艺术的传承方式。

传统艺术的传承以知识传授和技能传授为主，主要体现在学校教育、师徒传授、家庭传承、社会培训教育等方面，集中出现在"师"与"徒"之间在实体空间的近距离传授。但现代媒介出现之后，这种局面被打破了。"师""徒"在实体空间的近距离传授受到了威胁，"师""徒"之间"口传心授"的机遇大大减少。但现代媒介从虚拟空间为传统艺术的传承提供了诸多通道。所以，传统艺术不仅从生产方式和传播方式上向现代媒介靠拢，在传承方式上也主动利用现代媒介。例如，现代媒介涌现出大量传授中华传统艺术的教学视频和有关中华传统艺术的知识资源。现代媒介已为传统艺术的当代传承编织出一张融教学视频、知识资源、互动机制、传播机制乃至营销机制为一体的大型线上网络。这张网络与线下实体传承行为密切结合，正在对中华传统艺术的当代传承发挥巨大作用。

现代媒介除了提供线上线下结合的传承网络外，还因为其自身的技术特征而为传承传统艺术提供了数字化的创作工具，如数字书法、数字国画工具。这些工具结合传统艺术的特征而创设，一大批有志于传统艺术创作的青年艺术家率先掌握了这些数字化工具，创作出大量优秀作品。这种现象表明，中华传统艺术不仅可以利用现代媒介进行教育性传承,而且可以利用现代媒介进行创作性传承。教育性传承让传统艺术的传承方式从"口传心授"转化为依靠更多媒介渠道承接传统艺术的知识和技艺,"师""徒"之间的"捆绑"式教育得到了解放,传统艺术的技艺以及围绕技艺的智性资源在更大空间发挥着作用。现代媒介中的创作性传承让传统艺术的生产方式发生了巨大变化,大批依靠现代媒介工具创作、设计和表演的传统艺术作品以新的面貌出现,大量民众借助现代媒介创作工具参与到艺术的创作领域来。从教育性传承到创作性传承在现代媒介所构筑的虚拟空间的延续表明中华传统艺术对现代媒介的高度适应能力。

现代媒介最为突出的特征是其传播特征。但当传播的力量发挥到一定程度时,现代媒介也构成生产信息、消费信息的巨大社会空间。便捷的现代媒介在当代社会可谓无孔不入,渗透在当代人生活的各个领域。当中国社会在传统的实体空间运行时,实体空间信息传播的局限性让其文化形态保持着较强的稳定性。而当以计算机、互联网和移动互联网为代表的现代媒介进入中国后链接了各类新旧媒介,实现了真正的"信息爆炸",让信息成为创造物质财富和精神财富的有生力量。就中华传统艺术而言,计算机、互联网和移动互联网的出现,让传统艺术的信息开始成倍增长,尤其是众多在传统的实体空间长期沉积乃至死亡的传统艺术形态被现代媒介激活。例如,曾在传统社会广为流行的曲艺品种莲花落早已在实体空间衰竭,但在以抖音为代表的微视频平台营造的传播空间中吸引了众多年轻人的参与兴致,许多表演传统莲花落的青年成为网络达人。所以,现代媒介所构筑的虚拟空间虽然使传统艺术在实体空间的诸多力量被削减,但传统艺术及时利用现代媒介所构筑的虚拟空间进行传播,为其自身的延续和再生找到了新的空间。这个空间首先是传播力量所导致。这种力量一方面来自传统艺术对现代媒介的主动利用,另一方面来自现代媒介为传统艺术创设的新的生存机制。

现代媒介为传统艺术所创设的生存机制,首先是让传统艺术作品搭载现代媒介的传播轨道,把传统艺术当作"传播内容"来运行;其次是以现代媒介独特的组织机制和创作机制让传统艺术适应现代媒介,进而为传统艺术在

现代媒介的路径上找到新的立足点。这种机制虽然让传统艺术"变形",但也为传统艺术在现代媒介所构筑的虚拟空间找到了"再生"机遇。传统艺术无论是作为现代媒介的"传播内容",还是在现代媒介创设的新的生存机制的作用下"再生"为新的品种,都说明现代媒介为传统艺术提供了新的空间,也说明现代媒介对传统艺术传播和传承的价值。

由上可见,传统艺术的传承在现代媒介所创设的虚拟空间中得到了有效转换。这种转换依靠传统艺术与现代媒介之间的互动。在二者的互动过程中,传统艺术为现代媒介提供了传播内容,现代媒介为传统艺术提供了传承机制。这种机制集中体现在教育性传承、创作性传承两大方面。

从人文经济看中华传统艺术的当代传承[*]

中华传统艺术的当代传承是一个时代命题。要让生长在农耕社会的传统艺术在当代中国社会继续发挥作用，就要找到传统艺术当代传承的价值和路径。中华传统艺术是在漫长的中国农耕社会生长起来的艺术，包含造型艺术和表演艺术两大类，每类之下又有众多子类。这些艺术既承载着中华文化的丰富信息，又体现着中华文化的独特智慧，是具有中国风格、中国气派、中国特色的艺术样式。纵观中华传统艺术的生长历史，我们可以发现，这些艺术都是伴随着适应农耕文明的良好的社会生态而生长的，其最显著的特点就是通过多种路径为人们提供精神资源，人文经济就是路径之一。那么，这个路径的基本原理是什么？从古代中国到现代中国，在人文经济这条路径上，中华传统艺术如何延续和传承？作为一条富有价值的传承路径，中华传统艺术如何融入当代人的生活而得以有效传承？围绕这些问题，本文结合中国历史及现代化历程进行讨论。

一、从"借艺谋生"和"借艺抒怀"谈起

中华传统艺术在古代中国社会生生不息，得益于艺人们可以借艺谋生，以及可以让艺人借艺谋生的生态环境的存在。也正是这个基本原因，才支撑

---

* 本文系 2019 年度国家社科基金艺术学重大项目"中华传统艺术的当代传承研究"（项目批准号：19ZD01）的研究成果，原载于《学术前沿》2024 年 2 月号（下），收入本书时有改动。

起一代又一代的艺人乐此不疲，创造出一座又一座的艺术高峰。这一座座高峰不仅成为当代中国人享受精神生活的不竭资源，而且依然为当代中国人创造新的艺术提供着强大的智慧支持。

借艺谋生构成艺术创作得以延续的基本机制，这种机制把艺术与经济紧密连接，让艺人以精神形态的产品供应换取报酬，支持着艺术家的生存，也支持着艺术创作的生生不息。

借艺谋生的机制构成了艺术与经济连接的逻辑起点。没有这个起点，艺术创作就无法持续。有了这个起点，艺术作为人文领域的独特景致才能嵌入经济领域，在为人类创造精神财富的同时实现经济价值，艺术经济由此形成，并成为人文经济领域的组成部分。

在古代中国，借艺谋生的情形主要有两种：一是艺术家以特定的艺术技能供奉官方艺术机构获取俸禄谋生，如官方乐舞机构、官方画院等。例如，宋代太常寺、大晟府的乐官均有自己的本俸（月薪）。除此以外，乐官还享有添资（月俸外的津贴）和特殊表演场合的赏赐。二是以家庭团体或其他私人艺术团体自行经营艺术来谋生，如戏曲曲艺艺人、工艺美术艺人等。这些艺人的薪酬多不固定，戏曲曲艺艺人主要以演出场次议价，在民俗场合或街头表演时还会获得特殊赏赐，工艺美术类的艺人主要以作品议价。借艺谋生的核心在于艺人借助艺术技能提供艺术作品，受众为艺人提供报酬，构成最基础的供需关系。

借艺谋生的机制构成了中国人文经济领域中艺术经济的关键一环，也是古代中国人文经济的关键生长点。基于这个生长点，借艺谋生逐渐发展为一种人文经济的景象，如官方礼乐的代代延续，以官方礼乐为牵引的遍及全国各地的民俗艺术的兴盛，以家庭为纽带的艺人的四处游走卖艺，以私人作坊、工艺工场为纽带的工艺美术的繁荣，围绕艺人的创作、制作、传播、销售等从事艺术经营的勾栏瓦舍、茶楼酒肆、工艺店铺、印刷裱糊等行业的形成。这种情形不仅促进了城乡经济社会的繁荣发展，也让传统艺术渗透进中国人生活的方方面面。就创作主体而言，艺人借助精湛的技艺为人们提供精神产品，也在锤炼艺术的过程中塑造自己；就接受主体而言，人们借助艺术认识社会、淳厚民俗、淘洗日用、激励精神。

如果说借艺谋生机制主要体现在职业艺人圈内，那么在职业艺人之外，还有绝大多数士大夫文人也在从事着艺术创作，他们的生存资源主要是官方俸禄，但他们在业余时间创作出更高品质的艺术作品。他们已脱离借艺谋生的机制，除了部分有书画创作特长者偶尔赚取点润格费外，大多数士大夫文人不为赚钱而创作，故而在士大夫文人圈内形成借艺抒怀的优良传统。士大夫文人因其稳定的官方俸禄，不需要把艺术作为谋生的手段，所以才能以超然的态度超越职业艺人借艺谋生方式的束缚，以借艺抒怀的模式让艺术直接进入精神领域，形成一道独特的艺术景致。

职业艺人和士大夫文人两大系统构成了中华传统艺术的两支主流创作队伍。职业艺人借艺谋生的机制奠定了中国艺术经济的基础，让艺术经济以官方机构与个人经营两大模式向城市和乡村渗透。这在城市体现为自宫廷到诸侯的官方礼乐中的以各类表演场合、官方画院为载体的经济模式和以广场、露台、勾栏瓦舍、茶楼酒肆、工艺作坊、工艺工场为载体的艺术经济模式；在乡村体现为以节日、庙会、祭祖、婚丧嫁娶等民俗活动为载体的艺术经济模式。士大夫文人借艺抒怀的行为虽未直接参与到艺术经济活动中来，但他们对民间戏班、民间曲艺班社的渗透，对工艺作坊的渗透，对民俗风情的渗透，都间接促进了职业艺人的经济活动，让职业演艺人员、职业工匠以杰出的艺术作品和艺人身份彰显于世。

职业演艺人员造就了歌舞、戏曲、曲艺的行业景象，职业工匠造就了书法、绘画、工艺、建筑、园林的行业景象，士大夫文人在则其中起到了提升和推动的作用。二者共同建构出古代中国艺术的灿烂景象及城乡艺术经济模式。

艺术经济是人文经济的一种，是以艺术家的智慧和技能与这种智慧和技能的享用者之间所构成的一种价值交换。在中国传统的农耕社会，艺人、艺术和艺术经济模式都是自然而然形成的。这与古代中国把艺术作为人的基本修养和抒怀手段，作为祭祀神灵、娱乐民众的基本工具，作为与"礼"密切关联的"乐"的传统有关。

古代中国人对侧重精神的艺术功能的基本定位奠定了中国传统艺术的人

文基调。这种基调强调艺术的精神属性，强调艺术之于社会整体治理的价值，强调以艺术建构精神世界的价值。在这种基调作用下，艺术在人文经济领域重利益，但不唯利益。所以，我们从古代人文经济的角度来看艺术经济问题时会发现艺人也好、士大夫文人也好，这两大创作队伍都未把经济利益放在首位。由此我们可以看出，古代中国的人文经济更多是在精神本位主导下的人文经济，而非侧重物质利益的人文经济。纵观中国艺术史，我们尚未发现有艺人或士大夫文人借助艺术交易而拥有巨额财富者。这种经济模式以精神价值为牵引，突出了艺术的人文属性。

在传统农耕社会，艺术经济虽有规模，但规模不大。艺术经济虽已形成，但多数还处在"我创作、你享用，你需要，我提供"的简单的经济交易模式，尚未形成与现代工业社会把艺术纳入庞大而又复杂的产业领域的作为相比肩的状态。

二、从传统人文经济向现代人文经济的过渡

1840年的"鸦片战争"使中国社会被迫开启了由传统农耕社会向现代工业社会转型的历史。以工业文明为主体的现代社会犹如一头猛兽与温柔敦厚的传统社会相遇。生长于农耕社会的传统艺术的经济模式因其规模狭小、交易方式简单、精神面貌传统而表现出极大的不适应状态。

最初，传统艺术被作为现代经济模式的内容被包装、被消费，传统戏曲、曲艺等表演艺术进入体现现代社会经济模式的唱片、广播、电影、电视媒介行业，现代剧院、时尚茶馆酒楼等剧场经营行业；传统工艺进入体现现代社会经济模式的批量化制作和规模化、集约化销售行业。在这一时段，传统艺术作为现代经济模式的内容，被强行载入现代经济模式。这种模式在相当长的时期内成为现代经济模式强有力的资源支撑。与此同时，传统艺术也借助现代经济模式得以延续。尤其是与现代经济模式密切相关的现代媒介作为存储载体保存了大量传统艺术的资源和信息，作为传播载体而使传统艺术从一个较为狭小的空间延伸到更为广大的空间，相当一批演艺人员和相当一部分

造型业的人员由此声名远播。传统艺术家因现代媒介的传播力而获得的社会声誉使他们进入现代社会舆论体系和意识体系，从物理空间和社会空间提升了传统艺术家的社会地位。这种地位的提升使传统艺术由传统静态经济模式进入现代动态经济模式，也为传统艺术由传统社会经济形态进入现代经济形态奠定了基础。

静态经济模式是在自给自足的社会环境中养成的，以规模狭小、交易简单的状态呈现。自给自足的社会环境主要依靠面对面的人际交往而形成，在这种环境中生成的经济模式"射程"较近，具有"跨界破圈"的经济力量难以进入，也难以形成远距离、多层级、广受益的经济交往形态，所以经济状态难以活跃。动态经济模式是在现代交通、现代媒介、现代组织形式作用下的社会环境中养成的，以规模大、交易复杂、受益面广的状态呈现。现代交通、现代媒介和现代组织形式打破了不同文化圈、经济圈的壁垒，让经济交往变得自由便捷。三者均以强大的"射程"连接了不同国家、不同地区、不同民族、不同文化圈和经济圈，交往面广、参与度深、渗透力强，从而使远距离、多层级、受益广的经济交往成为可能。就传统艺术而言，面对现代工业文明的强力推动，难以脱离现代经济模式。因此，传统艺术难以避免地走上了从传统社会的静态经济模式转化为现代社会的动态经济模式之路。

传统艺术在进入现代经济模式，为现代经济行业的经营做出贡献的同时，也在改变着自身的处境。总体而言，这种处境体现在两大方面：一是在被动由现代社会经济模式"载入"的过程中失去了自己的传统优势；二是在"载入"现代社会经济模式的过程中寻求再生的机会。前者体现出传统艺术面对现代经济模式的不适应性，后者体现出传统艺术面对现代经济模式时的主动性。在不适应性作用下，相当一部分艺人因蜷缩在狭小的经营圈而无人问津，相当一部分传统艺术因此而萎缩，更有一部分传统艺术逐渐消逝。究其原因，是这些艺人习惯于静态经济模式，习惯于面对面的人际交往的经营形式，其经营形式缺乏远距离的"射程"，无法适应现代经济发展，从而失去了延续和发展的优势。在主动性的作用下，众多传统艺术华丽转身，被纳入现代经济社会和文化发展体系，成为其有机组成部分，如众多戏曲剧种在1949年前主

动从乡村转入城市，从舞台演出渗入现代媒介体系，也有像梅兰芳这样的艺人把戏曲带向日本、苏联、美国，增加了经营"射程"。1949年之后，多数戏曲剧种由纯市场经营形式转化为以官方经营为主体，辅以市场经营的双轨制经营模式，成为新中国经济社会和文化发展的有机组成部分。不少戏曲剧种在现代经济体系中借助现代社会形态、现代媒介形态、现代组织形态滋生出新的艺术样态，如戏曲现代戏、新编历史剧、戏曲电影、戏曲电视剧的出现。新的艺术样态与传统艺术样态相互促进，助推了传统艺术的繁荣。

在现代社会，职业艺人的借艺谋生由单纯的简单化经营的经济模式转变为规模化、复杂化、集约化的经营经济模式，在此过程中，士大夫文人阶层的消逝犹为令人惋惜。传统的文官制度因不适应现代社会发展模式而不再延续，让士大夫文人群体借艺抒怀的风气骤然停歇，代之而起的是现代教育体制培养的更加专门化的社会管理层的出现。这个新型管理阶层因分工细致的专门化现代化教育和实用化的社会管理需要而普遍失去了借艺抒怀的素养和机遇，现代社会从整体上遗失了传统社会所积累的人文体制和人文精神。传统文官制度所滋养的士大夫文人阶层的消逝，也让传统的职业艺人失去了引领群体，从而导致传统职业艺人群体数量削减，具有传统艺术精神的艺术创作的品质进一步削弱。

上述种种因素引致中国传统人文经济的终结，也引致中华传统艺术从传统人文经济向现代人文经济过渡带的形成。这种过渡带集中体现在传统艺术由静态经济模式向动态经济模式的转变。

三、中国现代人文经济的思想支撑

中国人文经济是在数千年积累过程中形成的。在1840年以前自给自足的人文经济形式当中，艺人借艺谋生、士大夫文人借以抒怀所形成的自然交换方式和经济模式，就已积累起强大的人文经济传统。这种传统与自给自足的农耕文明相适应，其状态是规模狭小、交易模式简单，因缺乏远距离的组织形式、交往途径和交往工具，往往局限于一个地区或一个民族。但这种经济模式因其在地性而保障了中华传统艺术的多样性、融合性、渐变性和连续性。地区和民族间的相对区隔让传统艺术的在地特征得以维系，从总体上表现出艺术形式的多彩多姿，地区和民族之间虽不频繁但依然存在的交往（如外交、贸易、移民、战争等）又让传统艺术在相互吸收融合中出现生机。中华文明漫长的演化根植于中国深邃的哲学思想，在以儒释道为主体的哲学观念的支撑下呈现出独特的智慧。中华文明是一种广阔深邃、解读性极强的文明形式，内生出讲功利又不唯功利的人文经济，在面临新的文化形式和经济模式介入时既有对文化本位的坚守，又有灵活多样的机制创新。

1840年以来，随着西方文化的渗入，中华传统艺术开始从自给自足的农耕文明，走向半农耕、半工业的文明形态，传统艺术的优势虽然还在，但已受到西化思潮的冲击。尤其是以康有为等人为代表的改良派，有意识地将西方艺术与中华传统艺术相比较，以传统艺术之劣势，显西方艺术之优势。但在中国社会由传统转向现代的过程中，一直保持着文化本位，而服务于本位、以"用"为特色的各类艺术形式也实现了较好融入。正因如此，在中西争鸣的喧哗声中，"中体西用"的方略才能占主导地位。

1919年至1949年，一方面"五四"新文化运动主将，如陈独秀、胡适等人极力倡导西方艺术，抨击传统艺术，视传统艺术为陈旧、没落、腐朽之物。与此同时，大批西方艺术被引入，尤其是大批出国留学的新型知识分子，如徐悲鸿、林风眠等人，积极倡导西方艺术的观念和创作方法，并将其引入现代艺术教育体系，从而在创作实践、艺术教育两大方面挤占了传统艺术的生存空间。另一方面，随着日本军国主义的入侵，抗日战争、解放战争的连绵，在战火烽烟中盛起的民族解放运动也在极力运用传统艺术为抗战、解放战争进行宣传。大量传统艺术，如秧歌、版画等，在此过程中以一种新的面貌面世，成为革命文化的有机组成部分。新文化运动所开启的中国现代文化，以及在现代文化语境中不断发展的中华传统艺术面临着被丢弃、被改造的命运；而在民族解放运动中成长的中华传统艺术以本土文化的力量，在肩负救国救民使命的过程中，展现出新的姿态。正因如此，伴随着现代文化的兴起，中华传统艺术在传统文化底蕴的滋养下继续前行，在传统文化与现代文化结合的过程中焕发出新的精神面貌和时代光彩。

1949年以后，在中国共产党的领导下，文化建设被提高到重要地位。1949年9月，毛泽东在人民政协第一届全体会议上指出："随着经济建设的高潮的到来，不可避免地将要出现一个文化建设的高潮。中国人被人认为不文明的时代已经过去了，我们将以一个具有高度文化的民族出现于世界。"[①]1951年，毛泽东为中国戏曲研究院成立题词："百花齐放，推陈出新。"1964年，毛泽东在中央音乐学院学生的来信上批示"古为今用，洋为中用"。毛泽东对文化的重视及其论述成为新中国文化建设的基本方针。一方面在文化的"陈"与"新"的关系上坚持在传统文化基础上创新文化，另一方面在"古"与"今"、"洋"与"中"的关系上，坚持以传统文化和外国文化为我所"用"的策略。这种论述为传统文化和外国文化服务于中国社会主义文化建设提供了强大的理论支撑。自1978年党的十一届三中全会起，这种方针和策略一直延续，从邓小平"发展高尚的丰富多彩的文化生活，建设高度的社会主义精神文明"的主张，到江泽民的"先进文化"理论，再到党的十七届六中全会胡锦涛提出的建设社会主义文化强国的目标，尤其是党的十八大之后，习近平总书记把文化自信和道路自信、理论自信、制度自信并列为中国特色社会主义"四个自信"，充分说明文化在未来国家发展战略中的重要地位。

习近平总书记在党的十九大报告中指出："文化是一个国家、一个民族的灵魂。文化兴国运兴，文化强民族强。……中国特色社会主义文化，源自于中华民族五千多年文明历史所孕育的中华优秀传统文化，熔铸于党领导人民在革命、建设、改革中创造的革命文化和社会主义先进文化，植根于中国特色社会主义伟大实践。发展中国特色社会主义文化，就是以马克思主义为指导，坚守中华文化立场，立足当代中国现实，结合当今时代条件，发展面向现代化、面向世界、面向未来的，民族的科学的大众的社会主义文化，推动社会主义精神文明和物质文明协调发展。要坚持为人民服务、为社会主义服务，坚持百花齐放、百家争鸣，坚持创造性转化、创新性发展，不断铸就中

---

① 中共中央文献研究室.毛泽东文集：第5卷[M].北京：人民出版社，1996：345.

华文化新辉煌。"①

习近平总书记把中华优秀传统文化视为中国特色社会主义文化的重要源头，强调对于中华文化立场的坚守，并提出对传统文化进行"创造性转化、创新性发展"。习近平总书记对中华优秀传统文化的系列论述，为中华传统艺术在当代中国的发展提供了重要思想依据。党的十八大以来，在传统文化的"创造性转化、创新性发展"的发展方略指导下，在传统民俗发展、传统文物保护、传统非遗传承、基于传统文化资源的文艺创作方面取得了辉煌成就，围绕传统文化和传统艺术的人文经济也日渐兴起。

四、现代人文经济初兴中的传统艺术

现代人文经济是一种互联性经济，是在现代交通、现代媒介和现代组织形式作用下把全球资源整合利用的经济，是政治、文化、宗教、科技、教育等关键领域深度参与的经济，是跨时间、跨空间，把全球不同国家、不同地区、不同民族连接起来的经济。

最初，这种经济形式以物质利益为导向，把经济引向一种竞争性、实用性的方向。在西方社会，从地理大发现、大航海时代起，这种经济形式就一直存在，并随着以基督教为主导的西方中世纪的终结和以文艺复兴为导引的思想解放的崛起而兴起。13—16世纪，欧洲造船业的兴起为地理大发现准备了通向远方的海上交通工具。这一时期，地圆学说的出现以及以西班牙、葡萄牙等国的航海探险为地理大发现提供了机遇和实践案例。欧洲借此兴起的以殖民为特征的全球经济，让经济互联成为现实。在科技的推动下，西方的工业革命让这种现实变得日趋复杂多样。尤其是源自20世纪60年代末的互联网的萌芽及20世纪80年代互联网的日渐兴起，更是让经济互联变得无处不在。与此同时，国际化的经济组织开始涌现。在此背景下，艺术以远距离

---

① 习近平.决胜全面建成小康社会夺取新时代中国特色社会主义伟大胜利：中国共产党第十九次全国代表大会上的报告［EB/OL］.（2017-10-27）［2023-12-29］.https：//www.gov.cn/zhuanti/2017-10/27/content_5234876.htm.

传播、跨境传播突破了各种边界,在全球范围内形成独特的人文经济景象,中华传统艺术逐渐被带入现代人文经济领域。

1877年12月,爱迪生向公众展示了他发明的留声机。1899年,留声机在上海开始销售,西方音乐随着留声机而传入中国。紧接着,留声机开始了针对中国音乐、戏曲、曲艺的录音。1903年3月18日至4月26日,"英国留声机公司"(The Gramophone & Typewriter Company Limited)录音师弗雷德·盖斯伯格(Fred Gaisberg)在谋得利公司的安排下进行了一次较大规模的中国灌音之旅。这是一次真正有记载的中国本土最早的唱片灌音活动。在该公司1904年的中国唱片目录里,可以统计出被冠以中文字样的唱片476种。其中,包括录制于上海的京剧与少量昆曲唱片329种和录制于香港的粤语唱片147种。这批唱片现存美国RCA胜利唱片公司,其中便有著名"孙派老生"孙菊仙的10面唱片,包括《举鼎观画》《捉放曹》《桑园寄子》《打金枝》等剧目。[①] 从此开始,中华传统表演艺术日渐载入电影、广播、电视、互联网等现代媒介得以广泛传播。

与此同时,新型剧院在中国兴起,传统艺术从传统的茶楼酒肆日渐登上新型剧院的舞台。1908年10月,上海老丹桂戏园改制后以"十六铺外滩新造样式特别改良戏院"为名出现,标志着传统剧院向现代新型剧院的转变。继之而起的是在上海、北京、天津等大城市出现的大批新型剧院。新型剧院不仅体现在与旧戏园在空间构造、布景设置、经营模式上的不同,更体现在伴随戏剧改良而搬演的各类新型剧目方面。新型剧院的空间构造把观众和演出区有效分开,观众席位被划分等次;在布景设置方面既有实景道具,也有声光电等设备;经营采用股份制模式。这种做法改变了传统戏园散漫随意的面貌,也改变了传统戏曲纯粹的"一桌二椅"体制,现代道具、灯光、声响系统进入戏曲舞台空间,形成新的表演体制。与此同时,伴随着新的传播方式、新的演出方式、新的观赏方式以及新的观演关系的建构,一时间掀起一种新的"文明"时尚。各类新型剧目的上演,引发了中国传统戏曲的写实趋向,

---

① 徐羽中.二十世纪上半叶中国唱片初探[M].福州:海风出版社,2008:6-7.

使传统戏曲在艺术性格上发生了巨大变化。

在工艺美术领域，超越传统自然经济模式的商业行会、工艺局等机构开始出现，晚清的工艺局主要有官办、商办、官助商办等类型，主要用于招募艺人、教导艺徒。具有现代意义的劝业会、展览会、博览会开始兴起，南京、武汉、天津等地成为手工艺产品在这些展示场合出现的重要城市。1851年，中国的刺绣、景泰蓝、玉器、雕漆、牙雕、地毯、鼻烟壶、宫灯等传统工艺产品走出国门，出现在伦敦世博会上。在制作方面，大量机械装置和化学材料开始渗入，增加了工艺美术作品的制作速度和产量；与此同时，传统手工艺形式和纯天然材料日渐式微，工艺美术的品质也出现下滑。工艺美术领域工艺的改进、产量的增加以及向更广更远的空间渗透，大大增加了行业从业者的收入，也推动了工艺美术从生产模式到营销模式的现代转型。在这一背景下，尽管传统材料和传统手工艺形式的压缩从整体上削弱了工艺美术的品质，但以纯天然材料和纯手工制作的高品质的工艺美术品也终究步入了现代经济模式。

由上可知，现代媒介、现代新型剧院、现代工艺的兴起，使传统艺术借助新型传播媒介、新型剧院、新型日用而进入现代时尚，"破圈跨界"的规模化、复杂化、集约化的经济模式开始形成，传统艺术由此进入现代人文经济领域。

与传统艺术在经济领域的现代化相伴随，艺术教育也发生了巨大变化。传统的"口传心授"式的艺术教育渐渐萎缩，舶自西方的现代艺术教育模式逐渐普及，以西式艺术教育为主的新型专业艺术阶层开始兴起。这个阶层的兴起对传统艺术而言是不幸的。首先，长期以来，中国艺术教育的主要内容是西式的，传统艺术教育的内容相对较少。所以，中华传统艺术内容在现代艺术教育体系中的压缩，导致传统艺术被边缘化。其次，"口传心授"式的传统艺术教育的萎缩，让传统艺术的传承品质受到威胁。最后，承载传统艺术传承的职业艺人被固化到民间，士大夫文人阶层彻底消逝。这些现象对中华传统艺术的延续构成了整体性威胁，导致中华传统艺术在相当长的时期内处于被动地位。

但随着现代艺术教育的兴起，从艺术观念到创作实践，为中华传统艺术向现代社会的转型提供了机遇。在中国社会由传统向现代的整体转型中，中华传统艺术有了强大的竞争对手，也有了可以汲取新的能量的艺术资源。自近代以来，中华传统艺术所形成的不同于纯粹农耕时代的面貌，与现代艺术教育的作用不无关系。

五、以人为本的人文经济与传统艺术的当代传承

新时代对中国传统文化的高度肯定是中华传统艺术得以传承的思想基石和观念保障。正是这种高度肯定，以中华传统文化为依托的中华传统艺术才能继续延续。在经历了百余年现代化风潮洗礼的中国，以中华传统艺术所营造的人文景象成了中国人的宝贵财富。这种景象可创造、可观瞻、可游赏、可交易，是一种充分体现人文精神的经济景象，我们从当下的城市古迹、博物馆、剧院、传统街市及传统节日的繁荣即可看出。这种景象打破了现代化所造成的千城一面的枯燥面貌，逐渐成为现代城市的"文化绿肺"，吸引着众多游客。游走于这种景象当中，或唤起某种记忆，或惊叹于某种技艺，人的精神是自由的、人的想象力是充沛的、人的心情是舒畅的。人在自由自在的游赏景观中交易和消费，正是人文经济的魅力。

2023年7月6日，习近平总书记在江苏考察时指出："苏州在传统与现代的结合上做得很好，这里不仅有历史文化的传承，而且有高科技创新和高质量发展，代表未来的发展方向。"[①] 从某种程度上来说，苏州是人们读懂中国式现代化、读懂人文经济发展的一个实践样本。苏州集古建、园林、运河、古镇、昆曲、刺绣、年画、玉雕等丰富的传统文化艺术于一城，多年来一直站在全国城市发展的前列。这一成就既与苏州2500年的建城史所积累的文化底蕴有关，又与苏州在现代化建设中主动把传统文化与现代经济社会建设密切结合的发展方略有关。长期以来，苏州高度重视文化保护和利用，自觉将传统文化融入现代城市经济发展，塑造出一道亮丽的人文经济景象。平江路位

---

① 石正.奋力谱写中国式现代化苏州新答卷[N].苏州日报，2023-07-11（A02）.

于苏州老城东部的中心位置，这里聚集了苏州古老的街巷、民宅、店铺以及基于古街区的美食、文创、昆曲、评弹、年画和众多的人文典故。早在1986年，《苏州市城市总体规划》就把该街区列为重点保护对象。在30多年的发展过程中，平江路承载了苏州城市标识、人文景观、经济往来的众多使命，增强了苏州人的文化自豪感，成为中外游客游览苏州的重要打卡地。在这里，传统街巷、传统民宅、传统店铺鳞次栉比，昆曲、评弹、刺绣、年画等典型的苏州传统艺术在这个集文化与商业于一体的商业街上都以"活态"面貌出现。人们以闲适的心境游走于平江路，吃、住、行、游、购、娱皆可得到满足，呈现出典型的人文经济景象。苏州平江历史街区因其保护工作出色，于2006年获联合国教科文组织颁发的2005年度亚太地区文化遗产保护荣誉奖。联合国教科文组织评委会评价该街区的保护规划时指出："该项目是城市复兴的一个范例，在历史风貌保护、社会结构维护、实施操作模式等方面的突出表现，证明了历史街区是可以走向永续发展的。"①

人文经济之所以可贵，是因其与文化相结合所呈现的可持续性，避免了社会唯经济唯利益的单向度发展。致力于城市文化政策研究和改进的塞尔维亚文化学者毕尔雅娜·米科夫认为："为了实现可持续性，一种经济必须创造出其基本价值，同时还要考虑到在该特定经济环境下的文化价值。当这种经济与地方资源相匹配时，就会既具有合法性，又充满活力。文化主义在经济的可持续发展中发挥着重要作用，它创造了经济活动、增加了企业创业和就业机会，增强了城市的吸引力，并促进了旅游业的发展……以文化敏感性为目标的经济模式需要融入合作、配合、贸易和捐赠等实践环节。所有的经济模式都基于特定的文化价值。"② 单向度发展是现代社会的通病，西方许多学者都对此有过批评，发达国家进入后现代社会后对其已有根本性反思。在中国经济社会快速发展之际，以人文经济为切口，有意识地避免单向度发展，有利于物质文化和精神文化的平衡发展，也有利于整个社会的高质量发展。

---

① 嵇元.联合国表彰苏州古城平江历史街区保护[N].扬子晚报，2006-06-06（A01）.
② 米科夫.文化、创新和经济简介[M]//米科夫，多伊尔.文化创意：经济增长新引擎.蒋璐墙，郑璐，译.北京：中国人民大学出版社，2020：1.

在人文经济中，文化是核心，经济是手段。无论是文化还是经济，人都是核心。因为人是文化的创造者，是经济活动的主体。人在创造文化的同时也创造了经济，人在开展经济活动的同时也创造了文化。没有一代又一代的创造者，文化的存在是难以想象的，经济活动的实施也是难以维系的。所以，人文经济的核心在于人。习近平总书记指出："'文化经济'的本质在于文化与经济的融合发展，说到底要突出一个'人'字。因此，我们在推进'文化经济'的发展中，要始终坚持以人为本。"① 文化经济也就是人文经济。在人文经济活动中，人既是创造者，又是目的。不违背人的意志而交易、为了人自身物质富足和精神完善而交易，这种交易是以人为本的交易，这种形式是唤醒人的创造力和精神能动性的经济形式。在现代社会给人带来焦虑和迷茫的状态下，中华传统艺术所营造的人文经济景象，让国人找到了家园感和归宿感。中华传统艺术当代传承的经济路径恰恰需要这种模式。

近代以来，在长期的古今之争、中西之争过程中，形成了从"全盘西化"到"中体西用"，从"古为今用、洋为中用"到"守正创新"的基本脉络。今天，随着中国经济社会的快速发展和现代媒介、现代经济形态的兴起，中西并置、古今并置的局面已经形成，这种并置其实是一种价值并置。在价值并置的时代，中国社会如何选择前进的方向，已成为时代之问和未来之问。习近平总书记在庆祝中国共产党成立100周年大会上的重要讲话中提出的"两个结合"思想清晰而有力地回应了这个问题。把马克思主义基本原理同中国具体实际相结合、同中华优秀传统文化相结合，充分体现了当代中国在巨变时代的价值选择。中华优秀传统文化既是中华传统艺术的重要依托，也是中华传统文化的有机组成部分。从古代到现代，中华传统艺术不仅为世人提供精神食粮，也有效地融入经济领域，为中国人文经济的形成提供有力支撑。而人文经济也让传统艺术沿着经济轨道融入当代中国人的日常生活，激发了中华传统艺术的活力，开拓了中华传统艺术得以传承和发展的有效途径。

---

① 习近平."文化经济"点亮浙江经济［N］.浙江日报，2006-10-30（1）.

文化变迁与傩文化的当代传承*

傩文化是在中国农耕社会长期孕育和生长的综合性文化形态。经过三千余年的演化,傩文化自近代以来在中国社会经历了由传统的农耕文化向现代文化变迁的历史。在此过程中,傩文化的境遇和形态都发生了较大变化。在中国经济崛起、社会需要全面发展、现代文化如此盛行的今天,如何看待傩文化这份文化遗产的当代价值和传承,既是一个涉及文化实践的现实问题,又是一个需要回答的理论问题。所以,在文化变迁的视域下从理论上对其进行探讨十分必要。

一、傩文化的变迁

傩文化是以驱瘟逐疫、祈福纳祥为核心的民俗事象。傩源自原始部族巫术中的驱邪仪式,商周时期依然盛行。从商周时期迄今,傩文化已在中国延续了三千余年。在周代,傩文化即被官廷纳入礼乐仪式。《礼记·月令》记载,周代季春时节有"国傩",仲秋时节有"天子傩",季冬时节有"大傩",是重要的官廷礼仪。到了春秋时期有所谓"乡人傩"(《论语·乡党》),说明傩文化自上而下已影响到民间,也说明这个时期民间傩文化的繁盛。直到明代,从官廷到民间,傩文化都一直延续着。清代官廷的驱傩仪式虽未见记载,

---

* 本文系 2019 年国家社科基金艺术学重大项目"中华传统艺术的当代传承研究"(项目编号:19ZD01)的阶段性成果,原载于《民俗研究》2022 年第 2 期,收入本书时有改动。

但民间的傩文化依然兴盛，长江中下游及西南地区尤甚。

傩文化是基于巫术思维的民间信仰以及建立在该信仰基础上、波及宫廷和民间、影响深远的仪式性活动。作为一种朴素的信仰和仪规，傩文化寄托了民众避灾纳吉的基本愿望。这种愿望集情感性、想象性、仪式性、表演性于一体，成为中国传统文化中的独特形态。傩文化在长期的流传过程中，也因吸收了道教、佛教及其他民间宗教和民间舞蹈、民间戏曲、民间美术等因素而发生了诸多变化，到明清时期，形成了具有地方特色的文化样式。

傩文化的情感性主要体现为其中所寄托的民众生活的基本愿望（如请愿、还愿、战胜疫疠的意志），是民众在生活中遇到困境，以一种不可知的超验力量驱逐另一种不可知的超验力量的方式，从心理上祈求解脱的情感诉求。傩文化的想象性主要体现为把众多的神灵和代表邪气的疫鬼对立起来，在超验世界形成以善抑恶、以神驱鬼的基本方式，这种想象也是一种"借力"的方式，试图借助超验世界的力量克服现实世界的困境。傩文化的仪式性主要体现为通过特定的仪规把愿望和想象的事物以感性形式呈现出来，让对超验的想象转化为可视、可听、可期的现实经验，让超验世界对现实世界发生直接作用，并借助这种经验求得平安。《周礼·夏官》所记载的方相氏"时傩"就是傩文化较早的仪规。[①] 傩文化的表演性主要体现为仪式中的妆扮和表演行为，是仪式与艺术的有机结合（如法师以特定的服饰和面具在仪式中的角色化妆扮、舞蹈化和戏剧化的表演等）。这四者之间有着一条较为严密的逻辑链：困境—祈愿—想象—仪式—表演—解脱—还愿，综合起来形成一种体系性较强的文化形态。

傩文化在历代演化过程中因官方态度、人口迁徙、民族融合、社会变迁等原因，均发生过诸多变化，但驱瘟逐疫、祈福纳祥的核心思想没有变。如今，已有部分傩文化衍生的艺术形态被纳入国家或省市级非物质文化遗产名录，说明国家在当下对傩文化所持的保护态度。

官方态度对傩文化有着直接的影响，决定着傩文化的合法性。历代官方或倡导或禁止，或观望或无视，都对傩文化的变化产生了诸多影响。例如，

---

① 孙诒让.周礼正义：卷二十六［M］.北京：中华书局，2015.

明人黄佐云：

> 凡正月元夕为岁始，腊月大傩为岁终，亦许会饮于社。教读制相戒之词，以见无已太康之义。或令童生歌《七月》之诗一阕，或习士相见礼，或行投壶礼，或行乡射礼。务在雍容揖逊，敦从古雅。须用歌咏劝酬，使人观感，不得酣唱邪曲，演戏杂剧，以导子弟未萌之欲。若为贪图口腹，讧哗较论短长，及科逼贫人财物者，众共斥之。

明朝腊月的大傩允许"歌咏劝酬，使人观感"，但不得"酣唱邪曲，演戏杂剧，以导子弟未萌之欲"。黄佐继而说道："乡社之设，正以明则礼乐，幽则鬼神警动愚俗，使兴起于为善也。有司宜加之意，务令各乡欢欣鼓舞以从事，毋得督迫，以致扰民。"① 说明明代傩礼之举在于"明则礼乐，幽则鬼神警动愚俗，使兴起于为善也"，须"令各乡欢欣鼓舞以从事"，而不能强迫为之，以免扰民。

人口迁徙决定着傩文化的流传去向，傩文化本是黄河中下游和长江中下游地区的文化传统，但在人口迁徙的过程中，傩文化也随之流向其他地区，并吸收了当地的民俗，形成了在地性特点。民族融合是傩文化随着人口迁徙而流传的过程中与不同民族信仰之间的交流和吸收，这种交流和吸收，从另外一个角度强化了傩文化的地方特征。例如，目前流行于贵州长顺一代的"庆五显"活动据传是由江西一代迁徙而来的"穿青人"带来的。在传入贵州的过程中，为方便起见，该活动由原先的"庙祭"改为分坛入户的"家祭"，而这种祭祀活动在与贵州当地的汉族或少数民族的巫傩信仰仪式（如"坛神"信仰、二郎神信仰、放五猖习俗）融合的过程中，转化为我们今天看到的"庆五显"。②

社会变迁是傩文化变化的具体时代背景，是造成傩文化发生变化的综合

---

① 黄佐.泰泉乡礼［M］.清道光二十三年芸香堂刻本.
② 汤英.贵州"庆五显"习俗研究［D］.贵阳：贵州民族大学，2019.

性原因，主要以时代好尚来体现。傩文化在时代背景的制约下，因特定时代官方和民众的好尚而在内容和形式上或增或减，发生了相应的变化。

傩文化是在农耕社会孕育和生长的文化形态。近代以来，在中国社会从传统的农耕文明逐步向现代的工业文明转型的过程中，傩文化的处境逐步发生了变化。以城市化为特征的工业文明，使傩文化的生存面临着巨大挑战。现代工业无论从生产、流通，还是从消费需求来说，都需要人口的聚集。工业产业为人口聚集提供了基本需求，而围绕现代工业产业，结合人口基础、地理位置、交通、通信、综合性社会服务等要素而导致的现代城市的出现则是现代工业文明的必然产物。现代城市为自身创造了一套新的文化体系，而这套体系与在传统农耕文明基础上形成的文化体系有着显著区别。其最大的区别就是以城市为中心，重新建构适合现代城市人口的精神需求，以交往、休闲、信息交流为代表的新型文化时空，如书店、咖啡馆、酒吧、舞厅、电影院、报刊业等。现代城市随着产业链的加速延伸而急剧扩张，导致不能直接为工业文明服务的傩文化开始从中心地带走向边缘地带，傩文化在现代社会的生存空间和话语权被大大压缩。直到今天，傩文化已被挤向与现代文明中心距离较远的地带。即使是在这些偏远地带，由于年轻人生活理念和方式的改变，其参与的积极性并不高，所以傩文化的传承和受众面临着后继乏人的局面。在这种情况下，我们有必要在文化变迁的视阈下思考傩文化的当代传承问题。

二、傩文化的价值

传承是纵向的传递和继承，雷吉斯·德布雷（Régis Debray）说："传承指的是在时间中传递信息，确切地说，是在不同的时空范围内进行的……传承是属于历史范畴，它是以技术性能为出发点（通过媒介载体的使用）。一方面将这里和那里联结起来，形成网络（也就是社会）；另一方面，将以前的和现在的联结起来，形成延续性（也就是文化的延续性）。"[1] 所以传承更多是指事

---

① 德布雷.媒介学引论[M].刘文玲，陈卫星，译.北京：中国传媒大学出版社，2014：5.

物在时间轴上由先向后的延续。文化传承是后一代对前一代所持的围绕某种文化形态自身的信仰和技艺的传递、承接和发扬。傩文化是在中国农耕文明的生态环境中孕育和生长起来的独特文化形态。农耕文明是自给自足的文明形式，也是对自然时空有着高度依赖的文明形式。人们"日出而作，日落而息"，在有限的时间和空间内从事农耕生产和社会交往，并借助朴素的信仰和文化形式支撑着自己的精神世界。傩文化滋生于斯，发展于斯，主要在于人们既可以在农耕文明的环境中借以寄托情感和愿望，也可借以获得娱乐的机遇。当以工业文明为特征的现代社会和现代文化出现后，傩文化所处的社会生态也发生了变化。现代文化基于现代工业文明而产生，以其严密的组织性、规模性并借助以速度和强度为特征的现代交通、现代通信、现代媒介技术向传统社会渗透。现代文化也由此，树立其自身的思想意识，旨在摆脱传统文化思想的束缚。现代文化的扩张，使在传统农耕社会生长起来的傩文化习俗越来越局限在少数人的世界。从"实用"的角度而言，大多数人已不再依赖傩文化所构筑的意识体系寄托情感和愿望了。尤其是年轻一代，他们的生存方式更多依赖于工业文明造就的现代社会体系，追求的也多是现代文化精神，不再完全生活在传统的文化体系中，也就很难继承傩文化本身的思想、仪规和表演活动，这就给傩文化的传承造成了天然障碍。

面临文化的变迁，傩文化的当代传承要从观念上彰显傩文化自身的价值。傩文化的价值不仅在于其成为国家非遗保护对象，更在于它为工业文明体系支撑下的现代社会树立了可以相互映照的对象，使我们可以从中获得丰富的历史文化信息，是我们今天从事宗教、民俗、文学、艺术等领域研究的"活化石"。保护和传承好傩文化，可以让我们从一个侧面读懂我们自己的文化，也可以让我们借助这些文化形态与世界其他国家和民族进行有效沟通。

读懂自己的文化需要从多个角度来进行。傩文化集原始巫术信息、宗教信息、神话信息、表演信息等于一身，其思维形式虽然朴素，但也充满了想象，作为中华民族的精神支撑力量之一，经历了三千余年的历史。傩文化不断吸收各类文化养分来丰富自己的做法，可以让我们理解中国民间文化的生成方式。傩文化中一系列象征性的仪规，可以让我们深入了解我们的先民为了获得生存机遇、为了实现美好的生存愿望而采取的智慧性策略。傩文化把祭祀仪式、驱逐仪式和表演艺术有机结合的做法，也可以让我们理解中国民间文化的生成模式和生存模式。我们从这些信息中可以了解中华民族的思维形式，尤其是与不可知的超验世界的"交往"方式和对超验世界的"控制"方式。在傩文化仪式中，让神灵出场一方面是为了借助其神力压倒疫鬼，另一方面是为了暗示世俗人世的处世逻辑。例如，许愿与还愿，就暗示着世俗生活中人与人之间处理关系时的报答和诚信品格，许多在民间可能引起纠纷而难以解决的矛盾，因"神灵"的"在场"和"见证"而喻示着处理过程和结果的"合法性"。在法律不健全的农耕社会，这种"合法性"有着较强的权威性，而这种权威性正是建立在民众对傩文化的"信任"基础上的。这些方式均是借助对超验世界的认识以及与超验世界的"交往"对单凭人间力量难以对付的事物的"控制"。我们从傩文化通过特定仪式将主观精神能量转化为日常生活动力的智慧，可以看出先民们在较为自然且艰苦的环境中的生存策略。到了今天，面对如此现实的现代工业文明，傩文化的实用功能淡化了，甚至在多数地区消逝了，或者被过于"物化"的现代社会机制所造就的现代文化替代了，但傩文化留给我们的想象财富、与超验世界的"交往"方式和对超验世界的"控制"意志仍然富有持续性价值。

就世界文明的对话和交流而言，无论是刀耕火种的远古时期，还是科技发达的当下，新的超验力量仍将不断出现。巫术作为人类思维和文化的共通源头，从人类文明发生之初就是人类对付超验世界的基本思维逻辑和应对手段。虽然这种逻辑和手段在现代社会已被科学所替代，但在科学无法触及的领域，仍然有让具有想象价值的思维形式和应对手段发挥作用的空间。基于巫术的神话思维在现代社会仍然以一种或隐或显的形式出现，支撑着人类的想象力，激励着人类的行动力，调节着人与自然之间的关系、人与社会之间的关系、人与人之间的关系、族群与族群之间的关系，更是滋养着现代社会的文学和艺术。直到今天，当我们思考世界不同文明形态的特征和规律时，仍然无法脱离对于这种思维形式的追溯；当我们需要借助文学艺术表达自己的情感和愿望时，仍然借助富有想象价值的巫术思维和神话思维来进行。所以，傩文化依然在一个超验世界的领域、在一个共通文化基质的思维领域沟通着丰富多彩的世界文明，让不同形态的文明从思维形式上获得对话与交流的机遇。

  作为一种庞大而独特的文化形态，傩文化也是当下中国重要的文化资源之一。针对这种资源，人们在抢救、保护、开发、利用等方面已有不少尝试。不少地区把傩文化的传承与旅游观赏体验、文化创意产品的开发、艺术形式的利用结合起来，取得了一定的成效。迄今为止，傩文化不仅在少数地区仍然履行着传统的功能，为当地人实现自己的生存愿望担负着精神媒介的作用，而且以"表演"的姿态楔入现代社会系统，成为当代民众观赏、体验和理解古代传统文化的通道。美国的印第安文化、日本的能乐都在高度现代化的工业文明体系中获得了保护，新加坡也利用国家艺术理事会对各民族传统文化实施全面保护，这些都为我们保护和传承好傩文化提供了可资借鉴的经验。新加坡国家艺术理事会立足于该国文化多样性的立场，让各民族的传统文化有效融入新加坡当代社会，取得了良好的效果。走进新加坡，就像走进一个丰富多彩的文化世界，每个民族都可以在这个世界中尽情地创造和享受自己的传统文化，也可以尽情地欣赏其他民族的文化。例如，在新加坡，依然保持着传统庙会的风俗。这些风俗中，对于神灵的敬仰和祭祀系统依然存在。例如，后港斗母宫始创于1902年，是新加坡首间供奉九皇大帝的宫观。新加坡的华族每年都要举行盛大的恭送道教神祇九皇大帝圣驾回銮仪式，包括祝寿、祈福法会及各种慈善活动，也会邀请新加坡的政府官员参加仪式。典礼期间，还会邀请戏班表演半个月以上的戏剧。对于九皇大帝的信奉习俗主要源自福建，多由福建移民带往南洋各地，在新加坡、马来西亚、泰国一带十分流行。新加坡之所以允许并鼓励华族的信仰，主要是为了体现新加坡文化底蕴的丰厚，体现新加坡文化的多样性和包容性。笔者曾于2019年9月27日至10月2日在新加坡考察传统艺术，并在新加坡戏曲学院原院长蔡曙鹏教授的带领下专门参访了斗母宫和凤山宫的庙会，目睹了两个庙会的盛况，另外专门拜访了新加坡国家艺术理事会经理洪子杰先生。洪子杰先生给笔者介绍了新加坡国家艺术理事会2018—2022年的计划，他说该计划旨在保护新加坡的传统艺术，用传统艺术开启民智、促进民族和谐，并推动传统艺术走出国门，树立新加坡的国际形象。由此不难看出新加坡对传统文化的基本立场。

文化多样性是避免社会结构过于单一、为不同需求的国民提供精神空间的有效做法，也是维护社会稳定、促进文化繁荣的重要手段。当现代社会的文化体系不能满足文化背景不同、遭际不同的人们的精神需求时，丰富而深厚的传统文化形态就成为满足这些需求的补充性手段。在中国这个地大物博、人口和民族众多的社会，文化发展的不平衡、不充分状态依然存在，珍惜、保护和传承自己的传统文化在当下已具备了诸多条件，尤其从国家针对传统文化的保护和传承出台的一系列政策，不难看出国家对传统文化的空前重视。所以，傩文化的传承在未来要立足国家对传统文化高度重视的战略，通过更多途径和方法来进行。

三、傩文化的传承

傩文化的传承与其他文化形式的传承有所区别。大多数文化的传承带有推广性，而傩文化的传承不带有推广性，仅让其在所在的地域或民族中存续下来并发挥作用即可，而且很难，也不需要推广到其他地域或民族当中。例如，京剧的传承就带有推广性，可以在北京之外的地区大力弘扬。这是由于京剧的传承与信仰、仪式无关，而傩文化的传承因其与信仰、仪式及地域文化生态紧密相连而较难具备推广性。所以，在当代中国，傩文化的传承更多应是保护性传承。

针对傩文化的保护性传承，一方面当是保持其基本内核、基本形态，让傩文化作为一种较为完整的文化形态既可以在特定地区或民族的日常生活中继续发挥作用，也可以让傩文化作为有别于现代文化体系的传统"文化景观"而存在，成为当代民众观赏、体验和理解传统文化的媒介。另一方面，要保护好傩文化的生态，让傩文化拥有一个相对稳定的社会生态环境。

傩文化的生态环境当以政策环境为主导，从多方面满足傩文化的供需关系。政策是出自政府层面的社会治理策略和方法，带有较强的指导性、保障性和贯彻性，政策的制订和贯彻执行直接关系到傩文化的供需关系。傩文化生态的营造，首先，要从对傩文化的组织和传承人的保护做起，保障从事傩文化的组织和传承人能够持续发挥作用，要意识到傩文化的组织和传承人是担当我们民族文化记忆的关键载体，保护好这些载体，让其能够正常运转是保障傩文化的"生产机制"，保障傩文化的"供给侧"。就当下的情况而言，傩文化的传承多停留在家族传承、师徒传承上，因此有必要拓展傩文化的传承范围，一方面让较为单纯的家族传承和师徒传承继续坚持，另一方面可通过专题培训班的方式，以薪酬和奖励的方式吸引年轻人学习傩文化，以保障傩文化的传承。其次，更要注意保护傩文化的"需求侧"，即保护民众对傩文化的基本信仰和兴趣，要充分认识到傩文化的基本信仰对于增强民众生活信心、满足民众娱乐需求的重要价值，更要认识到傩文化对当代中国文化建设的重要价值，绝不可以用简单的"封建迷信"观念来看待傩文化，而要善于引导民众理解科学文化和精神文化之间的区别。

对于科学文化的认识是以可捕捉的实在性事实为基础，通过理性的逻辑推理来进行的，科学文化是可以通过事实和逻辑进行验证的文化形态。精神文化是建立在民众日常心理感知、心理需求和生活经验基础上的、属于意识性的世界观。精神文化是在经验世界和幻象世界中存在的，尤其是巫术、神话、宗教类的精神文化，其主观经验与客观事实之间存在偶合关系，但更多停留于心理感知，无法完全用事实和逻辑进行验证。就人的生命而言，科学文化认为人在死亡之后就不存在了，但精神文化（如巫术、宗教、民俗）则认为人死亡之后还会有灵魂，并且它以各种形式存在，影响着现实世界。人们经常在睡梦中、在幻觉中"遇见"逝去的亲人，这种"遇见"通过心理暗示深刻影响着人们的日常生活，而这些现象则是科学无法解释，或者科学能够给予解释却没有恰当的办法来解决。即使在美国这样高度发达的现代社会，仍然存在科学文化解决不了的问题。有关调查显示，"美国大学生中，多达58%的人相信占星术的预言灵验；50%的人认为埃及金字塔是外星人帮忙建造的"[①]。我们可以说这些大学生的认知是不科学的，但这些认知也是很现实地

---

① 亨廷顿，哈里森.文化的重要作用：价值观如何影响人类进步［M］.程克雄，译.北京：新华出版社，2018：252.

"存在"于这些大学生心里并影响其日常生活的。

日常心理经验对于日常生活的"暗示"与人的生命意识之间的复杂关系，很难单纯依靠科学文化来解释。这是科学文化不能完全排挤精神文化的原因，也是形形色色的精神文化依然盛行的原因。傩文化以其独特的方式作用于人的精神世界，结合经验、想象、传说、仪式等元素为人们日常生活提供精神能量。傩文化思维的根基是巫术思维，其借助驱逐方式祛除疫疠的仪式的核心是巫术思维导致的结果。德国哲学家恩斯特·卡西尔（Ernst Cassirer）说：

> 对巫术的信仰是人的觉醒中的自我信赖的最早最鲜明的表现之一。在这里他不再感到自己是听凭自然力量或超自然力量的摆布了。他开始发挥自己的作用，开始成为自然场景中的一个活动者。每一种巫术的活动都是建立在这种信念上的：自然界的作用在很大程度上依赖于人的行为。自然的生命依赖于人类与超人力量的恰当分布与合作。巫术并不是用于实践的目的，不是为了在日常生活的需要方面来帮助人。它被指定用于更高的目的，用于大胆而冒险的事业。只有在情感极度紧张的情况下他才诉诸于巫术礼仪。但是恰恰正是对这些仪式的履行给他以一种新的他自己的力量感——他的意志力和他的活力。①

所以，傩文化从本质上而言是人面对自然挑战时人的主体性的觉醒，是人战胜超自然力量的主动行为。傩文化为民众提供了战胜困难的意志和勇气，提供了树立生活信心的精神依据，是人们在长期的社会实践活动中摸索出来的获得精神能量的较为可靠又习以为常的策略和方法。保护好傩文化的"需求侧"，除了避免认识上的误区外，还应采取竞赛、展览、演示、体验以及新媒体传播等方式，拓展傩文化的话语空间，充分保障傩文化所依赖的基本风俗，如节日、婚丧等傩文化曾经依赖的风俗习惯得以保持。

---

① 卡西尔.人论[M].甘阳，译.北京：西苑出版社，2003：140.

针对傩文化的传承问题，不能采取简单粗暴的改造方式。傩文化是一种精神性较强的文化形态，虽然在历代发展过程中经历了演变，但这种演变是在历史长河中逐步变化和积累并约定俗成的变化，也是在传统风俗背景中与风俗变迁密切相关、符合人们心理习惯的"自然而然"的变化。当傩文化被纳入非物质文化体系内进行保护时，也被"带入"了现代文化体系。这种"带入"本是一件好事，但如果置傩文化的发展规律于不顾对其进行强行改造，就会失去保护和传承傩文化的初衷。

当傩文化通过非遗保护路径被"带入"现代社会体系时，最大的好处在于关心傩文化的人多了起来，尤其是现代文化政策系统和舆论系统对于傩文化的关心，让傩文化在主流话语系统中获得了相应的位置，这种情形必然会给傩文化的保护和传承带来更多支撑。但如果因为傩文化不能适应现代社会体系而强行对其进行改造，就要谨慎设想谁才是从事这种改造的主体？是政府，还是民众？如果是政府，那么政府如何改造？如果是民众，那么哪类民众才能担当起改造的重任？民众如何改造？这些都是傩文化的当代传承需要思考的问题。

傩文化对现代社会体系的适应问题，是傩文化当代传承的难题。关于这个问题，中原地区传统的社火活动可以作为参照对象。中原地区的社火是集祭祀社神仪式与娱乐活动于一体的民间艺术。但自近代以来，随着现代文化的冲击，社火的祭祀社神仪式逐渐被舍弃（各地程度不同），而社火活动依附着传统春节祭祀天地、祖先的信仰流行下来。最为可贵的是，社火娱乐表演的传统依然生生不息，如锣鼓、花鼓、抬阁、高跷、跑旱船、打花棍、舞狮、舞龙、秧歌等。到今天我们会发现，一方面，传统的社火表演依然流行；另一方面，具有时代感的新的思想内容和艺术形式逐步渗入社火队伍，为社火表演增添了时代感和无限活力。山西省河津市的社火表演中有一种边走边演的快板表演（当地人叫"干板腔"），如今在河津的社火表演中依然流行。之所以如此，是其生动活泼的艺术表现形式因广受欢迎而继续保留，而其内容则随着时代的变化而变化。举凡国家大事、民间细事、家庭琐事都可以被编入快板进行表演。其生动性、鲜活性、时代性、自发性、群众性都让这种表演在河津本地备受青睐。而目前流行于长江流域和西南地区的傩文化除了在一些家庭法事活动中举行外，也曾以迎神赛社的社火形式出现。所以，中原地区社火的变化，也许是让傩文化中的艺术成分在民众的主导下，自觉延续和更新以适应现代社会体系的借鉴案例。但即使如此，对于傩文化的完整保护和传承依然重要。

昆曲的雅俗与保护传承[*]

20多年来，我们一直把昆曲定位为"高雅艺术"。这是因为在新的时代背景下，当新的娱乐品种、娱乐方式、娱乐观念在我们周围渐渐形成时，昆曲这样的艺术也渐渐被挤到了大众娱乐选择的边缘。在大众不再青睐昆曲之时，恰恰是需要昆曲引导大众之时，但昆曲并未适时抓住这个时机，而是转换思路，把自己包装成有别于大众趣味的"高雅艺术"。于是，"高雅艺术"被当作一面旗帜成为挽救昆曲窘况的基本策略。在这种情形下，昆曲更多地把目光瞄向知识群体，似乎只有知识群体才能理解和接受这样的艺术。这种做法从根本上把大众撇开，于是昆曲进入一个狭小的圈子，发展空间受到束缚。进一步讲，即使是在这样一个小圈子里寻找空间，也未能做得很成功。因为现代知识群体对于昆曲的认知与古代知识群体对于昆曲的认知从程度上而言有很大距离，其中最明显的原因是现代知识群体不像古代知识群体那样悠闲。在现代社会，知识群体的生存竞争压力是很大的，其忙碌程度也是较高的，他们不像古代知识群体那样悠闲从容，更因过度专业化的背景而缺乏古代知识群体那样博学的知识结构和优雅的生活趣味。所以，完全把注意力集中在这样的群体当中，是远远不足的。

当"高雅艺术"的旗帜没能奏效时，联合国教科文组织把昆曲列为了"人类口头和非物质文化遗产"成为挽救昆曲的一个契机，于是昆曲打出了

---

[*] 本文系国家社会科学艺术类项目"20世纪戏曲传播方式研究"的阶段性成果，原载于《民族艺术》2009年第4期，收入本书时有改动。

"遗产"的旗帜。在这面旗帜下，政府投入专项资金保护昆曲，昆曲院团和研究机构也想尽各种办法寻找对策。令人庆幸的是昆曲在这面旗帜下还是出了不少成果，大多数院团都排了新的剧目，抢救出不少老剧目、冷剧目，昆曲研究机构也投入精力，一批研究成果开始涌现，一批科研项目也开始上马。但从"遗产"热过去的近两年时间来看，除了少数院团巩固了成果仍继续发展以外，大多数院团又开始变冷了。变冷的原因是大家不知如何发展，观众对于昆曲的关注度变低了，少数院团出现了主动送戏上门也遭拒绝的情形。

笔者认为，昆曲要不断地寻找自己的观众，培养自己的观众，并扩大自己的生存空间，才能维系昆曲自身的保护与发展。要做到这一点，昆曲必须把大众纳入自己的观众圈。

那么，普通大众能否接受昆曲这样的艺术？这就要追究昆曲的品性特征，从昆曲的品性特征寻找依据。笔者认为昆曲应当属于雅俗共赏的艺术。

一方面，昆曲的创作群体和观赏群体都曾在高阶层的群体当中流行过，这种流行使得昆曲积累了比别的剧种更为丰富的表演程式和音乐唱腔。相对于其他剧种而言，昆曲表现生活的方式更加细腻一些，昆曲在表现形式上也更加雅致一些。因此，昆曲在有闲知识圈子受人喜欢是大有可能的。

另一方面，昆曲是最接近平民的艺术，因为昆曲在内容上体现的是一种世俗精神。正因如此，昆曲曾在平民圈子广泛流行。明代末年出现的黄儒卿编辑的《新选南北乐府时调青昆》、清代康熙年间出现的"家家'收拾起'，户户'不提防'"的景象都是昆曲广泛流行于平民当中的显证。

我们说昆曲是最接近平民的艺术，是因为昆曲对平民精神状态的表现更加淋漓尽致。昆曲经典剧目当中的绝大多数人物也是平民形象，即使是表现帝王将相、才子佳人的人物形象，其所体现的也是一种痛快淋漓的平民精神。这种精神也是昆曲的"恋俗精神"。只有明白这一点，我们才会有勇气、有信心、有策略地把大众纳入昆曲观众的视野。

恋俗并非媚俗。媚俗是为了博取观众的喜爱，不惜牺牲自己的特质而去取悦于流俗，依靠讨好观众的低级趣味来生存，而恋俗则是热衷于对人的世俗精神进行表现，这种表现集中于人们对于世俗情感的基本需求上，如爱、恨、情、仇，喜、怒、哀、乐，等等。至于借助昆曲对于人生的思考、对于战争的思考、对于国家危亡的思考当是世俗精神的副产品。这种副产品是人们借助昆曲陶冶情感之后所悟得的意义。也就是说，这种意义不是直白地告诉观众，而是让观众在观看演出、体会人与人之间情感关系的基础上自然生发的较为模糊、较为不确定而又耐人寻味的意义。倘若缺乏对于人的世俗情感的表现，那么这种意义就不会让人在不同的情境中不断揣摩、不断回味。因此，恋俗精神的核心体现在情感上。

人们在观赏昆曲的时候更多的是为了娱乐性情。孔尚任写《桃花扇》是为了"借离合之情，写兴亡之感"，离合之情集中于一个"情"字，兴亡之感集中于一个"感"字。前者为了悦情，重在过程；后者为了悦性，重在结果。离合之情是具体生动的感情，兴亡之感是基于具体生动之情之上较为理性的感受。汤显祖写《牡丹亭》也是为了"情"，借助生生死死这种具体生动的感情让人获得对于美好爱情的认知，是将情与性有机融为一体。其他经典戏曲也莫不如此。因此，我们在思考昆曲的创作、演出、传播时不能脱离人的世俗之情，也需要在世俗之情的基点上为保护昆曲、发展昆曲寻找出路。

世俗之情是人人都会经历、人人都会拥有的人的基本情感。因此，昆曲的恋俗精神带有明显的普适性，决不仅止于知识阶层。昆曲曾经的辉煌也不仅止于士大夫阶层，在朴野草民当中也相当流行。因此，倘若我们仅仅把昆曲定位为"高雅艺术"，就会缩小昆曲的传播范围，把大众拒之门外，就会有悖于昆曲文化遗产保护的初衷。因此，笔者认为没有必要担心普通大众的接受水平问题。重要的是昆曲创演团体要改变那种居高临下的保守态度，抢救、创作出更加适合大众趣味的剧目来，凸显昆曲的平民意识，用更加有力的方式把昆曲在大众当中推播开来，为昆曲艺术寻找更加广阔的生存空间。

现在还有把昆曲只看作"遗产"的说法，更有甚者，把昆曲看作像文物一样的遗产的看法。这都是有问题的。昆曲首先是一种艺术，一种活着的艺术。如果我们能够明白并正视这一点，就会用一种积极的心态对待昆曲，就不会把昆曲看作一种僵化的遗产。艺术是在变化中赢得生存的。笔者不赞同不合规矩的变化，但更不赞同一成不变的艺术。考订昆曲的规章制度，并非为了把昆曲捆死,而是要让昆曲按照昆曲的规律发展,而且要发展得更好。如果以遗产为由把昆曲捆死,那我们就真的无法对得起这份遗产了。

2003年10月17日联合国教科文组织在巴黎通过的《保护非物质文化遗产国际公约》是在"承认全球化和社会变革进程除了为各群体之间开展新的对话创造条件,也与不容忍现象一样使非物质文化遗产面临损坏、消失和破坏的严重威胁"的情形下进而"承认各群体,尤其是土著群体,各团体,有时是个人在非物质文化遗产的创作、保护、保养和创新方面发挥着重要作用,从而为丰富文化多样性和人类的创造性做出贡献"[1]的前提下制订的。很显然,该公约强调了非物质文化在全球化进程中濒临消亡、面临威胁的境况,强调了制订公约的目的在于"丰富文化的多样性和人类的创造性"。该公约是这样定义非物质文化遗产的:

> 定义的第一条:"非物质文化遗产"指被各群体、团体、有时为个人视为其文化遗产的各种实践、表演、表现形式、知识和技能及其有关的工具、实物、工艺品和文化场所。各个群体和团体随着其所处环境、与自然界的相互关系和历史条件的变化不断使这种代代相传的非物质文化遗产得到创新,同时使他们自己具有一种认同感和历史感,从而促进了文化多样性和人类的创造力。在本公约中,只考虑符合现有的国际人权文件,各群体、团体和个人之间相互尊重的需要和顺应可持续发展的非物质文化遗产。
>
> 定义的第三条:"保护"指采取措施,确保非物质文化遗产的生命力,包括这种遗产各个方面的确认、立档、研究、保存、保护、宣传、弘扬、承传(主要通过正规和非正规教育)和振兴。[2]

联合国教科文组织在其"口传非实物人文遗产杰作"国际荣衔公告中强

---

[1] 郑培凯. 口传心授与文化传承[M]. 桂林:广西师范大学出版社,2006:3.
[2] 郑培凯. 口传心授与文化传承[M]. 桂林:广西师范大学出版社,2006:5.

调:"口传非遗产是复杂、广博而形式多样的活遗产,在不断的演变之中。"在谈到该公告的目的时认为"引起关注,认识到口传非实物遗产的重要性,知道需要加以守卫并使其复苏","推动传统艺人及本土创作人员参与认证非实物遗产并使其获得新生"。①

在以上两份文件中,联合国教科文组织对于非物质文化遗产的保护策略体现出如下几点精神:

第一,认识到非物质文化遗产的复杂性,认为非物质文化遗产是"活遗产","在不断的演变之中"。正因其复杂,正因其是"活遗产",我们才不能把它僵化。正因其"不断演变"的特点,我们才不能违背这种特点而在新的时代让昆曲进入一种不变状态。

第二,认识到应当使这种"代代相传的非物质文化遗产得到创新"。昆曲是数百年来艺人与文人在传统文化背景下不断积累、不断探索、不断创造的文化成果。要保护它、传承它,不是把这项非物质文化成果"封存"起来,放在博物馆里供人瞻仰,而是要继续积累、继续探索、继续创造,使之生生不息。保护昆曲这样的非物质文化遗产,是要保护其灵魂、特质,是要让这些灵魂与特质在新的时代中焕发出新的风采,但脱离"创新"二字,这些都无法做到。

第三,认识到对非物质文化遗产要在"保存、保护、宣传、弘扬、承传"的同时,还要使其"振兴"。对于非物质文化遗产,"保存"很难,"保护"也很难,但"宣传、弘扬、承传"并非一件难事,只要肯做,是可以做到的。至于"振兴",也不是一种幻想。只是不要一提到"振兴",就要"振兴"到一统天下的状态。要知道,在新的时代背景下,任何艺术一统天下的局面都将不复存在,只要有一部分人喜爱昆曲、关注昆曲、支持昆曲、观看昆曲就足够了。

第四,认识到在"守卫"非物质文化遗产的同时"使其复苏",认识到使其"获得新生"的重要性。"复苏"是指让非物质文化遗产恢复其生态,在适

---

① 郑培凯.口传心授与文化传承[M].桂林:广西师范大学出版社,2006:23-24.

其生存的环境中萌发生机；"获得新生"是指让非物质文化遗产在一种新的生态下孕育出新的面貌。对于昆曲，我们要恢复其兴旺时期的生态已很困难，所以要在新的社会背景、社会环境中寻找适合其生存的土壤，使其在保持艺术特质的情形下以新的姿态屹立于世。

2004年10月26日，联合国教科文组织非物质文化遗产处官员斯密特在中国艺术研究院听取昆曲和古琴保护工作的汇报后指出："保护人类非物质文化遗产要保护现存的、不断发展的、不断更新的文化遗产，而不是要保护那些凝固的、一成不变的东西。"他认为对于非物质文化遗产的认定有四点：第一，是某个社区有特点的，而不是世界性的；第二，对社区的存在起了关键作用；第三，对社区的持续发展有重要意义；第四，对社区的认定起关键作用。① 联合国教科文组织把昆曲列为非物质文化遗产，不是要让昆曲成为"凝固的、一成不变的东西"，而是要让人们看到昆曲是一种"不断发展的、不断更新的文化遗产"。此外，昆曲对于我们认定中华文化、对于中华文化的生存和持续发展都具有不可忽视的作用。保护昆曲就是保护与我们自身密切相关、反映我们自身文化特点、使我们的文化持续发展与更新的活的艺术形式。

以上几点说明了联合国教科文组织对于非物质文化遗产的科学态度。因此，我们需要秉承这种科学态度来保护昆曲、发展昆曲，为昆曲寻找更大的生存空间。

昆曲在其辉煌时期是雅俗共赏的，是从社会底层到上层均得到认同和喜爱的艺术。我们保护昆曲、发展昆曲也需要从底层到上层为昆曲寻找空间。我们既不能以"高雅艺术"的定位来对待昆曲，也不能以对待物质遗产的态度对待昆曲这样的非物质遗产。

---

① 刘文峰，谢玉辉，张艳琴.山西戏曲生存现状调查［R］//中国艺术研究院戏曲研究所，山西省戏剧研究所.全国剧种团现状调查报告集.北京：中国戏剧出版社，2005：44.

瓷器传承和传播的文化思考[*]

见过不少瓷器，用过不少瓷器，也阅读过一些关于瓷器的著述，而要对瓷器进行研究，我还无法胜任。怀康主编约我写一篇有关陶瓷的文章，让我诚惶诚恐。但让我感兴趣的是，这篇稿子可不以四平八稳的论文形式出现，可以漫谈的方式思考一些问题。

首先让我想到的是瓷器这类日用器皿与文化之间的关系。瓷器是一种渗透在人们日常生活中的实用物件，最初是以餐具、饮具、炊具以及储存物质的用途而起。对于中国人而言，瓷器自出现之日起，就渐渐成为人们餐具、饮具中的主流器皿，由餐饮器皿逐步拓展到炊具、储藏器具，进而拓展到具有祭祀和交往色彩的礼器以及具有观赏价值的摆、挂件。在此过程中，瓷器由物质用途走向物质用途与精神用途并行的多元用途。直至今天，瓷器在中国人日常生活中被广泛应用的势头依然不减。这让我想到文化的问题，理论家们给文化的定义很多，但文化其实是很实在的。每一种人工器具都深藏着丰富的文化信息，从这个意义上而言，文化不是抽象的事物，文化是一桩桩、一件件活生生的事象和器物。在理论界，人们也经常讨论文化的传承问题。如果我们考量瓷器长期延续的历史，就可以看出文化是在"用"中代代相传的。之所以如此，是因为人类是在"用"中生存的，"用"能直接满足人的需求。瓷器之所以被看作一种文化，要而言之，是因其有"用"，一方面可以满足人们日常物质生活中的实用需求；另一方面可满足人们精神生活中祭祀天

---

* 本文原载于《山东陶瓷》2022年第2期，收入本书时有改动。

地鬼神、社会交往的礼仪之用和人们审美需求的赏玩之用。

一个饶有兴趣的问题是，瓷器在中国人的日常器用中总是占据主导地位，即使到了今天，因现代工业的发达，各种材料的器皿（如金属器、玻璃器等）产品日益丰富，但都没能撼动瓷器在中国人日常器用中的地位。这当与瓷器自身的品质和中国人对瓷器的偏爱有很大关系。而中国人对瓷的偏爱更与中国人对玉的偏爱有关。玉为岩浆固化而成，是一种天然矿物质。中国人历来尊玉、爱玉、佩玉、赏玉、玩玉，在中国人的生活中，"玉"与"金"的贵重地位是同等的，所以人们形容某种恒定的信条时称其曰"金科玉律"。与"金"相比，"玉"又被赋予高贵的精神品质，与人的美好品德相比拟。孔子云："君子比德于玉焉，温润而泽，仁也。"瓷与玉相比，是人工所致，取之于土，经火高温熔炼而成，其釉润滑细腻如凝脂，堪与玉比；其形可被塑造成千姿万态，其色亦能千变万化，故而为人所珍重。在日常生活中，人之于瓷器，通过"观"与"触"以达致"用"。所以，瓷器在为人们提供美好视触觉享受中让人们获得了实际用场，也在让人们获得实际用场的过程中享受其视触觉的美好感受，也正因此，人们才把瓷器从"物质实用"推向"精神享用"的境界。

时至今日，瓷器已遍及中国人的生活空间，餐具、饮具、厨具、卫具、灯具、家具、陈设、礼器、挂件，如此等等，都显示出瓷器在中国人生活中不可替代的地位。我们从这些现象可以体会到瓷器的传承与中国人的文化基因、文化自信之间的必然联系。瓷器能被全世界所接受、所崇尚，若无中国人自身对瓷器的珍重是不可能的。所以，文化传承和传播的根本是建立在文化基因基础上的高度的文化自信。一个国家或民族对自身文化的自信心才是促进其文化得以传承和传播的根本。明白了这一点，我们才能解释在我国历史上曾风靡数百年的外销瓷现象及其在世界范围内所产生的巨大影响。

文化自信虽然是文化传承和传播的根本，但仅仅停留于此是无益的。这使我想到了明代永乐、宣德年间郑和下西洋的历史。从1405年开始，郑和七下西洋，在郑和最后一次航行回到国内（1433年）的59年之后（1492年），哥伦布才开始航海，80年之后（1513年），葡萄牙人才来到澳门，说明中国的航海业起步之早。但令人深思的是,郑和七下西洋,并未给中国带来像欧洲人通过航海得来的"地理大发现"以及建立在"地理大发现"基础上的全球贸易体系的形成。在古代中国人的眼里,天圆地平,中国居"中央",这是较早的华夷世界观。从中国的先秦时期,到 15 世纪初期,中国人基本上还生活在一个十分封闭的环境里。中国人没有多少兴趣思考所处"中央"之外时空中的事,即使是郑和远航西洋,也还是以"通好他国,怀柔远人"的姿态宣扬国威,希冀"蛮夷国家"畏威怀德、输诚纳贡。所以,郑和虽然携带大量丝绸、茶叶、瓷器等物资远航海外,除了换到一些"蛮夷国家"的物产(如括陶器、玻璃器、金银器、铜器、水晶、牙雕、地毯等),让这些国家初步了解明王朝,形成一个时期内的"朝贡贸易"方式外,对于在更广的范围、更深的层次上推广中国产品、宣扬中国精神未能发挥长效作用,更没有在所到之地建立机构、安营扎寨从事贸易的意识和举措。郑和下西洋的成就主要停留在当时中国发达的造船业和航海业的标志性地位上,对加强明王朝和海外国家之间的交流也起到了一定的推动作用,而在更深更广层次上对文化传播方面的收效并不显著。这与当时中国人的时空观和治国观的局限性直接相关。

与明代中国的航海业相比,欧洲国家的航海业是建立在资本主义萌芽、造船业的进步、时空观的宏阔、基督教的推动的基础上的。15 世纪末到 16 世纪初,欧洲的"寻金热"体现出欧洲人对财富占有的普遍渴望,在更广的空间内寻求新的生存资源是欧洲人远航的直接动力。造船业的进步为欧洲人提供了深入远洋的交通工具。中国指南针的西传为欧洲人的航行提供了方向。地圆说的假定为欧洲人的航海提供了验证对象。基督教信仰所提供的精神动力促使欧洲人能舍身远足传播教义。哥伦布的远航与他传播基督教的决心以及对东洋财富的渴求密不可分。他认为:

> 世界是整体的,世界上的人类,都是神所创造的,都是兄弟姐妹,都是神的儿女。对于尚未开化的土人和东洋的异教徒,传给他们主耶稣的福音,把正确的信仰,传播到全世界,这就是我一生的

愿望。为了这个愿望，就是牺牲了我自己的生命，也不后悔。为了拯救那些人的灵魂，但愿能早一日，把基督教传播到东洋去。也就是靠着基督教，才能把西洋和东洋打成一片。何况，有了东洋的黄金、宝石和香料，就可以作为保护坟墓和援救信徒的费用。①

欧洲文化的传播正是建立在其航海业的基础上的。欧洲人为了传教和占有财富发现了不同于以往的地理空间。一旦发现之后就从物质（通过贸易、占领、殖民等方式）和精神（通过传教、教育、医疗、教育等方式）两大轨道让其与自己"接轨"。从葡萄牙人开始，欧洲众国以东印度公司为载体，利用海上霸权在亚洲建立了实际的贸易体系，他们向亚洲推销自己的商品，也把亚洲的产品带回本国。中国瓷器正是在这种贸易体系中被大量销往欧洲的，中国文化对欧洲的深刻影响也是沿着瓷器外销的路径而发挥的。

中国人对瓷器的文化自信感染了欧洲人，最早把中国瓷器的信息带给欧洲的是意大利的传教士马可波罗。马可波罗的游记为欧洲人描绘出一个迥异于欧洲的伊甸园般的中国。在这个理想的国度，人们餐饮时自由自在地享用着精美的瓷器，让欧洲人对中国以及中国的瓷器充满了神秘感、遐想感和向往感。自此以后，欧洲众多传教士都把中国的生活观念、生活方式、用瓷习惯乃至制瓷工艺传播到欧洲。正是在这种判断中，欧洲人首先从观念上接受了中国的瓷器，其次能借助较为健全的贸易体系购买、消费、收藏瓷器。

值得关注的是，欧洲人最早对瓷器的接受也主要是从日常器用开始的。最先让瓷器进入欧洲社会的是餐具。1563年特伦托会议用餐期间，因瓷器精美、易于清洁，且价格大大低于当时宫廷和贵族常用的银器，故提倡用瓷制餐具替代银制餐具。18世纪，法国的路易十五更是下令将其宫廷中所用的金银餐具熔化移作他用，而以瓷器代替。除餐具外，瓷制饮具也渐渐在欧洲兴起，这与欧洲人对茶的兴趣有关。17世纪末，中国的饮茶习惯传至欧洲，茶叶也大量销往欧洲，与饮茶行为直接相关的瓷制茶具也在欧洲兴起。法国诗

---

① 霍华.恰如灯下故人：谛听中国瓷器妙音［M］.北京：北京大学出版社，2014.

人波德莱尔（Charles Pierre Baudelaire）在一首题为《给我倒杯茶》的诗中写道："给我倒杯茶吧，艾兰小姐，请用这精美的中国瓷杯。"说明饮茶与中国瓷器之间的关系。从餐饮器具开始，欧洲人把瓷器的用途拓展至家具制作、居室装饰、居室陈设乃至服装设计等领域，大量皇室、贵族和商人收藏瓷器并引以为豪，以至18世纪瓷器在欧洲掀起一股"中国风"，甚至影响到欧洲"洛可可"艺术风格的形成。我们不得不惊叹于瓷器对中国文化的传播价值。

在瓷器销往欧洲的过程中，欧洲人对瓷器的嗜好也反推了中国瓷器业的发达，以新的力量推动了中国瓷器的传承与传播。明清时期，欧洲各国的用瓷赏瓷习惯因贸易往来的急剧频繁而规模性地助推了中国瓷器业的发达。欧洲人根据自己的喜好向中国大量定制瓷器，有效刺激了中国瓷器行业的兴盛，由欧洲人设计的器型、图案、色彩也丰富了中国瓷器的工艺。关于这个问题，已有大量学者做过专门研究，此不赘述。

总之，我们从瓷器的传承与传播现象可知，瓷器不仅是一种实在的器物，更是一种实在的文化，其传承与传播亦与文化观念、文化习惯、文化载体以及文化自信有着密切的关系。明清时期，中国瓷器的传承与传播遇到良好的国际环境。令人遗憾的是，这种生态进入19世纪后渐渐不再，尤其是面对建立在现代工业文明基础上的高度发达的新欧洲，以农耕文明为基础的田园牧歌式的中国文化不再自信，所以曾风靡三百余年的瓷器外销衰落了。但瓷器作为中国文化的代表之一，在明清时期确为中国文化的传承与传播树立了典范。如何在中国经济和社会崛起的当下重新思考中国文化的传承与传播问题适逢其时。

第三辑

传统艺术的传播

戏曲传播的两个层次[*]
——论戏曲的本位传播和延伸传播

戏曲的传播关乎戏曲的保护、生存与发展。从某种意义上来说，戏曲是在传播当中求得生存的。传播问题解决得好坏，也就关系到对于戏曲艺术保护得好坏以及戏曲艺术的生存问题。因此，笔者把戏曲的传播作为专题进行论述。

一、传播层次的划分及其功能

戏曲自身就是一种传播媒体。在传统的农耕社会，这种媒体起到了传播思想、文化的重要作用。但进入工业社会，尤其是20世纪后半叶科技发达的时代，现代媒体日益兴隆，不仅使戏曲自身的媒体作用被淹没了——人们不再希望通过戏曲了解思想、文化方面的知识，而且也给戏曲自身的生存带来不便。也就是说，戏曲不仅作为一种媒体已经被彻底边缘化，而且作为一种艺术也出现了危机。在本文中，笔者所讨论的是戏曲作为一种表演艺术的传播问题，具体是指一个戏曲剧目成型之后的传播问题。

笔者认为，戏曲的传播首先是以剧目为出发点的。从一个剧目出发，戏曲的传播大致可以划分为两个层次：一是本位传播；二是延伸传播。

本位传播是指以某一戏曲剧目的舞台表演艺术为具体传播对象的传播。

---

* 本文原载于《艺术百家》2006年第4期，收入本书时有改动。

首先，本位传播是戏曲舞台艺术的整体传播。一个新剧目成型之后，是以舞台演出的整体方式呈现给观众的。整体传播是戏曲本位传播中最本真的传播。它体现了戏曲的综合属性和一个戏曲剧目演出的整体面貌。

其次，本位传播包括戏曲舞台艺术的分支传播。因戏曲属于综合艺术，故针对一台戏的剧本、唱腔等要素也会以自身的方式进行传播。剧本的传播除了在舞台上进行以外，案头阅读也是其最流行的传播方式。读者可以不进剧场，通过阅读剧本领略某一剧目的魅力。唱腔的传播既可在舞台上进行，也可在其他场合，或利用其他手段进行。因此，戏曲的本位传播也包括剧本的阅读、唱段的欣赏等分支传播。

在本位传播中，整体传播与分支传播之间具有互动关系。整体传播是戏曲讯息最为初始的整体性发布，具有集体创作和集体欣赏的特征。剧场像是一个"仪式性"场所。在剧场当中，演员和观众暂时把自己与现实社会"隔离"开来，进入一个特殊时空。在这个特殊时空环境中，演员和观众均可尽情享受创作与欣赏的快乐。

整体传播的成功会引起人们对戏曲剧目的剧本和唱腔等分支艺术要素的兴趣，促使人们阅读剧本、欣赏唱段。阅读剧本是阅读者与剧作家创造的艺术形象之间的交流。因此，阅读剧本具有明显的个性特征。它使戏曲进入文学领域，但又区别于文学阅读。而当人们在案头阅读了剧本、有所感触之后，也会对该剧本的舞台演出产生兴趣，从而走进剧场。这时，个性化阅读就会转化为集体欣赏，进而促进整体传播的兴盛；唱腔的流行既可通过某一折戏在剧场中欣赏，又可通过某位演员或戏曲爱好者的清唱或通过音带、光碟、广播等在剧场外欣赏。当人们通过某种方式欣赏了一个剧目的唱段，也会因对该剧目全本的整体传播产生兴趣而步入剧场。

在本位传播中，整体传播的直接传播者是表演剧目的演员，间接传播者就是参与剧目策划、创作和承担演出业务的剧场工作者，接受者就是观看演出的观众。分支传播中的剧本传播者则是剧作家、出版商，接受者是读者；分支传播中唱腔的传播也相应是演员和唱片商、广播商、电视商等，接受者是受众。

本位传播是对戏曲艺术最为直接的传播，尽管有商人的参与，但总体上还处在艺术领域，传播的对象还是戏曲艺术。它是戏曲传播的第一个层次。

戏曲的延伸传播是指在戏曲本位传播基础之上对戏曲艺术各类讯息的传播。譬如，对戏曲演出、戏曲知识、戏曲演员、戏曲逸事等方面的传播。因此，戏曲的延伸传播是对本位传播的再传播，它是戏曲传播的第二个层次。

戏曲的本位传播遵循戏曲艺术的表演和接受的模式；戏曲的延伸传播是以戏曲艺术的本位传播为基础，在戏曲艺术外围使戏曲艺术相关讯息在更加广泛的领域的传播。它使戏曲艺术走出舞台、脱离作为艺术的戏曲，以多种方式渗透到其他领域中。接受者通过接受戏曲讯息可以从其他领域回到剧场或其他形式的戏曲欣赏行为中，进而促进戏曲本位传播的繁荣。

本位传播是戏曲赖以生存的基础，因此是最为重要的传播。延伸传播是戏曲艺术的外围传播，它对戏曲的生存起到制造氛围和讯息支撑作用，这些作用可以归结为对戏曲生态环境的创造。戏曲的延伸传播使戏曲观念深入人心、使戏曲艺术在多种层次上赢得人们的兴趣。本位传播是戏曲艺术自身的传播，它还停留在艺术领域；延伸传播则可以脱离戏曲艺术自身，扩展到其他领域，尤其是文化和社会领域。

本位传播中的整体传播是一个戏曲剧目最为本真的传播。因此，在传播过程中须在"本真"二字上下功夫。本真，大致有两个标准，一是完善地传达剧作家的创作意图；二是精确地运用戏曲的演唱形式。针对一个剧目，如果能用完善的戏曲演唱方式把剧作家的创作意图准确地传达出来，那么就可以说成功地完成了本位传播中的整体传播。本位传播的分支传播也会有一个良好的基础。

本位传播中的整体传播是一个戏曲剧目最为直接的呈现方式，是戏曲艺术赖以生存的根本。本位传播中的分支传播是对一个戏曲剧目的再传播。整体传播和分支传播都属于戏曲艺术的本位传播。因此，保护戏曲首先要保护和建设戏曲的本位传播，从传播源头把戏曲的根基扎牢。

延伸传播是戏曲的外围传播方式，它对戏曲艺术起到讯息传递、知识解读、边缘渗透等作用。延伸传播因跨出艺术领域，故其形式多样。就目前来说，延伸传播主要体现在广告发布、演出评论、新闻传递、知识教育以及对于造型艺术的渗透等方面。广告发布是针对一个戏曲剧目演出讯息的传达，主要让人们了解一个戏曲剧目的名称、旨趣、演员、演出时间和地点；演出评论是对一个戏曲剧目的解读，人们通过评论可以深入理解某一剧目的剧本和表演；新闻传递是针对一个剧目所举行的新闻发布会以及通过报刊、电台、电视台等新闻媒介所发布的戏曲讯息，主要让人们通过新闻的途径了解一个戏曲剧目的创演情况，以便引起人们对该剧目的关注；知识教育是指对戏曲整体或分支领域的研究、传播和教育，主要让人们通过知识的途径理解戏曲、接受戏曲，并从戏曲中获得其他社会讯息；对于造型艺术的渗透是针对剧本或戏曲演出，以造型艺术的形式图解、再现戏曲的艺术形象，主要是造型艺术家出于对戏曲艺术的爱好而对戏曲所进行的延伸传播。延伸传播的手段体现出多样化色彩，就其所运用的媒体形式来说，延伸传播可以说已经渗透了所有的媒体，如以报刊、书籍和广告招贴、剧目说明为主的印刷媒体，以广播电影电视、互联网络为主的电子媒体，以绘画、雕塑等为主的造型艺术媒体等。

延伸传播对戏曲所起的作用是不可忽视的，它可以为戏曲的生存、发展提供一种文化生态环境。因此，保护戏曲也要在保护和建设好戏曲本位传播的基础上，保护和建设好戏曲的延伸传播。

二、本位传播的历史及其方式

中国戏曲是以农耕社会为背景而产生、形成和发展的。在农耕社会，戏曲的本位传播占据绝对主导地位，并伴随着戏曲发展的历史过程。

在传统的农耕社会，戏曲的本位传播主要依靠民俗来进行。也就是说，民俗是戏曲本位传播所依赖的特殊载体。民俗的需要可以把戏曲演出引向各类民俗场合，如人生礼仪、节日庆典、神庙集会等。民俗场合的演出是职业戏班谋生的基本场所。职业戏班走南闯北主要是在这类场合演出。因此，以民俗为渠道，戏曲的本位传播开始繁荣昌盛。

戏曲的本位传播虽以民俗为载体，但在民俗场合进行传播也是出于人们对戏曲的喜爱。各类民俗常常以各种借口为戏曲的本位传播留下时机。但这类借口的背后却隐藏着人们对于戏曲艺术的爱好。自元至清，历代统治者都对戏曲艺术下达过程度不同的禁令，但戏曲艺术仍然盛演不衰。这便说明戏曲的本位传播是以人们对戏曲的热爱为根本动力的。

在传统的农耕社会，戏曲的本位传播主要由职业戏班和家班来承担。职业戏班是戏曲的主力，其经营模式符合市场规律；家班是戏曲的分支，其经营模式脱离市场渠道，是以家班主人的兴趣为前提的。但无论是职业戏班还是家班，演员对于戏曲的爱好才是戏曲的本位传播得以实现的根本。

在职业戏班当中，尽管戏曲演员的地位很低，但演员们由于热爱戏曲，就会陶醉在戏曲的演出当中（当然，亦有不少演员是为谋生起见加入演剧行列当中，从而成为戏曲艺术的传播者的）。在家班当中，家班主人对于戏曲的爱好是戏曲本位传播得以进行的动力，但演员对于戏曲的爱好也不可忽视。因此，戏曲本位传播的主要实施者——演员，是戏曲本位传播的基本力量。

在戏曲的本位传播过程中，演员只是负责艺术的具体呈现，而在演员与观众之间，仍然有不少人起到沟通作用。这类人可以没有戏曲编剧或表演方面的才能，但他们却必须具有较强的经营能力。在职业戏班中，这类人往往是"掌班""坐班"或"承事"。例如，在《品花宝鉴》中联锦班的掌班金二就负责定戏，他会随时打听哪里需要演出，便把联锦班的戏及时送上。仙霓社的坐班汪双全每半年给仙霓社排一次演出线路，戏班能否演下去，汪双全起着决定性的作用。河北农村昆弋班的"承事"有部分职责与坐班职位相当。承事除了替投资者组班外，也负责到各地签约定戏，俗谓联系演出的"台口"。承事联系好台口之后，戏班便按台口次序接连演出。此外，还有专门以为人定戏、点戏为职业的"戏提调"。韩世昌说："请堂会戏的主人常聘请懂行的人制定戏码、安排一切，被聘请的人称为'戏提调'。他分别同每个演员的管事人研究演什么戏，怎么搭配法。"此外，在农村还有一些社会组织，这类组织的首领多被称为"社首"。每逢重要节日，社首都会主动与戏班联系定戏，邀请戏班参加赛会庆典。因此，职业戏班与民俗之间的联系，主要依靠这类人。这类人也是戏曲艺术在农耕社会传播的具体推助者。

除民俗之外，士大夫的爱好也是促进戏曲本位传播的一种动力。明代万历之后，士大夫雅好戏曲，其中有不少人在家中蓄养戏曲戏班。因此，家班在士大夫群中开始流行。戏曲的本位传播也随家班的兴起而流行。例如，当汤显祖的《牡丹亭》创作出来之后，在太仓赋闲的老相公王文肃对此剧发生浓厚兴趣，并令其家班首演。此后，吴中家班竞相搬演。这同士大夫们自身的特殊爱好直接相关。因此，士大夫的家班与职业戏班在传播戏曲的动机和方式上有很大区别。职业戏班以经营为主，而士大夫的家班则多围绕士大夫的爱好来演出。

士大夫的家班在戏曲本位传播中的作用是不可忽视的。这同家班地位较高、条件较好有关。首先，家班的主人往往都是学富五车的文士，他们对剧本的选用、演员的选用、唱腔的运用等都十分讲究。例如，葛救民家女乐班："（葛）父为余干令，最有遗赀，救民尽取为声色费，嬖奴号十二钗，而大小姑姑为最。"其次，家班的观众也往往是文士阶层，高层次的观众对戏曲本位传播的准确性要求很高。例如，潘之恒《鸾啸小品》卷三记载，吴越石教习班"先以名士训其义，继以词士合其调，复以通士标其式"。汪季玄教习家班不仅招有曲师，而且自为按拍："社友汪季玄，招曲师教吴儿十余辈。竭其心力，自为按拍协调，举步发音。一钗横，一带飏，无不曲尽其致。"因此，家班在戏曲本位传播中起着重要作用。正是因为家班的作用，戏曲越来走向雅化，戏曲的格范才会越来越高。这种传播对戏曲本位传播的本真性起着先导作用。

戏曲的本位传播也是戏曲被不断创作的过程。一个剧目演出之后，由于时代的变化、演员的更替，人们会以一个新时代的精神旨趣来重新改编。因此，也会有一批新的演员来表演。这种情况仍然属于戏曲的本位传播，但已是被再创作了的传播。再创作的本位传播对原先的剧目在思想上和艺术上既有继承，又有创造，它使戏曲作为一种艺术样式得以传承，也使戏曲不断吐故纳新，适应新时代的审美需求。因此，戏曲本位传播的过程，也是戏曲被不断刷新的过程。

戏曲本位传播除了职业戏班和家庭戏班的舞台演出之外，曲社、票友会的演出亦属于本位传播的重要类型。曲社、票友会主要传播戏曲的剧本、唱腔、表演等要素，是戏曲本位传播的重要渠道。

随着科技的进步，戏曲本位传播所用的媒介也出现了多样化的趋势，如以纸质书刊、电子书刊为媒介对剧本的传播，以广播、电影、电视、音带、光碟为媒介对唱腔和表演的传播，都使戏曲的本位传播在传播面和传播距离上大大增加。

三、延伸传播的历史及其方式

戏曲的延伸传播是基于本位传播，在戏曲舞台演出之外对戏曲的再传播。例如，戏曲广告、评论、戏曲知识、造型艺术等都是戏曲的延伸传播。

戏曲延伸传播的历史悠久，但因科技不够发达，其传播媒介显得单一。例如，在农耕时代，戏曲的延伸传播主要依靠纸张印刷媒介和各类造型艺术。纸张印刷媒介使戏曲的延伸传播以戏招、戏单、请柬、评论、专题著述等形式出现；造型艺术使戏曲的延伸传播以绘画、雕塑、剪纸和其他工艺品等形式出现。

一个新戏排演出来之后，要在舞台上进行演出，就必须把演出讯息传送给观众。这种情形在宋元时期就已开始。元杂剧在勾栏的演出采取贴招子的办法。如《蓝采和》第一折："俺在这梁园棚勾栏里做场，昨日贴出花招儿去。"南戏也采取同样的办法。如《错立身》第四出赵茜梅让女儿王金榜到勾栏演出时说："孩儿听启，疾忙收拾。侵早已挂了招子，你却百般推抵。"招子是演出广告，上书剧目名称和演员姓名，多以彩纸写成。如元人杜善夫《庄稼人不识勾栏》云："正打街头过，见吊个花碌碌纸榜，不似那答儿闹穰穰人多。"朱有燉《复落娼》杂剧云："明日个大街头花招子写上个新杂剧。"杂剧《紫云亭》灵春马的父亲发现自己演戏的孩子的名字也被写在招子上："他如今难当，目写在招儿上。"这些都是通过广告的形式直接向观众介绍演员、剧目，把戏曲演出的信息传达给观众的办法。

明清时期，住在城市的戏曲班社都有总寓，总寓内悬挂有标有演员姓名的牌子——戏子牌。观众要定戏，就先到总寓查阅戏子牌，根据自己的喜好预定自己喜欢的演员和剧目，并写明演出的日期。届时，戏班就会如期赴演。例如，《儒林外史》中的鲍家班是一个数代经营戏行的老班子，在南京水西门总寓内挂牌，人们要定戏，必须在鲍家班的"戏子牌"上写明演出日期。[1]"戏子牌"正是戏班向观众公布的演员姓名和本戏班擅演的剧目。观众根据"戏子牌"可以了解戏班的演员和剧目情况。有时候，职业戏班还会主动上门服务，把自己戏班的演员和戏目推荐给观众。例如，《品花宝鉴》中联锦班的掌班就曾主动上梅士燮家做过这种工作。[2]

除了戏班之外，酒馆也引进戏班招徕顾客。通常方式是在酒馆门口悬挂广告牌，写明演出信息。例如，苏州桃花坞木版年画中刻于乾隆年间的《庆春楼》图，就在酒馆门口悬挂演出广告，上书"九如楼新正月演全本《六出祁山》"、"太□□新正月演全本《下西洋》"。清代末年，茶园演戏盛行。茶园主人为了招徕顾客，也会广泛散发广告。据清人黄式泉《淞南梦影录》卷三记载："灯戏之制，始于同治初年，先惟昆腔戏园偶一演之，嗣天仙、金桂、丹桂、宜春、满春等园，相继争仿。……先期园主遍散戏单，招人观赏。至是轻貂怒马，蚁拥蜂喧。"这里的灯戏是指夜间演戏，广用蜡烛照明。戏园为了招徕观众，也会"遍散戏单"。

戏曲演出有用请柬邀请观众的。请柬一般由堂会主人发出。《梦华琐簿》记载："今之戏庄宴客者，酒家为政，先期计开宴者有几家，有客若干人，与乐部定要约。部署既定，乃告主人，署券为验。主人折柬以告客曰：某日集某所，乐演某部。"

除了招子、请柬、广告以外，为了烘托气氛，让更多的人知晓演出消息，戏班还利用旗牌、帐额以壮声势。南宋画院待诏朱玉所绘《灯戏图》，图中

---

[1] 参见吴敬梓.儒林外史[M].长沙：岳麓书社，2012.
[2] 参见陈森.品花宝鉴[M].北京：华夏出版社，2015.

有一屏风，屏风后为锣鼓场面，屏风前为杂剧表演。屏风上有一帐额，上书"按京师格范舞院体诙谐"①。这是宋杂剧的表演。表演用帐额文字做宣传，告知观众该表演是按"京师格范"来进行的，突出表演的风格和品位。山西洪洞县明应王殿有一幅元杂剧演出壁画，壁画上所绘舞台演出帐额亦书"尧都见爱大行散乐忠都秀在此作场"。这是元杂剧的演出情况。其表演也是用帐额文字作宣传，突出演员忠都秀的地位、影响，并有意传达演员和当地观众之间的关系。此外，清代末年，戏曲班社还在戏园门口摆放当日演出剧目中的主要道具，以让观众通过道具得知园内演出剧目的情形。梅兰芳曾对这种做法有过记述："那时没有广告，本日演唱各戏里面应用的主要道具，如《艳阳楼》里的石锁，《仙人担》《恶虎村》里武天虬、濮天雕所用的兵器与纸扎酒坛，《连环套》的双钩，《碰碑》的碑，《御碑亭》的亭，都陈列在戏馆的门口，让观众看了就可以明白当天大部分的戏目。"②

在传统的农耕社会，戏班的广告、招贴都属于近距离的延伸传播，而远距离的延伸传播主要通过专题著述和各类造型艺术进行。例如，明清文人有关戏曲知识的各类著述、各类造型艺术都可以借助纸张印刷媒介或其他物质媒介把戏曲讯息传至远方。

相对于近距离传播，戏曲通过著述、造型艺术的延伸传播更加深远。戏曲著述中有剧目和演员表演的评论、戏曲史述、度曲和表演理论、曲谱、掌故逸闻等形式，主要传播有关戏曲的知识，各类爱好戏曲的人士均可通过阅读著述获得戏曲的有关知识。由于纸张印刷媒介的可复制性，戏曲的各类知识能够得到广泛传播。戏曲著述与舞台演出的关系可近可远，但其波及面非常广泛，纵深度也很强劲，在戏曲的传承、教育和传播方面起到了巨大作用。戏曲著述的丰富，使戏曲后来直接进入了大学的讲堂。这种情形使戏曲被正式纳入现代教育的议事日程。

传统的造型艺术对戏曲的延伸传播也起到了巨大的作用。早在宋金杂剧

---

① 参见周华斌.南宋灯戏图说［J］.中华戏曲，1986（1）.
② 参见梅兰芳.舞台生活四十年：第一集［M］.北京：中国戏剧出版社，1961：45.

时期，戏曲就通过雕塑进行传播。山西、河南等地现存的宋金杂剧砖雕可以为证。到了元杂剧时期，戏曲又渗透进壁画领域。例如，山西洪洞县明应王殿壁画、山西运城市西里庄元墓戏剧壁画等都说明了这一点。进入明清时期，戏曲开始广泛渗透在，如绘画、雕塑、剪纸等传统造型艺术领域，借助造型艺术进行传播。

造型艺术自身就属于艺术范畴，同时造型艺术又是一种媒介。造型艺术对于戏曲的传播主要与戏曲自身可供传播的讯息较多有关。戏曲的表演、化妆、服装都十分精美，出色的表演经常会感动造型艺术家们，造型艺术家们把这种出色的表演通过造型艺术记录下来，传播出去。另外，化妆、服装的精美也足以使造型艺术家们用于造型艺术创作。正因如此，戏曲才会借助各类造型艺术广泛传播。我们现在研究戏曲的历史，在许多情况下都要仰赖传统造型艺术为我们传达的信息。

自 19 世纪末起，戏曲的延伸传播开始发生变化。这种变化主要体现在传播技术的更新和新的传播手段的产生。现代报刊、广播、电影、电视、互联网等大众媒介渗透到戏曲的延伸传播中，使戏曲延伸传播在讯息量、传播面、传播与受众之间的互动等方面均出现了新的局面。

戏曲传播既是戏曲研究的新领域，又是在操作层面上使戏曲艺术在新的时代得以弘扬所必须面对的问题。因此，戏曲传播所具备的理论价值和操作价值都应当使我们对它的研究有足够的投入。

互联网与戏曲传播[*]

继以纸张为媒介的报刊、以电波为媒介的广播、以电视图像为媒介的电视之后，网络成为传播领域的第四媒体。戏曲艺术在每一种媒体时代，都得到相应的传播。

就戏曲而言，其传播形式可划分为四个时代：第一，舞台传播时代；第二，印刷传播时代；第三，广播影视传播时代；第四，网络传播时代。舞台传播是戏曲艺术的本位传播，受众可通过舞台面对面地欣赏戏曲艺术。这种传播方式自戏曲艺术产生之日起一直持续到现在，它是戏曲传播的主渠道。自印刷术产生，戏曲艺术便多了一个传播媒介，戏曲的各种信息通过印刷的纸张传播到受众的视野中。这个时期，剧本、图像等信息成为戏曲艺术在纸张媒介中经常出现的式样。这种传播方式一直持续到现在。自唱片、广播、电影、录像、电视产生以来，戏曲艺术通过这几种媒体，以声音和活动图像的形式广泛传播开来。如今，互联网又成为戏曲艺术得以传播的第四种媒体，与前三种媒体形成了并存互补的局面。

网络传播是基于互联网所具有的信息的传媒形式。受众只要拥有一台可与互联网接通的电脑，即可通过显示器和音箱接受互联网上的各类戏曲信息，如文字、声音、图像。通过互联网，受众可以随意下载或在线欣赏网上的任何戏曲文本、音频和视频节目；可以查找互联网上存在的任何演员的基本信息，包括剧照、演出、生活情况等；也可以与网友一起探讨某个剧种、某个

---

[*] 本文原载于《戏曲研究》2004 年第 1 期，收入本书时有改动。

流派、某位演员的特点。在互联网戏曲资源存在的前提下，受众可在任何时间寻找到自己想要接触的信息。

我国的互联网是在1986年起步的，但20世纪80年代末期，我国互联网的大面积使用在技术上仍然没有成熟。直到1994年5月21日，中国计算机网络信息中心完成了中国国家顶级域名（CN）服务器的设置，才改变了我国CN级顶级域名服务器一直在国外的历史。同年9月，中国公用计算机互联网（CHINANET）的建设启动。①1997年，我国使用计算机互联网的用户初步形成规模，截止到1997年10月31日，我国共有上网计算机29.9万台，上网用户62万人，CN下注册的域名4066个，WWW站点1500个，国际出口宽带18.64Mbps。②到2002年6月30日，我国共有网上计算机1613万台，上网用户4580万人，CN下注册的域名126,146个，WWW站点293,213个，国际出口带宽的总容量为10576.5Mbps。③从1997年10月31日，到2002年6月30日，在短短五年间，我国上网计算机数量增加了54倍，上网用户增加了74倍，CN下注册的域名增加了31倍，WWW站点增加了195倍，国际出口宽带总量增加了576倍。

互联网的飞速发展，不得不使我们关注戏曲艺术在网络上的传播问题。笔者于2002年12月对互联网上的戏曲资源做了部分主题调查，发现很有必要对网络戏曲传播问题做一番研究。据笔者根据Google网调查，在2002年12月25日凌晨2：35—3：15，互联网上有关"戏曲"一词出现的数量已达95,600次。这个数据说明，戏曲艺术已经在网络上被人们广泛关注。笔者根据搜狐、雅虎、网易、新浪四大网站的搜索引擎以及google搜索网搜索到的戏曲专业网站或网页总数已达269个。其中，戏曲综合类网站、网页27个；戏

---

① 中国互联网络信息中心.中国互联网发展大事记［EB/OL］.（2009-05-26）［2002-12-25］.http：//www.cnnic.net.cn.

② 中国互联网络信息中心.第一次中国互联网络发展状况调查统计报告［EB/OL］.（1997-12-01）［2002-12-25］.http：//www.cnnic.net.cn.

③ 中国互联网络信息中心.第十次中国互联网络发展状况调查统计报告［EB/OL］.（2002-07-16）［2002-12-25］.htttp：//www.cnnic.net.cn.

曲剧种类网站、网页154个，涉及剧种30余个；戏曲文学类网站、网页21个；戏曲研究类网站、网页5个；以某位戏曲演员为主题的网站、网页56个；戏曲专题类网站、网页6个（见表1）。这说明，戏曲艺术已经在互联网上全方位登陆。

表1 专业戏曲网站、网页分类统计（截至2002年12月25日）

网站类型	数量	内容
戏曲综合	27	介绍戏曲知识、演员、剧团，提供演员剧照、在线或下载欣赏，传递演出信息，交流观点
戏曲剧种	154	介绍剧种知识、演员、剧团，提供演员剧照、在线或下载欣赏，传递演出信息，交流观点
戏曲文学	21	介绍戏曲文学知识、剧作家，提供在线阅读文本，传递出版信息
戏曲研究	5	提供戏曲作家、戏曲作品、戏曲文献介绍及文本，介绍研究机构、研究期刊、研究专家和出版信息，提供讨论场所
演员网页	56	介绍演员基本情况，提供在线或下载欣赏，传递演出信息，交流观点。有的以纪念馆的形式出现
戏曲专题	6	以一个主题为线索，提供相关知识点及该主题的活动情况，传递相关信息，交流观点

在互联网上，戏曲艺术以各种面貌传播着。其中，传播戏曲知识、在线欣赏、在线讨论、传递信息是戏曲艺术传播的主要方式。每个网站或网页都以自己的主题为线索，传授相关的戏曲知识，如戏曲历史、戏曲程式、戏曲服装、戏曲化妆、戏曲脸谱等，这是我国现有的为数不多的戏曲教育机构和戏曲类报刊力所不及的，即使是波及面很广的电台、电视台，也难以取得互联网传播的效果。网上的戏曲音像资源十分丰富，而且大多数网站都主动提供这种服务。我们通过上网电脑可随意欣赏感兴趣的戏曲音像节目，还可以把它们下载到自己的文件夹中随时欣赏。这种服务是与戏曲艺术的本位传播相符合的。因为戏曲作为一门艺术，其最高宗旨就是能够使人欣赏，能够在受众的接受过程中实现其艺术价值。以往我们通过剧院的舞台、收音机、放音放像设备、电影银幕、电视屏幕等欣赏戏曲，今天，我们可通过点击电脑显示器上的各种软件欣赏戏曲。不仅如此，我们还可通过专业网站、网页对我们所感兴趣的任何戏曲问题展开热烈讨论。许多网站都辟有专门的戏曲论

坛，这些论坛是我们讨论戏曲问题的最佳去处。我们可以在这里十分自如地发表自己的看法，并参与讨论。如果我们不愿意参加讨论，还可袖手旁观，浏览别人讨论的内容。戏曲论坛中不乏真知灼见，这比我们在报刊或广播、电视上看到或听到的观点要激烈、活泼得多。从理论上讲，网上戏曲论坛是可以统计得清的，但面对浩如烟海，而又庞杂的互联网，目前尚未有十分得力的办法统计出这类论坛的精确数据。除戏曲论坛外，我们还可以从许多网站或网页上看到专为戏迷、票友开辟的交友、学习场所。戏迷可以通过这些场所交友，传递与戏曲相关甚或主题之外的信息，票友也可通过这类场所学戏，或交流学戏心得。论坛和交流是互联网戏曲网站的优势所在，它充分体现了网络媒体的互动特征。

戏曲综合类与戏曲剧种类网站、网页是互联网上戏曲网站、网页的主干资源。戏曲综合类网站、网页规模大小虽然不一，但均从综合的角度全面传播戏曲艺术的信息。其中，规模较大的网站有咚咚锵——中华戏曲网、中国戏剧场、戏曲大观、中国戏剧网、中国戏曲网。以咚咚锵——中华戏曲网为例，它辟有咚咚锵新闻、京剧人之窗、京剧论坛、每周经典、名家名段、论坛精粹、我是票友、好书推荐、大舞台、戏曲院团、咚咚锵专题、京剧ABC、梨园轶事、戏曲e文、昆曲e文、京剧画谱、剧场信息、国戏附中、八角鼓讯等19个栏目。从栏目所涉及的内容来看，这个网站所传递的戏曲信息是全方位的，其中京剧、昆曲这两个影响较大的剧种在其中给予了特殊位置。只要打开这个网站，即可随意点击我们所喜欢的栏目，获取我们所需要的信息，或欣赏网站提供的任何音频、视频段落。中国戏剧场是中国戏剧文学会的电子版会刊，有珍藏阁、一江风、千秋岁、一枝花、夜深沉、园林好、水底鱼等栏目，以及综合、京剧、评剧、豫剧、越剧、昆曲、秦腔、黄梅戏、粤剧、川剧、汉剧、河北梆子、地方戏、话剧、歌舞剧等专版。这个网站虽与咚咚锵中华戏曲网在栏目设置和内容上略有不同侧重，但也是一个全面介绍戏曲艺术的专业网站。

如果说戏曲综合类网站像一个综合超市，那么戏曲剧种网站则像一个专卖店。在专业戏曲网站、网页中，侧重于以剧种为主题的网站数量是最多的，截止到 2002 年 12 月 25 日，笔者搜索到的网站、网页共计 154 个（见表 2）。这类网站分为地方戏曲综合网站和专门剧种网站两大类。前者以"地方戏曲""剧种"或以一个地区的名称命名，如中国剧种大观、地方戏曲、四川戏剧网等。这类网站、网页共计 11 个。以四川戏剧网为例，该网站辟有戏剧明星、古典情怀、综艺、评论、下载特区、图片欣赏、戏曲俱乐部、论坛、订票、在线视频、短信娱乐、戏剧院团介绍等十余个栏目，在此有关四川戏剧的基本信息可尽收眼底。专门剧种网站数量较大，其中京剧、昆曲、越剧、黄梅戏、粤剧 5 个剧种的网站较多，越剧位居首位，多达 32 个。这些网站、网页规模不等。其中，规模较大者有时代国粹、中国昆曲网、宇扬评剧苑、中国秦腔网、中国黄梅戏网、中国粤剧网、中国川剧网等。以时代国粹为例，这个网站是目前以京剧为主题的最大的门户网站，辟有京剧新闻、京剧网文、京剧院团、京剧票房、京剧人、新戏推介、京剧谈往、京剧课堂、票戏指南、校园戏迷、京剧唱段、网上戏台、剧场信息、本站动态、京剧聊天室、精彩专题、我评我选等 17 个栏目。有关京剧的新闻动态、网友讨论、院团动向、票房情况、演员信息、戏迷情况、奇闻逸事等均可从中找到。另外，这个网站的"我评我选"栏目还进行以"我最喜爱的京剧剧目""本月最受欢迎的京剧人""我心中的当代四大名旦"和"我心中的当代四大须生"为主题的网民自主评选活动。这种别开生面的活动对推进京剧艺术无疑大有裨益。

表 2 专门剧种网站、网页分类统计（截至 2002 年 12 月 25 日）

剧种	网站数量	剧种	网站数量
地方戏综合	11	歌仔戏	2
京剧	24	布袋戏	4
京昆	2	芗剧	2
昆曲	16	婺剧	3
越剧	32	沪剧	1
粤剧	10	花鼓戏	1

续表

剧种	网站数量	剧种	网站数量
黄梅戏	11	徽剧	1
潮剧	4	庐剧	1
锡剧	5	吕剧	1
评剧	2	淮剧	1
豫剧	6	淮海戏	1
川剧	3	蒲剧	1
秦晋梆子	1	河南坠子	1
秦腔	2	采茶戏	2
河北梆子	2	藏戏	1

  戏曲文学网站为数不多，计有21个（见表3）。较为专门的网站、网页仅有中国京剧戏考、菊斋——曲馆。前者为专门收集和整理京剧剧本的网站；后者为介绍宋、元、明、清历代曲家及其作品情况的网站。其余19个是古典文学或图书馆的网站、网页。戏曲文学类网站、网页主要提供或收集、整理戏曲剧本，为网民提供欣赏剧本的机会。在价值取向上，文学类网站更倾向于古典情怀，把戏曲艺术视为一种高雅的文学来欣赏。在网资形式上，文学类网站除把戏曲剧本纳入文学范围进行传播之外，还选择一些主题，以一个主题为线索，提供该主题的综合信息，如"白蛇传"网站，就以白蛇传为主题，专门介绍白蛇传的故事、电视、电影、图片，讨论白蛇传的相关问题。文学类网站的稀少是与网络在这方面的劣势相关的。对于多数戏迷而言，他们很少在网上欣赏戏曲文学，而把精力主要放在视听欣赏和观点交流上。对于研究者而言，他们对网上的资料缺乏信任度，也很少光顾这类网站。另外，在网络上阅读文学作品既辛苦，又要花费上网费用，因此，人们欣赏戏曲剧本时宁可选择书刊。但戏曲文学类网站的前景并非暗淡一片。若按类把一套套完整的戏曲剧本搬上互联网，既可以免去读者借书之苦，又可以为研究者提供快速查询的机会。若再增加一些论坛，也会吸引喜欢戏曲文学的网民。

表3　戏曲文学类网站、网页统计（截至2002年12月25日）

网站名称	网站内容
中国京戏考	提供京剧剧本、京剧戏考参考资料
菊斋——曲馆	介绍宋元南戏、元代杂剧、明清传奇、清代花部及中国古典戏曲理论等
戏曲文艺	亦凡公益图书馆提供的书目
云水轩	提供古代诗词、散文、戏曲、小说及个人文字创作
元杂剧中的世情百态	提供题材介绍、通俗词汇与传说、小百科、经典与相关讯息
天一书楼	含古典、现代文学，纪实及武侠、言情、科幻、戏曲杂艺等
山阳书苑	含古典、现代、外国文学及儿童文学、戏曲、网络文学等
黄金书屋	含古典小说、诗词、散文及戏曲等
古典文学	含古典小说、诗歌、戏曲、散文等
闲云斋	文学、诗词、小说、纪实、宋词、元曲、对联、名言、幽默、三教九流、古典戏曲、山水小品
大唐中文——古典文学	含古典小说、古典戏曲、古典诗歌、古典散文、诸子百家等
箫剑江湖	含武侠小说、散文、诗歌及戏曲等
真水无香	收录古典文学名著，包括诗词歌赋、散文、小说、诸子百家、戏曲、传记、史书等
名著在线	收录中外小说、诗歌、戏曲、散文、历史、哲学、军事著作
红玉阶前	含有诗词、戏曲古曲简介、脑筋急转弯、网站精彩链接等
中国青少年新世纪读网	含有诗词、戏曲古曲简介、脑筋急转弯、网站精彩链接等
元曲选	有白朴、马致远、张养浩、张可久的作品
牡丹亭	含作者汤显祖介绍、剧本和戏曲小常识及众人对此剧的评论
当代传奇场	从事中国戏曲宣扬，含作品介绍、吴兴国个人简介及最新表演讯息
西游记宫	含原著欣赏、续书、作者研究、版本研究、论文、学会、连环画、戏曲影视
白蛇传	专题讨论白蛇传，包括有关白蛇传的故事、戏曲、电视（如新白娘子传奇）、图片、论坛等

戏曲研究类网站、网页的数量是最少的，目前仅有5个（见表4）。这类网站、网页也多为某一综合网站的一个频道或栏目。就目前而言，国学网

下的"戏曲研究"规模最大、栏目最为齐全。但因条件限制,上传的网资还不多。"戏曲研究"的栏目主要有戏曲总目、戏曲文献、戏曲研究机构和期刊的介绍、戏曲研究专家介绍、研究论文索引、研究新著介绍、戏曲论坛等。这是一个以古典戏曲研究为主、兼及现代戏曲研究的动态栏目。随着众多专家的参与,它将成为一个在戏曲研究方面最有前景的网站。南京大学网站下辟有一个"中国古典戏曲"栏目。这个栏目全面介绍古代戏曲作家作品和古代戏曲史论文献,是一个静态栏目,目前已成规模。岸芷汀兰是一个以戏曲、话剧、东方戏剧为讨论对象的研究性网站,目前已上传了不少专题文章。另外,香港中文大学音乐系戏曲资料中心、香港中国艺术推广中心网站都是值得戏曲研究者光顾的网站。除了专门的戏曲研究网站外,还有许多网站也为研究者提供戏曲研究信息,如中国期刊网便以数据库的形式为研究者提供核心期刊的论文题录、摘要及全文阅读,其中就有戏曲艺术,研究者可通过这类网站快捷地找到自己想要的信息。戏曲研究类网站的出现,预示着戏曲研究在文献检索、研究方式、信息传递等方面的数字化和现代化。

表 4　戏曲研究类网站、网页（截至 2002 年 12 月 25 日）

网站名称	网站内容
中国古典戏曲	是南京大学网站下的一个戏曲资料性栏目,提供宋、元、明、清戏曲剧目、文献及版本介绍
戏曲研究	是设在国学网站下的一个栏目,包括古代戏曲总目、古代戏曲文献、戏曲研究期刊、研究机构、研究学者等
岸芷汀兰	以戏曲、话剧、东方戏剧为主要讨论对象的论坛式网站
香港中文大学音乐系戏曲资料中心	收集戏曲资料,提供大众使用相关剧本照片、录影带和录音带
香港中国艺术推广中心	提供昆剧、京剧、戏曲讲座、唱腔身段课程及各类中国表演艺术活动资讯

有关戏曲演员的网站、网页数量也很可观,笔者统计了各剧种演员的网站、网页 56 个（见表 5）。这类网站、网页均以一位演员为主题,介绍他们的基本情况、演出信息,上传剧照、精彩唱段,探讨其表演风格,有的还以纪

念馆的形式出现,为戏迷提供网上纪念该演员的机会。这类网站绝大多数是由戏迷在网上的虚拟社区建立的,版主们以提供话题、参与讨论、发布信息为主的各种手段吸引网民参与。这类网站也是最热闹的,我们在其中可以看到戏迷对该演员表演风格的热烈讨论,也可看到戏迷之间传递该演员演出情况、生活情况的各类信息。

表5 戏曲演员类网站、网页统计(截至2002年12月25日)

剧种	演员姓名	网站、页数量	网页内容
京剧	梅兰芳	2	一个是有关梅兰芳的综合性网站,一个是演员纪念馆中的一个网页。后者以较为固定的方式(如献花、点歌、点烛、留言)纪念梅兰芳
	叶盛兰	1	演员纪念馆。介绍演员情况,以较为固定的方式(如献花、点歌、点烛、留言)纪念演员
	余叔岩	1	内容同上
	马连良	1	内容同上
	杨宝森	1	内容同上
	言菊朋	1	内容同上
京剧	张君秋	1	内容同上
	谭富英	1	内容同上
	萧长华	1	内容同上
	李多奎	1	介绍演员情况,提供剧照、演出情况,在线或下载欣赏,传递演员信息,交流观点
	于魁智	1	内容类上
	李胜素	1	内容类上
	王彩云	1	内容类上
	赵葆秀	1	内容类上
	王海波	1	内容类上
	于荣光	1	内容类上
昆曲	蔡正仁	1	内容类上
河北梆子	吴桂正	1	内容类上
黄梅戏	黄新德	1	内容类上

续表

剧种	演员姓名	网站、页数量	网页内容
粤剧	林锦堂	1	内容类上
	阮兆辉	1	内容类上
	陈剑声	1	内容类上
	黄金堂	1	内容类上
	陈丽芳	1	内容类上
	尹飞燕	1	内容类上
	陈咏仪	1	内容类上
	李凤	1	内容类上
	梅雪诗	1	内容类上
	任剑辉	1	内容类上
越剧	傅全香	1	内容类上
	王文娟	1	内容类上
	赵志刚	1	内容类上
	侯学军	1	内容类上
	华怡青	1	内容类上
越剧	江瑶	1	内容类上
	陈晓红	1	内容类上
	章益清	1	内容类上
	王志萍	1	内容类上
	郑国凤	1	内容类上
	章瑞虹	1	内容类上
	黄慧	1	内容类上
	单仰萍	1	内容类上
	陈辉玲	1	内容类上
评剧	鲜灵霞	1	演员纪念馆以较为固定的方式（如献花、点歌、点烛、留言）纪念演员
	新凤霞	1	内容同上
沪剧	沈惠中	1	介绍演员情况，提供剧照、演出情况，在线或下载欣赏，传递演员信息，交流观点
	陈瑜	1	内容类上

续表

剧种	演员姓名	网站、页数量	网页内容
淮剧	梁国英	1	内容类上
歌仔戏	庄金梅	1	内容类上
布袋戏	江赐美	1	内容类上

此外，还有与戏曲相关的专题网站、网页。例如，分别以脸谱、剪纸、画册、面具、摄影、动画、集邮、皮影收藏为主题，传播戏曲知识、欣赏戏曲艺术。这类网站所占比例不大，从其主题上而言，属于戏曲艺术的边缘性传播。以黎明邮讯——京剧专题集邮网为例，该网站是以集邮为主题，专门传播京剧集邮知识，介绍京剧邮品，附带介绍其他京剧收藏品的一个大型网站。

有关戏曲的专业网站、网页大致如上。但戏曲的传播不仅限于专业网站、网页，众多政府网站、商业网站、行业网站都不同程度地涉猎戏曲知识的传播。这些数字无法统计，故而不谈。笔者于 2002 年 12 月 25 日凌晨通过 google 搜索网搜索了另外两组数字，这些数字出现在互联网上任何形式的中文网资中，它涉及互联网对各门类艺术和各剧种的关心程度。

第一组数字是各个艺术门类的模糊统计（见表 6）。在这组数字中，音乐位居第一位，多达 1,440,000 次。电影位居第二位，多达 1,080,000 次。这与目前音乐、电影这两个艺术门类的影响，与网民的欣赏兴趣和年龄层次都是相符的。戏曲排第十三位，出现 95,600 次，紧随其后的依次为油画、话剧、国画、舞剧。实际上，戏曲的排位还应该靠前，因为它也被包含在"戏剧""音乐"当中。"戏剧""音乐"这两个主题词中也有相当一部分是指戏曲，何况还有更大规模的各个剧种的出现次数。这种情况表明，戏曲艺术在互联网上的网资和受网民关心的程度还是相当可观的。

表6　各类艺术google搜索网模糊搜索结果（2002-12-25凌晨2：35-3：15）

搜索关键词	出现次数	排名
音乐	1,440,000	1
电影	1,080,000	2
电视	965,000	3
美术	654,000	4
摄影	539,000	5
舞蹈	529,000	6
雕塑	323,000	7
电视剧	215,000	8
戏剧	213,000	9
绘画	176,000	10
书法	153,000	11
歌剧	109,000	12
戏曲	95,600	13
油画	88,200	14
话剧	74,900	15
国画	59,300	16
舞剧	30,900	17

第二组数字是各剧种的出现次数（见表7）。笔者通过对32个剧种进行模糊统计，发现目前在互联网上，首先，是京剧的网资最多，受关心的程度最大。其次，是昆曲，仅居京剧之下，但与京剧出现的次数相差很大。最后，是越剧、粤剧、歌仔戏，这三个剧种出现的次数相差不大，依次位于昆曲之后。次数最少的是淮海戏，位居末位。

表7　各剧种google搜索网模糊搜索结果（2002-12-25凌晨2：35-3：15）

主题词	出现次数	排名	主题词	出现次数	排名
京剧 京戏 平剧	78,100 15,300 4,460	1	吕剧	4,950	15
			采茶戏	4,810	16
			晋剧	3,260	17
昆曲 昆剧	21,300 9,560	2	汉剧	3,180	18
			蒲剧	3,120	19

续表

主题词	出现次数	排名	主题词	出现次数	排名
越剧	29,500	3	花鼓戏	3,020	20
粤剧	25,500	4	锡剧	2,720	21
歌仔戏	24,300	5	淮剧	2,330	22
评剧	16,800	6	湘剧	1,500	23
豫剧	16,700	7	徽剧	1,460	24
川剧	16,700		婺剧	1,420	25
黄梅戏	15,000	8	扬剧	1,070	26
秦腔	12,500	9	河南坠子	1,030	27
潮剧	8,400	10	芗剧	855	28
沪剧	7,490	11	莆仙戏	699	29
藏戏	7,030	12	吉剧	428	30
曲剧	6,890	13	庐剧	391	31
河北梆子	5,180	14	淮海戏	170	32

从这组数字来看，目前影响较大的剧种在互联网上出现的次数也相应较多，受关心的程度也较大。但某一剧种在互联网上受关心的程度与在现实生活中受关心的程度并不完全成正比，有些剧种虽然在现实生活中影响较大，但因所处地域计算机发展速度缓慢，因而在网上的网资不会太多。相反，在一些发达地区，某一剧种在现实生活中并不一定有多大影响，但由于计算机发展速度较快，因而该剧种在网上的网资也相应较多。

网上戏曲资源的丰富是与人们对戏曲价值的认定直接相关的。戏曲虽然没有往日的辉煌，但它毕竟是植根于我们民族土壤中的艺术，是我们民族文化的优秀组成部分。通过戏曲艺术弘扬民族文化、倡导民族精神，是多数网上戏曲资源提供者的共识。这是人们基于文化价值的认定在互联网上传播戏曲艺术的动力。就艺术价值而言，戏曲艺术从其形成之日起，已经历了七百余年的磨炼，积累了丰富的表现形式，这些形式依然深受人们欢迎。网上戏曲资源提供者自觉自愿的行为已经深刻地说明了这一点。这是人们基于戏曲自身的艺术价值在互联网上传播戏曲的动力。互联网上丰富的戏曲资源同业内人士想通过网络宣传、普及戏曲艺术的动机相关联。戏曲艺术属于传统艺术的范畴,现代观众尤其是青年观众对其表现形式仍有陌生之处,通过互联网介绍戏曲知识,主动与观众沟通,可以减少这种陌生度,以便吸引更多的观众。相对电视、电影而言,戏曲演出在其他媒体中较少受人关注,业内人士通过互联网广泛传递演出信息,以便人们及时了解并欣赏到优秀的演出。这是人们基于推广戏曲艺术的动机在互联网上传播戏曲的动力。

互联网的戏曲传播虽形式喜人,但不可忽视,目前的大多数网民仍然是18—40岁的青年人(占网民数量的72.8‰)[①],而在现实生活中,喜欢戏曲艺术的观众多为中老年人,但中老年人对于上网还不是非常积极。因此网上虽有大量戏曲资源,但大多数戏曲爱好者却少有机会看到。随着计算机的普及,这部分人将会积极参与,戏曲的网络传播规模也将逐步扩大。互联网是全球性的互动传播媒体,是目前覆盖面最大的媒体,因此网上传播必然会影响剧种在现实生活中的传播。在戏曲艺术需要大力发展的时期,戏曲业内人士应该认识到这种媒体的广泛性特点,积极推动戏曲艺术在互联网上的传播。

互联网是一种新型传播媒体。当戏曲通过广播电台传播时,出现了广播戏曲;通过电影传播时,出现了戏曲电影;通过电视传播时,出现了戏曲电视剧。但通过互联网传播能否出现与这种媒体联姻后的新的艺术形式,就目前而言尚不可能。因为网上的戏曲欣赏尚且停留在类似广播、电影、电视的阶段。只有当新的软件被应用到互联网上,戏曲艺术家也能自觉思考网络传媒的特点时,才可能在一定时机出现戏曲与网络联姻的新的艺术形式。这种可能的实现仍然有待网络技术的发展和戏曲艺术家的努力。

---

① 中国互联网络信息中心.第十次中国互联网络发展状况调查统计报告[EB/OL].(2002-07-16)[2002-12-25].http://www.cnnic.net.cn.

新民间语境与戏曲传播策略的转换[*]

戏曲在现代社会的萎缩与戏曲传播理念的滞后有很大关系。当我们着手认真对待这个问题的时候，却不能不考虑戏曲艺术最基本的生存空间——民间。针对戏曲的生存问题，很多人提倡要回归民间。然而，倘若我们不关注民间含义的变化，回归民间的策略则会变得空洞无力。

戏曲是在传统农耕背景下生成，并借助其生成的民俗渠道进行传播的。进入现代社会后，这些环境在渐渐消逝，或在某种程度上发生了巨大的变异。季节的更替不再从根本上对人的活动起制约作用，人生礼仪变得简单而又时尚。西方文化对原先建立在传统民俗基础之上的价值观念的冲击更是难以估量。与舶来的文化相比较，传统风俗以及借助传统风俗流传的艺术似乎都成为"陈旧"的代名词。现代科技的发达，在很大程度上改变了人们"日出而作，日落而息"的习惯，来自自然意义的时间观念以及与自然相关的传统风俗观念对人的制约作用越来越小。借助现代通信工具和现代交际场所给人们带来的现代交往方式简便而又快捷，人与人之间交往的目的也远比传统意义上的丰富得多。在某种意义上说，现代科技手段在重构人与人之间的交往方式。因此，风俗在现代社会已成为一种外在于人的人文景观，其实质性的，对于人的制约作用在逐渐淡化。在现代社会，戏曲既无法从生存环境上找到曾经依托的传统风俗，又难以在艺术形式上注入现代理念。因此，戏曲的衰落不可避免。

---

* 本文原载于《戏剧》（中央戏剧学院学报）2006 年第 4 期，收入本书时有改动。

但是否真的如此？我们不妨重新审视一下"民间"这个概念，或许可以从中得到某种启发。

在传统语境中，"民间"是与士大夫、官僚阶层相对应的概念，实际是用来指以耕作为主的农民和以经营为主的市民。这还仅仅是在官方与民间成员的构成成分上而言的。除此以外，以士大夫、官僚阶层构成的上层社会的社会制度与以农民、市民构成的下层社会的社会制度更是造成"官方"和"民间"得以区分的根本界限。这种分野持续了3000多年。直到19世纪末20世纪初，随着现代社会体制的兴起，传统的"官方"和"民间"之间的分野才被打破。

进入20世纪，城市与农村的界限开始明确起来。尤其是新中国成立之后，随着新户籍制度的实行，城乡的界限更加明显。20世纪，以工业文明为基点的城市文化使城市与乡村的时空观念出现明显差异。即使是普通市民，由于制度和生活方式的原因，也会感觉到相对于农民的优越性。城市人因为这种优越性而不再把自己的生存空间看作民间。因此，当人们谈到民间时，更多的是指"农村"以及在"农村"形成的一系列带有传统色彩的制度和观念。直到20世纪的最后10年，随着国家体制的革新、经济的飞速发展，城乡之间的差异才逐步缩小。

随着农村部分乡镇在城市化进程上的发展，许多农民在生活方式乃至生产方式上向城市靠近，乡村落后于城市的事实使"民间"这个概念演化为"落后农村"。就目前来说，中华民族最纯粹的传统以及体现这种传统的制度和观念恰好沉积在以上所言的"落后农村"当中。因此，随着城市化进程的加速，传统意义上的"民间"越来越趋于一个面积很大，但被主流社会观念所忽略的狭小的范围，传统意义上的"民间"就活动于这个狭小范围当中。

"民间"是与"官方"相对应的概念。这个概念本来是很清晰的。但在20世纪，"民间"的概念发生了很大的变化，"民间"概念的实质意义被悄然偷换了。这就为我们传统艺术的生存带来了诸多麻烦。首先，传统艺术被放在"落后"的范畴当中；其次，传统艺术被当作"守旧"的符号。只有那些"不思进取"的艺术才会在"民间"生存。在大多数城市人看来，"戏曲"就是这样的艺术。

对于民间概念的重新界定关系到我们对于戏曲的定位问题，相应地，也关系到戏曲研究的一系列问题。

譬如，在当前戏曲艺术出现衰落的情况下，有人强调戏曲应当回归民间，因为他们在民间仍然能够看到人们对于戏曲的热爱。但事实上，他们所说的依据，都是在农村，如节日庙会、婚丧嫁娶、人生礼仪等场合。倘若在这种民间语境中谈论戏曲回归民间问题，其真正的结果就是要戏曲回到农村。这种观念看似有理，而实际上却是把戏曲赶往死亡之路。因为他们是在一种错误的"民间"观念下为戏曲定位的。这种定位会使戏曲艺术随着"落后农村"的消逝而消逝。

戏曲是一种民间性很强的艺术。在封建时代，戏曲艺术无论是在农村，还是在城市，其传播面都很广泛。在目前的民间观念语境中，当戏曲无法再前进的时候，一部分人开始给戏曲重新定位。极有代表性的观点是把戏曲定位为"高雅艺术"。在这种观念地支配下，戏曲开始演化为少数人欣赏的艺术，或者说只有少数人才能欣赏的艺术。这种观念的错误在于忘记了戏曲本是一种民间艺术。"高雅艺术"定位的错误在于人为地、貌似合理地把戏曲局限于少数人的视野内。这样造成的后果是戏曲的形式越来越保守、戏曲演出的成本越来越高、票价越来越贵、观众越来越少，最终导致戏曲的灭亡。

涉及戏曲研究，如果按照人们现在对于"民间"的理解，那么就会忽视好多问题。首先，我们不会注意到城市市民对戏曲的理解，忽视戏曲在这样一个民间族群中的信息传播；其次，我们把戏曲研究与现代社会结构的变化隔裂开来，使我们的理论研究陷入一种缺乏活力、缺乏前瞻性的状态当中。

那么新的民间概念应当是什么？笔者认为依然要从与"官方"相对应的立场出发，着眼于现代社会，对"民间"这个概念进行正本清源。如果按照这个立场，我们就会发现，民间不再局限于落后农村，不再局限于一种缺乏时代感、缺乏开放意识的语境当中了。

新的民间概念包含城市与乡村的广大领域。在城市，从事各种职业的市民，如以体力和普通职业为主的蓝领阶层、以知识型劳动为主的白领和专门的知识群体；在农村，以传统的耕作为主的农民以及以农为主、亦农亦工亦商的农民都是新民间的构成成分。

这还只是从民间的构成成分上来讲。那么新民间的生活观念、生活方式也值得我们去重视、去认真研究。例如，风俗习惯是体现民间生活观念、生活方式的重要载体。如果我们站在新民间观念的立场上，那么我们就会注意到风俗习惯在民间的起起落落。在新民间语境中，一部分传统意义上的风俗习惯仍然被保留在农村；而在城市，或城市化进程较为快速的农村，这种风俗习惯正在消逝，或在新的意义上被更新。例如，在城市族群当中，传统节日（如中元节、中秋节）不再有繁盛的演剧，更多的由国家和地方政府以及由教育和民间文化机构操纵、供民间族群享用的艺术节（如中国艺术节、中国戏剧节、大学生戏剧节）渐次形成，这种介入替代了传统意义上的、以风俗为载体的民间节日，成为人们关注艺术、关注戏剧的时节。此外，各种民间单位、民间机构自身的庆典活动也摆脱了传统风俗的限制，戏曲艺术不失时机地渗透进这类庆典活动当中（如白先勇领先打造的青春版《牡丹亭》为南京大学校庆以及为北京大学艺术学院成立的祝贺演出）。这些都是在新的民间语境中形成或在新的民间语境中被刷新的演剧风俗。

传统风俗习惯的消逝意味着戏曲原先赖以生存的环境在消逝。虽然在三五年甚至更长的时间内，传统风俗习惯在大多数地方尤其是在农村被保留，戏曲还可以在这些地方继续生存，但我们一定要意识到这终非长久之计。戏曲一定要及早注重如何满足城市居民的欣赏趣味、欣赏习惯。这就要求我们关注城市，把城市居民生活纳入民间语境，关注城市的风俗习惯。

社会变革在民间体现出来的问题，是一个生存问题。由生存问题带来的是生活、生产方式问题以及在此基础上所产生的观念问题。观念问题主要体现在传统和现代的矛盾上。戏曲自身也徘徊在传统和现代的矛盾之上。新的民间观念的出现要求我们从传统和现代的矛盾的角度切入民间，从民间的角度重新为戏曲艺术进行定位。就戏曲研究而言，理论家的使命就是要完善知识、传播知识。完善知识包括史论的梳理，如对旧资料的补充和纠正，对新资料的发掘和整理，对民间资料的重新审视等。传播知识是指通过媒体把知识传播给大众，通过教育把知识传播给学生，通过思考为政府和民间提供对策。在新的民间概念的视角下，我们应更加注重研究戏曲的创新机制、运营机制和传播机制，要注重发掘新资料、整理新资料、研究新现象。针对史论问题，我们应使历史更加明晰、使理论更加完善。就戏曲演出而言，在现代都市，戏曲已经渗入部分餐饮行业、旅游行业、教育行业。新的风俗习惯也在这些行业慢慢形成，并将扩大到其他行业当中。此外，戏曲通过各种传媒进入市民的生活空间，如电视、电影、网络等通过各种方式传播着戏曲。因此，这些现象将促成新的风俗习惯的形成。如果我们注意对这些现象的研究，就会使戏曲艺术与新的风俗习惯衔接起来。这种做法一方面可以为戏曲寻找新的发展空间提供理论依据，另一方面，也可使我们的理论研究从基础概念、基本范畴上完善起来。

如果着眼于新的民间观念，那么思考问题的角度就会变得积极起来，就会从新的立场出发创作更加符合真正民间需求的戏曲剧目和表达形式，让戏曲从真正意义上跟上时代，让大众喜闻乐见，从而在民间广为流行。

有人会说，让戏曲回归所谓的新民间，尤其是让戏曲回到城市市民当中十分困难。笔者认为这只是从表面来看，而研究要注意民间信息的来源。如果把目光放在城市的实体空间当中，除了剧院、大学的课堂，似乎很难找到有关戏曲的话题。但如果进入网络，就会发现其中存在大量有关戏曲的话题，无论是关于研究的，还是关于演出的、演员的。在网络中，提供戏曲信息的绝大多数是新民间语境中的成员。这些话题的参与者，都不是纯粹意义上的农民，而是有一定知识的戏曲爱好者、戏曲演员、戏曲专业的师生、关心戏曲的传播媒介、戏曲专业创作人员、都市化的戏曲经营者等。他们绝大多数都生活在城市当中，网络为城市的戏曲爱好者提供了观赏戏曲、言说戏曲的大量场所。此外，我们从电视荧屏上也可找到大量戏曲节目，这些节目一夜之间便可传播到千家万户，所有关心戏曲的人都可借助电视荧屏看到从前想看而看不到的戏曲。因此，如果我们忽视了城市当中的"民间"语境，忽视了现代科技在民间的广泛应用，我们就无法找到戏曲在民间的信息。也正因此，才会有戏曲衰落的误读。

戏曲作品、戏曲演出也都因民间语境的变化而发生着深刻的变化。现代的戏曲作品仍然可以划分为现代戏、新编历史剧、传统戏三个类型。戏曲艺术的传统仍然被保留在传统戏当中，尤其是一些久演不衰的经典折子戏当中。但在现代戏和新编历史剧中，戏曲的传统在"继承与革新"的态势下延续着。其中，继承主要是针对戏曲形式而言的，革新则体现在内容和形式两个方面。戏曲的革新经常被维护传统的理论家作为靶子来打，但殊不知戏曲的革新是不可避免的。戏曲的革新主要体现在观念上，这种观念与新民间语境的形成是分不开的。从内容上来说，新民间语境要求摆脱传统观念。传统戏曲所宣扬的体现人际关系的"忠孝节义"在新民间语境中无法完全适用。因为在新民间语境下我们无法要求窦娥不嫁、赵五娘守节、潘金莲钟情于武大了。因此，新民间语境首先要求在内容上革新，除了对于历史人物的评判、对于传统戏剧人物的重新估价之外，还要从新民间语境中发现新的题材，这些都表明了现代戏和新编历史剧的重要价值。在形式上，现代戏和新编历史剧都在广泛吸收新的艺术元素，从灯光布景到表演形式，各种形式的尝试都在进行，而且许多尝试都赢得了观众的认可。如果还沿袭过去的旧观念，那么谈论戏曲回归民间就是一句空话。

新民间语境的形成，对戏曲艺术传统的传播方式也是一种挑战。在新的传播媒介不断兴起、旧的风俗习惯不断萎缩的趋势下，戏曲艺术也要重新思考自己的传播方式。在旧的民间语境中，人们想看到戏曲演出，主要期盼一个节日、一个庙会的来临。但现在，人们可以通过现代传播媒介找到戏曲演出信息，走进剧场、打开电视、点击网络或播放光碟，欣赏到自己想看的剧目。这是现代科技、现代都市文明带给人们的习惯。这种习惯不仅在都市，在农村也已经形成。

新民间语境的形成不仅使戏曲信息处在一种开放的态势当中，而且给戏曲舞台演出的传播提供了新的方式。戏曲广告由原先的招贴、请柬进入了广告、海报领域。报刊和网络等新兴媒介也为戏曲舞台演出的传播提供了新的渠道。白先勇的《牡丹亭》之所以走红，与利用现代传播方式和渠道有很大关联，也与在新民间语境下新的传播理念的树立有密切关系。江苏省昆剧院的《1699·桃花扇》的走红也是同样的道理。当戏曲在新的民间语境中以新的理念、新的方式进行传播的时候，人们借助传播媒介、传播内容所获得的感受是截然不同的。这种不同体现在对于现代气息的感受上、对于传统艺术的新生力量的感受上。戏曲是传统的，也是现代的。只有站在新的民间语境的立场上看待传统，传统才会被赋予新的意义，传统的价值才会在现代社会中发挥新的作用。因此，戏曲必须在新的民间语境下转换传播策略。

昆曲传播的民俗学视角*

昆曲是在南戏和北曲杂剧的基础上形成的剧种。因此，它继承了南戏和北杂剧传播的基本特点。南戏始于村坊小曲，顺口可歌；北杂剧源于民间百戏和说唱。两者均有深厚的民间传播传统。如果说南戏在最初还以较长的时间流播于民间的话，那么北杂剧一经形成便进入了文人圈子，文人渗透得较深。因此，南戏与民间的关系比北曲杂剧还要密切。但两者最后殊途同归，汇合于昆曲，经过魏良辅等人改革后从风格上分流，一方面在民间作为"草昆"流行，在普通民众中传播；另一方面进入文人士大夫圈子，被高度雅化，形成新的习尚，在社会高层流行。

昆曲形成后虽然在雅、俗两条道路上传播，但均未脱离民俗轨道。两者的区别是，昆曲在雅化的道路上形成了有别于传统民俗的新习尚，如文人士大夫宴会侑酒助兴。这些习尚是文人士大夫有闲阶层的权力和地位所致。但即使在文人士大夫阶层，传统风俗的制约也相当明显，也就是说，文人士大夫的生活并没有拒绝传统民俗，相反，传统民俗活动成为他们的喜好，他们欣赏昆曲表演在更多情形下是借助了传统民俗活动的闲暇和人气。对普通民众而言，他们没有多少闲情逸致和多余的财力去观赏昆曲，更需要依赖传统民俗的力量为他们提供欣赏昆曲的机会。从这些情形来看，昆曲依靠民俗传播已经形成深厚的传统。那么昆曲为何要依靠民俗进行传播呢？

民俗不是空洞的，它是在一定观念支配下由各种民俗事象组合而成的活

---

* 本文原载于《东南大学学报》（哲学社会科学版）2010年第3期，收入本书时有改动。

动体。笔者曾在《昆曲与民俗文化》一书中把民俗划分为四大系统："第一个是节日时令系统，这个系统是以节气和民间传说为基础形成的风俗习惯，贯穿在一年四季当中，调节着民众的生活节奏，如春节、元宵、端午、七夕、中元、中秋等；第二个是神灵信仰系统，这个系统是以神灵信仰为基础，伴随着百姓的生活，如佛、道神灵祭祀，各类俗神祭祀以及春祈秋报赛事；第三个是人生礼仪系统，伴随着每个人从出生到死亡的生命节奏，如满月、婚事、寿诞、丧葬等；第四个是社会风尚系统，这个系统有别于民俗，但因在一定时期形成了一定的风气而被作为一种习惯保持在特定的地域或特定的人群当中，它是以城市经济发展和特定的社会制度为基础形成的，如宴集之风、蓄优之风、品妓之风等。"① 在这四大系统中，每一个系统都是在一定观念支配下的人的行动。这些行动的共同点是对于人们心理的调节。通过这种调节，使人的生命畅快起来，给人的生活赋予了一定的意义。在昆曲产生之前，这些民俗都存在，不同的是，昆曲在其活动的地域和人群中代替了先前的乐舞和声腔剧种。因此，昆曲依靠民俗演出并非昆曲自身的创造，而是人们因时而变，对传统乐舞与声腔剧种的舍弃和对昆曲的接纳。由此可以看出，昆曲在特定时空中具有较强的竞争力。

那么，昆曲靠什么样的竞争力战胜了其他乐舞和声腔剧种呢？

昆曲的雅、俗主要集中于其表现形式，昆曲剧目描述的多是人与人之间的细琐之事、凡俗之情。这种情形满足了各阶层人的基本需要。昆曲与传统乐舞和声腔剧种相比，对于人间的细琐之事、凡俗之情表现得更加细致入微，其表现形式也更加丰富多彩，因此才会被不同阶层的人所接纳。明人顾起元《客座赘语》卷九记载："南都万历以前，公侯与缙绅及富家，凡有燕会，小集多用散乐，或三四人，或多人，唱大套北曲，乐器用筝、琵琶、三弦子、拍板。若大席，则用教坊打院本，乃北曲四大套者，中间错以撮垫圈、舞观音，或百丈旗，或跳队子。后乃变而尽用南唱，歌者只用一小拍板，或以扇子代之，间有用鼓板者。今则吴人益以洞箫及月琴，声调屡变，益为凄惋，听者

---

① 王廷信.昆曲与民俗文化[M].广州：春风文艺出版社，2007：7.

殆欲堕泪矣。大会则用南戏，其始止二腔，一为弋阳，一为海盐。弋阳则错用乡语，四方士客喜阅之，海盐多官语，两京人用之。后则又有四平，乃稍变弋阳而令人可通者。今又有昆山，较海盐又为清柔而婉折，一字之长，延至数息。士大夫禀心房之精，靡然从好，见海盐等腔已白日欲睡。"① 这段记载是昆曲战胜其他乐舞和声腔的最佳注脚，也说明了昆曲打动人心的深层原因。

昆曲不仅在形式上"清柔而婉折"，令人"禀心房之精，靡然从好"，而且其丰富的剧目使其在内容上也可与民俗紧密相连。譬如，昆曲在喜庆场合用于开场和结尾的特定剧目迎合了人们趋吉避凶的心理。在不同的民俗场合，昆曲都能拿出与该民俗内容相适应的剧目，以使昆曲在内容上与相应的民俗血肉相连。所以，昆曲构成了民俗演绎的基本内容。也就是说，昆曲不仅以艺术的身份在民俗的轨道上运行，而且楔入民俗，成为民俗的有机组成部分。

由于民俗自身的时间性、观念性和强制性，所以民俗可以借助一定的事象预先暗示民众，使民众在某种民俗活动到来之前就怀有一种心理期待。对于农耕时代的百姓而言，他们平时"日出而作，日落而息"，惯常性地生产和乏味的日常生活使他们期待着生活节奏的变化。节日是定期进行的民俗形式，在中国古代，每个月都有相应的民俗活动。过完一个节日，相隔不久便会有另一个节日在等待。因此，这种情形就为人们的期盼带来了希望。除了节日以外，神灵信仰、人生礼仪也定期或不定期地发生着。这两种民俗形式与定期进行的节日时令交错进行，成为调节百姓生活节奏的有效方式。此外，一时形成的社会风尚也对民俗活动推波助澜，形成色彩绚丽的民俗景象。"人们在民俗活动中的心理取向是吉祥欢乐，是要在特定的情境下使自己的精神变得轻松起来、愉快起来，使自己的生活态度变得乐观起来。即使是在非常严肃甚或悲痛（如丧葬）的民俗活动中，人们也未忘记通过一定的方式获得愉快的感受，使自己的精神找到获得平衡的形式依托。因此，中国的民俗活动

---

① 顾起元.客座赘语：卷九［M］.北京：中华书局，1987：303.

又体现出乐观向上的特点。认识到这一点，方能充分理解民俗对于艺术的需要。"[1]民俗的休闲气氛和民俗活动乐观向上的特点，让为生活而忙碌的人们愿意在民俗活动中轻松起来、快乐起来。为了获得这种轻松和快乐，人们想尽了各种办法。其中，观看戏曲就是一种很好的办法，民俗演出戏曲也由此成为一种习俗。因此，在民俗活动开展之前的一段时间，由活动的即将举行所暗示给人们的是一种心理期待。这种期待的持续让人们关注着各种演出信息，并为民俗演出活动做着各种准备（如请戏、搭台）。这个过程就是昆曲深入人心的过程，也是昆曲艺术信息得以传播的过程。

民众参与民俗活动除了民俗观念的制约外，还有一种娱乐的愿望。戏曲热闹的情景、变化多样的表演、动人的情节满足了民众在民俗活动中获得娱乐的基本需求。昆曲形成并在特定地域和人群中流行起来以后，便替代了其他乐舞和声腔剧种进入人们的期待视野，从而成为人们在民俗活动中期盼的对象。从这个意义上来说，民俗在相当长的时间内成为昆曲传播的动力。如果说这种动力还停留在心理层面，那么民俗的组织功能则为这种动力的实现提供了有力的保障。

民俗的组织是自觉的，也是自发的。它不需要行政手段的直接介入，更多情况下，行政手段也会协助民众做好民俗活动。这种情形是民俗观念支配下所显示出来的民俗的强制性所致。这种强制性使民间用于民俗活动的组织得以大量存在。在中国古代，民间有神头、社首、会头等重要职务，这些是民间自发形成的、集中用于组织民俗活动的重要职务。民俗的组织作用体现在民俗的资金保障上。在古代农村，许多地方都有专供特定民俗活动的田产，这些田产所得的收入往往集中用于对春祈秋报、各种神灵的诞辰纪念等大型民俗活动的支持上。有些地方还形成了捐助大型公益民俗活动的风尚，许多富人慷慨解囊，对民俗活动支持力度较大。为了表彰这些捐助者，民间组织往往会刻碑公示，让这些捐助者流芳百世。此外，在一些个体化民俗活动中（如人生礼仪），则有来自亲朋好友的捐助或其他例行性礼节支持。这就从资

---

[1] 王廷信．昆曲与民俗文化［M］．广州：春风文艺出版社，2007：214．

金上为民俗活动中的昆曲演出提供了基本保障。在这种资金支持下，各类民俗组织便会及时有效地组织昆曲演出。

在封建社会，民俗是把人们聚集起来的最为强大的动力。因此，民俗也就为艺术准备了观众。昆曲不仅借助民俗的聚众能力集结了人群、聚集了观众，而且还借助观念支持着戏曲演出。在民间寺庙中，但凡成规模的寺庙都有戏台，这种情形遍布大江南北。这种现象表明，民俗已用建筑规制把戏曲"强行"纳入自己的活动规程当中。戏曲作为向神灵献礼的一种固定形式在民俗活动中具有某种"必然性"的权利和地位。这种情形使民俗活动中戏曲演出的缺失成为一种非正常现象。

在民俗活动的强烈需求下，昆曲戏班也配合民俗，及时把昆曲艺术送往民俗活动场所。与民俗相适应，昆曲戏班也养成了特定的销售习俗，如昆班往往都有坐班、戏值码、承事、外写、掌班等职位。这类职位的人员主要在各种民俗场合联系"台口"、签订演出协议、确定剧目、安排演出生活事务等。为了适应民俗特点，"昆曲艺术把舞台表演和堂会表演相结合，把化妆表演和清唱相结合，把全本大戏和折子戏相结合，把专业表演和业余曲唱相结合，这灵活机动的表演形式，都与民俗的制约相关联，都满足了相应民俗场合的特殊需要。"①

中国民俗是以中国漫长的农耕文明史为依托的。当中国进入现代文明之后，旧有的民俗逐步淡化，昆曲艺术也逐步失去对于民俗这种强大传播载体的依托，进入惨淡经营的状态。

但社会的变化是复杂的。当现代文明在中国大陆逐步成熟起来（不再以西方文明作为引导中国现代文明进步的唯一准则，而是以文化的多元性为准则，呈现中华文明的健康风尚），当传统文明被人们重新审视的时候（不再把传统文明一概视为糟粕，而是以民族文化为基础，吸收其他民族的优秀文化，树立民族个性、丰富世界文化），新的民俗文化逐步兴起。在现代社会，人们的生活逐步趋于多元化，新型的节日庆典、人生礼仪和聚会习俗将会逐步形

---

① 王廷信.昆曲与民俗文化［M］.广州：春风文艺出版社，2007：215.

成。① 这种转机为昆曲借助民俗进行传播提供了良好机遇。

传统民俗观念根深蒂固，在新的时代有不同的表现。譬如，"情人节"是西方的节日，但中国近些年也把"七夕"作为中国的情人节来过。这都是在传统思想复苏的情况下参照西方节日概念对中国传统节日的新的应用。因此，我们不能忽略传统民俗的保护。对于昆曲来说，保护好传统民俗就意味着保护了昆曲的生态，有了这种生态，昆曲就有生存空间。十多年来，苏州虎丘曲会年年坚持，吸引了大量演员和曲友，这就是继承中秋曲会传统为昆曲寻找传播空间的有效做法。

近年来，有不少昆曲院团意识到民俗文化的特殊力量，自觉地利用民俗开拓传播空间。2008年年初，"上海昆剧团率先推出了'传统·中国'民俗节庆系列演出计划，从农历正月十五元宵节起，陆续推出元宵、三月三女儿节、清明、端午、七夕、中秋、重阳等与传统节日相呼应的主题演出，以体现对民族、民俗、民间的'三民文化'的弘扬和保护，实现艺术与民俗的完美结合"②。这种做法在强化传统民俗观念的基础上为昆曲搭起了舞台。据《新民晚报》报道，在2008年的上巳佳节，上海昆剧团举行了"丽人上巳曲会"演出。"'杜丽娘'与一批身着汉服的年轻人同时出现在兰心大戏院的前厅里，'丽人上巳曲会'尚未开演，观众的情绪就已被调动起来……演出开始前，剧场的前厅举办了主题文化活动，戏曲舞台上的'一桌两椅'搬到了前厅，'杜丽娘'置身于观众中，在笛子的伴奏下轻声细气地开唱。引人注目的是，一批热心推广中国传统服装的年轻人也身着汉服，随着笛声从前厅两边的楼梯上缓缓而下，并在前厅展示了中国传统礼仪。昨晚上演的是《白蛇传·游湖》《孽海记·下山》《蝴蝶梦·说亲》《牡丹亭·惊梦》等一组经典昆剧折子戏，演出前在前厅展示汉服的20多位年轻人在演出开场后盛装进入观众席，成为剧场里的一道风景。"③

"上巳节"俗称三月三，是春秋时期就已流行的举行"祓除畔浴"活动的

---

① 王廷信.昆曲与民俗文化［M］.广州：春风文艺出版社，2007：216.
② 文汇报［N］.2008-04-19.
③ 新民晚报［N］.2008-04-19.

重要节日。但在当今中国,这个节日已被人们忘却。上海昆剧团借助演出既唤起了人们对于"上巳节"的记忆,也为自己开拓出一片演出空间。这是将昆曲传播与尊重传统民俗有机结合的方式。

此外,一些地方尝试把民俗中的昆曲演出形式加以变化引入餐饮业中。例如,苏州一家名叫吴地人家的酒店,将有着六百多年历史的昆曲搬上了餐桌,为了营造雅致的环境,从餐厅前的庭院、餐厅后的花园再到餐厅内部都进行了专门的设计和调整。走进餐厅,最先看到的是一幅仿古的绢制线描画屏风,两侧的牡丹银箔画在同样的含蓄里透露着富贵。昆剧《牡丹亭》里的经典唱词洋洋洒洒地写满墙面,让昆宴的主题呼之欲出。这样的奇思妙想不由让我们心中对昆曲心生些许好奇,同时让人不禁感叹昆宴所具有的旖旎色彩。①

2009年6月,笔者实地考察了这家位于苏州李公堤餐饮区的饭店,发现这里是一派苏式装扮,从建筑的外观形式到内部的装修,都突出了吴地风格,并将昆曲的各要素点缀其中。饭店的大门由上下两层构成,上层把清代江南亭子和戏台建筑有机结合,匾署"深宅大院";下层是正常的出入口,匾署"吴地人家大酒店"。进入大门,与昆曲相关的装饰和陈设让人耳目一新,昆曲的乐器、脸谱、泥人、戏画等都令人沉浸在昆曲氛围当中。饭店的包间均以昆曲的著名剧目名称命名,就连男女卫生间都以包公、秦香莲标记。其中,以《牡丹亭》命名的包间最大,包间悬挂着昆曲的推动者白先勇和吴地企业总裁段海飞先生的合影,表明饭店投资人对于昆曲的趣味。2009年,南京新开发的熙南里游览区也有一家名为"廿一"的饭店,店中大院赫然矗立着一座清代风格的舞台。在这座舞台上,每晚都有昆曲演出,主要服务于在饭店用餐的顾客。令人惊叹的是,这座舞台引进了多媒体和现代化的传播工具,把当代著名画家高马得的昆曲画做成动画作为布景,并借助多个摄像头在每个包间直播舞台上的表演,让未进完餐的顾客在包间也能从屏幕上看到

---

① 窦媛. 昆曲元素融入自主性游戏[EB/OL]. [2010-01-20] http://www.tcssy.cn/student/html/?7528.html.

包间外的演出。这家饭店与江苏省昆剧院签订了长期合作协议，以昆曲为招牌，打造特色餐饮。江苏省昆剧院也利用餐饮业为自身的艺术产品开拓了传播空间。

苏州吴地人家和南京廿一两家饭店的做法都是在新时代继承昆曲曾经具有的在宴饮场合表演的传统，并注意吸收与节日、生日等与传统民俗相关的聚餐，打造出一种全新的餐饮时尚。这些例子都说明了现代餐饮业借助民俗传统传播昆曲、促进餐饮兴旺的可取做法。

民俗是与民众生活紧密相连的文化形式。民俗表现出强烈的平民精神和大众化状态。因此，昆曲艺术要求的生存空间，依然难以脱离民俗去思考。昆曲艺术要顺应这种规律，充分发现民俗新动向、深入挖掘民俗潜力、创造性地利用民俗资源开拓传播空间，并使自己贴近民众、雅俗共赏，而不应仅仅停留于"高雅"状态，局限于狭小的范围当中。

20世纪中国戏曲传播的时代背景*

一、变革的主调

1840年（清道光二十年），是安宁的中国出现危险信号的一年。这年6月，英国远征军因鸦片输出受阻而封锁了广州珠江口，第一次鸦片战争爆发了。

以自然节奏为支撑而形成的农耕文化社会中的中国人的生活是安宁的。在这种自给自足、不需要太多往来的封闭环境中，中国人"乐天知命"的人生观中蕴藏着对于享乐的追求。这种追求与英国商人和一批中国奸商对于利益的追逐相贯通，加上大清帝国的积弱与保守，使来自西洋的鸦片获得了在中国土地上输入的机遇。

但这种药品腐蚀的是国人的身体，消耗的是中国的白银，一旦流行，就可能使中国文明被彻底击垮。因此，志士仁人开始发出反对鸦片的呼声。时任鸿胪寺卿的黄爵滋在《严塞漏卮以培国本疏》的奏疏中直陈"以中国有用之财，填海外无穷之壑，易此害人之物，渐成病国之忧"[①]。时任湖广总督的林则徐在《钱票无甚关碍宜重禁吃烟以杜弊源片》的奏折中指出：

---

* 本文系2007年度国家社科基金艺术学项目"20世纪戏曲传播方式研究"（项目编号：07BB15）的阶段性成果之一，原载于《艺术百家》2011年第1期，收入本书时有改动。

① 黄爵滋，许乃济. 黄爵滋奏疏许乃济奏议合刊 [M]. 北京：中华书局，1959：69-72.

"当鸦片未盛行之时，吸食者不过害及其身，故杖徒已足蔽辜，迨流毒于天下，则为害甚钜，法当从严。若犹泄泄视之，是使数十年后，中原几无可以御敌之兵，且无可以充饷之银，兴思及此，能无股栗？"① 因此，一场以鸦片为导火索的战争爆发了，中国的国门也因此而被强行打开。

国门的打开迎来的是国家未卜的前途和命运，西方列强争相涌进、一项项不平等条约的签订、一场场反侵略战役的失败使清政府感到无力招架，社会变革不可避免地开始了。面对"野蛮"而又陌生的西方文化和已经习惯了的传统文化，中国到底该怎么办？从政府官员到知识分子都开始思考这个问题。因此，从近代开始，是守住中国传统文化还是全盘西化一直争论不休。从"洋务派"所提倡的"师夷长技以制夷"到"戊戌变法"所提倡的变法维新的革新运动，这场争议后以张之洞在《劝学篇》中提出的"中学为体，西学为用"的观点为总结，奠定了中国社会在整个20世纪的发展基调。

纵观20世纪，无论中西文化之间的对立如何尖锐，从整体上来看，我们的国家走出了一条中西文化相结合的路子。

事实上，西方文化的引入，是传统的中国农耕文化所难以抵御的。这种难以抵御的原因主要是因为民主思潮的必然趋势、科技革命的不可避免和世界文化融合的强大需求。

从19世纪末的改良运动，到20世纪初的五四运动，民主与科学成为20世纪中国变革的两架马车。民主革命推翻了封建帝制、建立了新型国家，科学冲击着封建观念，各种社会现象的解释、各种科学观念和技术的引进都体现出科学对于整个20世纪中国发展的推动。世界文化的融合是影响20世纪中国的重要因素。科技革命的浪潮推进了新型经济形式的产生。科技革命自19世纪中叶开始就一直影响着中国。西方列强的东进与科技革命带来的新型经济形式的要求密切相关。无论是以战争、外交的形式，还是以其他形式，

---

① 林则徐. 湖广奏稿：卷五 [M] // 林文忠公政书. 石印本. 天津：文德堂，1898：9-15.

科技革命给中国带来的冲击都与新型经济不无关联。禀赋传统农耕文化的中国在20世纪被民主、科技、世界文化的交融所包围，为了求得生存与发展，中国的变革成为必然。

变革并非轻而易举之事，观念和习惯的革新是中国变革必须要经历的过程。自19世纪末期的改良运动到20世纪初的五四运动，一批优秀的知识分子担负起启蒙的先驱。变革是有主调的，这种主调集中体现于一大批知识分子对于农耕文明支配下的传统的不同态度。戏曲艺术是在农耕文明背景下产生和形成的，从内容、形式到演出模式，都携带着中国传统农耕文化的诸多基因，在中国传统社会中有强大的影响力，也是中国传统文化的典型代表。因此，针对戏曲艺术的态度成为在观念上影响20世纪戏曲传播的主调。

19世纪末，以严复、梁启超、陈独秀等为首的知识分子因戏曲艺术的广泛社会影响而把戏曲定位为开化民智、改良社会的工具。为了让戏曲发挥此种担当，他们提出了针对戏曲自身的改良意见。例如，1904年9月10日，陈独秀（三爱）在《安徽俗话报》第11期发表的《论戏曲》一文中就提出从"宜多新编有益风化之戏""采用西法""不可神仙鬼怪之戏""不可演淫戏""除富贵功名之俗套"等五个方面改良戏曲。这种看法代表了改良派人物对于戏曲艺术的基本观点。在这种观点的推进下，许多戏曲艺人开始编写新戏，如1903年，汪笑农改编的京剧《博浪堆》写张良与朱极谋刺秦始皇的故事，以讽清政府之暴虐。戏曲舞台出现了时装剧，如1905年谭鑫培和田际云同台演出的时事京戏《惠兴女士》，揭露清政府之腐败。1913年7月，梅兰芳首次赴上海演出，观摩了夏月珊、夏月瑞等人演出的时装京剧，结识了欧阳予倩等人，产生了编演时装新戏的想法，回京后着手编演《孽海波澜》，并于10月中旬，在北京天乐园演出。此后，他还排演了《宦海潮》《一缕麻》《邓霞姑》等时装京戏，直到1918年春，梅兰芳排演了最后一部时装京戏《童女斩蛇》。戏曲舞台还吸收了西方戏剧舞台的装置和表现方式，如1908年7月，中国第一个具有新式设备的剧场——上海新舞台在上海创建。该舞台是由京剧演员潘月樵、夏月润、夏月珊等与上海信成银行协理、曾任同盟会干事的沈缦云等集资创建，地址在上海南市十六铺。该舞台首次将茶园改为新式剧场，将带柱方台改为半月形的镜框式舞台，并将灯光布景运用到戏曲舞台。戏曲改良运动较早推动了戏曲的现代化的萌生，但这种现代化仍然停留于尝试阶段。

在20世纪初期的五四运动中，以陈独秀、胡适等为代表的"新文化运动"的主将们以严厉的态度评价戏曲，直接把戏曲作为封建文化的代表。1917年1月1日，胡适在《新青年》第2卷第5期发表《文学改良刍议》一文，提倡白话文。1917年2月1日，陈独秀支持胡适的主张，于《新青年》第2卷第6号发表《文学革命论》，提出三大主义："一为推倒雕琢的、阿谀的贵族文学，建设平易的、抒情的国民文学；二为推倒陈腐的、铺张的古典文学，建设新鲜的、立诚的写实文学；三为推倒迂晦的、艰涩的山林文学，建设明了的、通俗的社会文学。"他认为"文学当以宇宙、人生、社会为构想对象，欲革新政治势不得不革新盘踞于运用此政治者精神界之文学。白话文为文学正宗，以白话文为文乃天经地义之事"。北大教授钱玄同对此表示支持。于是，文学革命由几个留美学生的课余讨论，变成了国内文学界热烈讨论的课题。从此，文学革命与新文化运动开始。

1917年3月1日，钱玄同在《新青年》第3卷第1号发表《寄陈独秀》，支持陈独秀的文学革命论，并严厉剖析戏曲之弊病。他认为京剧缺乏理想，文章不通，称不上是戏剧；说中国旧戏重唱，且脸谱离奇、舞台设备幼稚，"无一足以动人情感"；指出旧戏编自市井无知之手，"拙劣恶滥"。1917年5月1日，刘半农在《新青年》第3卷第1号发表《我之文学改良观》一文，主张戏曲要用当代方言，以白描笔墨为之，改良发展皮黄戏，昆剧应当退居。

针对新文化运动主将们的言论，深谙戏曲精神的学者及时予以反驳。1918年，张聊公（张厚载）发表《民六戏界之回顾》一文，盛赞梅兰芳古装新戏，大谈昆剧之复兴。1918年12月1日，《春柳》杂志在天津创刊，主要发表文明戏、戏曲剧本和评论文章。天鹥子在《春柳》第1年第1期发表《昆曲一夕谈》一文，认为昆曲"于中国现今歌乐中，为最高尚优美之音"，提倡振兴昆曲。1918年6月15日，张聊公在《新青年》第4卷第6号发表《新文学及中国旧戏》一文，反驳胡适、刘半农、钱玄同的戏剧观，认为要对

旧戏进行改良，必须"以近事实而远理想"，反对理论空谈。同期"通讯"栏发表胡适、钱玄同、刘半农、陈独秀的辩论文章，认为中国旧戏的脸谱和武打均为"国人野蛮暴戾之真相"，中国旧戏"囿于方隅，未能旷观域外"，中国要有真戏，"自然是西洋派的戏，决不是那'脸谱'派的戏"，主张要把旧戏"全数扫除，尽情推翻"，以便推行"真戏"。

19世纪末的改良派人物直接把戏曲艺术引入社会话题。这个话题在20世纪初五四运动之时被强化，贯穿了整个20世纪。新中国成立后的戏曲改革运动、"文革"时期样板戏的流行、20世纪80—90年代改革开放后对于戏曲的讨论均是这种话题的延续。这种话题伴随着整个20世纪中国的变革。戏曲艺术的传播正是在20世纪中国变革过程中进行的。

从上述情形来看，在20世纪特殊的时代背景之下，变革成为最强有力的声音，伴随着这种声音，戏曲也在变革中传播着自身。20世纪戏曲的传播因变革被引入社会话题，在各类媒体上广泛传播。在变革主调的影响下，戏曲从自身的艺术形式上进行革新，从而在适应社会变革的过程中被注入现代观念，并渗入代媒介进行传播。

二、现代传媒的兴盛

中国传统文化的物质和精神呈两极体现。在物质方面，以衣食住行为主的、为了民生的文化被当作最为实在的文化。这种实在性体现在对于衣食住行的最为直接的满足，而没有在这些基本生存问题上展开想象，从工具革命方面提升物质生产能力。在精神方面，儒、佛、道三位一体的哲学思想把过于物质化的文化引入高度的精神境界。人们在这种境界中反省沉思，但这种境界仅仅落实到人的精神层面，即儒家所谓"内圣外王"层面，却没有借助这种精神境界产生出促进物质生产高度发达的有效机制和表达思想、抒发情感的新型通道。

高度物质化和高度精神化反映了中国文化的两极，但在这两极中，没有产生出把两极高度融合的、可以大幅地减轻、替代人力的工具，尤其没有产生出在信息生产方面卓有成效的传媒工具，似乎中国文化很不重视信息的作用。因此，在中国传统文化中，唯一缺席的是真正的传媒文化。

在中国农耕时代，除了造纸和印刷术之外，传媒文化可以说是个空白。发达而又成熟的文字、中国文化对于文字的强大依赖直接推动了造纸业和印刷术的产生。在古代中国后期，文化的保存与传承、文明的传播都高度依赖于纸张和印刷术。中国古代衡量知识分子的最低标准就是"识字"。不识字，就是文盲，就无法在较高的社会阶层中生存，更无从"治国、平天下"了。因此，当我们回望中国传统文化时，摆在我们面前的是浩如烟海的、主要由文字记录的典籍。我们根本无法找到反映我们传统文化的报刊、声音和影像资料，而中国报刊、声音和影像资料的批量产生是在19世纪末到20世纪初现代传媒业的传入才开始的。

1822年，葡萄牙立宪派领袖巴波沙（Artur Tamagnini de Sousa Barbosa）与医生阿美达（Jose da Almeida Carvalho e Silva）创办了《蜜蜂华报》，报纸以社论、读者来函等形式攻击辖区内的葡萄牙保守派。同时，《蜜蜂华报》作为澳门议事会的政府公报，报道政治变化、清政府对政治变化的反应并转载国际新闻和港口的船期班次等。《蜜蜂华报》逢周四出版，由澳门官印局负责印刷，铅印。这份报纸被认为是在中国出现最早的由外国人创办的报纸。1823年12月，《蜜蜂华报》停刊。1824年1月，葡萄牙保守派发行《澳门钞报》，取代《蜜蜂华报》。1872年（同治十一年），由英国商人安纳斯托·美查（E·Major）在上海创办的《申江新报》（即《申报》）是中国近现代影响最大的日报。1895年（光绪二十一年），中国的维新派出版的报纸《中外纪闻》也是当时具有较大影响力的报纸。1897年10月26日，维新派在天津创办《国闻报》，1898年12月被迫停刊。《国闻报》发表了大量维新主张，亦属中国现代报刊的先驱。1897年，主要用于传播基督教福音的广学会（原名同文书会）由英国传教士韦廉臣（Alexandre Williamson）在上海创立，标志着现代出版业在中国的产生。

1839年8月19日，法国画家达盖尔（Louis Jacques Mand Daguerre）公布了他发明的"达盖尔银版摄影术"，标志着世界上第一台可携式木箱照相机的诞生。摄影术最早是在 1844 年传入中国的，当时的法国海关总检察官于勒·埃及尔（Jules Itier）为时任清政府两广总督的耆英拍摄了一张照片，标志着摄影术在中国的出现。1844 年，耆英在给道光皇帝的奏折中，也曾提到英、法、美、葡四国使臣曾向他索取"小照"，他将 4 份"小照"分别赠给他们的事。耆英虽为清室贵族，但思想较开放，较早地接受了当时被某些人称为能"收魂摄魄之妖术"的摄影术，并将其应用到外交活动中。

现代报刊和出版业、现代摄影技术的产生使文字和图片信息得以迅速流传。中国戏曲借助现代出版业和现代摄影步入现代大众传媒领域。例如，1872 年旧历五月十三日，《申报》首次刊登了传播戏曲信息的广告，预告上海戏园上演的京剧剧目。[①] 在现代大众传媒领域，出版业以戏曲历史、戏曲理论、戏曲剧本、戏曲掌故、戏曲评论、演员传记、演出信息为主，摄影图片以剧照、广告为主，成倍于中国传统戏曲传播信息的戏曲信息量借助报刊、图书和摄影广泛传播。

世界上最早的录音装置是 1877 年爱迪生（T.A.Edison）发明的。该装置将声波转换成金属针的振动，随之将波形刻录在圆筒形蜡管的锡箔上。当金属针再一次沿着刻录的轨迹行进时，便重放出爱迪生刚刚朗诵的诗句："玛丽抱着羊羔，羊羔的毛象雪一样白……" 20 世纪初，唱片技术传入中国。1908 年，法国商人乐浜生在上海开设了百代唱片公司。20 世纪 30 年代，美国和日本商人在上海联合经营胜利唱片公司。此外，还有中国商人合资经营的大中华唱片公司。唱片业在中国一开始就关注到了戏曲艺术。1908 年百代公司成立后，其发起人乐浜生就招聘宁波人张长福作助手，邀请中国著名艺人灌制唱片。艺人当中，有著名京剧演员谭鑫培、张毓庭、刘鸿声、汪笑侬等，后来百代公司又录制了京剧四大名旦的节目以及一些地方戏。[②] 戏曲的两大欣赏点一个是以声音为主的唱腔，一个是以形象为主的舞台表演。唱片业的发展，使戏曲唱腔脱离了舞台本位传播，借助新型声音媒介传播得更加深远，戏曲

---

① 申报［M］.影印本.上海：上海书店出版社，2008.
② 中国唱片业史话［EB/OL］.［2010–12–20］.http：//www.happy895.com/musicstation/morejianstory.php?offset=20&primaryket=18.

传播的自由度也大大增强。

1895年12月28日，卢米埃尔兄弟在法国巴黎卡布辛大街14号大咖啡馆中播放自己制作的影片，标志着电影的诞生。1896年（光绪二十二年）8月11日，上海徐园"又一村"的电影放映行为标志着电影在中国着陆。1905年，北京丰泰照相馆拍摄的电影《定军山》标志着中国人独立制作电影的开始。电影一传入中国便与戏曲联姻，绝非一种缘分，而是因为中国人一开始就把电影与戏剧连接起来看待，如早期国人把电影称作"影戏"就是明证。自《定军山》之后，中国在20世纪拍摄了大量的戏曲电影。据统计，自1905年至2000年，中国拍摄的戏曲电影共计339部。[①] 戏曲电影是戏曲在电影艺术发展过程中与电影有机结合形成的一种特殊类型的电影。因此，电影艺术不仅以纪录片的形式传播中国戏曲，而且与戏曲有机结合形成了一种新的艺术形式。电影以其视听综合特性把戏曲艺术以独特的形式呈现在银幕上，借助院线、录像带、光碟广泛传播，对戏曲的普及起到了无可替代的作用。

1920年，美国第一商业广播电台KDKA在匹兹堡、宾夕法尼亚开播，标志着世界广播事业的诞生。广播电台通过电波发射和收音机接收，把声音传播给用户，这在传媒史上是一大革命。1922年，美国人斯奥斯邦（E.G.Osborn）以日本华侨的资本在上海注册了一家《中国无线电公司》，并与《大陆报》合办了中国第一家无线电台《大陆报——中国无线电公司广播电台》，呼号XRO。1923年1月23日晚，该电台首次广播，节目以音乐娱乐为主，标志着中国大陆广播业的开始。此后，美国、英国、法国、日本等外国人在中国开办广播蔚然成风。1926年，刘翰在哈尔滨创办了中国第一个广播电台，10月1日正式播出，标志着中国人在中国创办的第一个广播电台诞生。自此以后，中国大地上产生了大批广播电台。广播电台开始通过播放唱片传播戏曲艺术，后来采取独立录播和专题节目的形式传播戏曲。广播借助无线电波把戏曲的唱腔传播到中国的各个角落，同时通过专题节目、与听众互动等形式传播戏曲知识，只要拥有收音机和有线广播的听众都可以随

---

① 高小健.中国戏曲电影史[M].北京：文化艺术出版社，2005.

时收听到戏曲节目。因此，广播对于戏曲的传播超越了纸质媒介、唱片和电影。

1926年1月27日，苏格兰发明家约翰·罗杰·贝尔德（John Logie Baird）向伦敦皇家学院展示通过无线电传递活动图像的机器，这就是世界上第一台电视机。1929年，英国广播公司试播电视，1936年11月正式开播，标志着世界上第一个电视台的诞生。1958年5月1日，北京电视台在中国成立，标志着电视在中国的开端。1958年6月15日，北京电视台播出了一台以话剧为特点的小型电视剧《一口菜饼子》，同时播出了戏曲节目。这个时期，电视台多以转播实况演出为主，如梅兰芳的《穆桂英挂帅》、尚小云的《双阳公主》，荀慧生的《红娘》，马连良和张君秋合演的《三娘教子》，张君秋、叶盛兰和杜近芳合演的《西厢记》，麒派老生周信芳的《四进士》和《十五贯》等。[①] 自20世纪50年代末期以来，中国电视台对于戏曲艺术的传播就未曾中断过。电视以录播、转播、直播等形式播出戏曲表演，以专栏节目形式传播戏曲知识，以电视剧的形式光大戏曲艺术，加上电视机自20世纪80年代以来的高度普及，使戏曲艺术借助电视比电影、广播传播得还要深广。

如果说，报刊业、摄影、唱片、广播、电影从19世纪末到20世纪初的相继传入对中国现代传媒业的影响属于深刻状态的话，那么20世纪50年代电视的传入则从根本上改变了现代传媒的基本状态，尤其是20世纪末期互联网的兴起，极大地拓宽了戏曲传播的通道。

19世纪末到20世纪初，现代传媒的快速发展从视、听两个角度丰富了传媒的手段、改写了传媒的历史。中国虽然处在近代社会，但现代传媒一经发明，就很快被中国人接受。因此，中国现代传媒业从19世纪末到20世纪初的接受，到20世纪20年代开始的大力发展，为中国戏曲的传播奠定了牢固的基础。整个20世纪，中国戏曲的传播都与现代传媒业的兴盛有着不可分割的关系。

如果说战争扰乱了中国农耕文明社会的安宁，那么现代传媒业则从根本

---

① 杨燕.中国电视戏曲研究［M］.北京：北京广播学院出版社，2002：123.

上打破了中国农耕文明的沉寂，有力推动了中国社会由传统向现代的转型。戏曲艺术伴随着中国社会结构的转型，也伴随着中国现代传媒业的萌生、形成和兴起。戏曲艺术沉于人际实有空间的状态因现代传媒业的崛起而得到改变。戏曲艺术不仅因传媒而成为社会话题，而且因传播媒介的介入而从表现形式上步入现代。现代传媒在社会转型过程中对于中国传统文化的争论使戏曲艺术被纳入公共知识分子的话语体系当中，这种体系大大推动了戏曲艺术的传播。现代传媒业的崛起使戏曲艺术摆脱了在农耕社会主要依靠人际实有场所传播的局限，找到了新的传播渠道和更为广阔的生存空间，有力地扩大了戏曲的社会影响。

三、社会结构的转型

20世纪初，中国社会从"改良"迅速过渡到"革命"。辛亥革命宣告了大清帝国的覆灭，五四运动从文化上革除了滋养农耕社会的旧传统，中国在动荡中选择了迈向现代化的道路。20世纪前半段，整个社会结构在唇枪舌剑的论争和血雨腥风的战争中发生了巨大的变化。中国传统的农耕文化被注入大量由西方引进的现代文化，人与人之间的关系也由传统的血缘伦理关系走向更加复杂的关系。以北京、上海、南京、广州、武汉、西安等大城市为代表的现代城市文明逐步兴起，并带动了中国社会结构从传统向现代的转型。

20世纪前半段，中国人通往现代的道路是艰难的。军阀混战、抗日战争和解放战争使国力消耗太多，除了一大批先知先驱先烈外，中国人没有多少机会冷静地思考自己的出路。因此，到1949年新中国成立之时，中国社会自给自足的自然经济还占大半，以工业为主导的现代经济主要集中在少数大城市。中国社会以血缘伦理为纽带的传统在告别频繁的战争之后又日渐复苏，而近代以来国家危亡的惨痛教训迫使新中国的领导者必须不假思索地选择现代化的道路。因此，在保持中国特色的前提下，大量西方工具被引入，带动了中国在和平环境下实现现代化的梦想。

如果说自鸦片战争以来百余年的内外交困给中国带来的是灾难，那么这种灾难也从客观上助推了中国社会的变革。无论这种变革是主动的还是被动的，变革的主调一直延续到今天，而这种主调在整个20世纪是贯穿始终的。

语言是文化的基因，工具是文化的表现。国人曾经思考改变汉字的结构，实行拼音文字，但中国数千年积淀的语言习惯以及保存在汉语中的文化传统不能容忍拼音文字的使用，而舶自西方文明的现代化工具则逐渐改变了中国的传统。20世纪中后期的大多数时间里，中国人没有使用拼音文字，学习外语的人也仅限于知识阶层，而中国人对西方人发明的工具却照直拿来使用。因此，这个时期，中国人依然坚守着自己的文化基因，而在生产方式和文化行为表现上却因使用西方人创造的工具而显得格外现代化。这也印证了张之洞曾经提出的"中体西用"学说。在20世纪90年代前后，中西文化之间的冲突体现在中国的诸多方面。这些都与语言保存的中国文化传统与工具所体现的西方文化节奏之间的矛盾不无关联。20世纪末，中国的汉字终于在西方人创造的计算机上得以有效使用，这种中国的语言文字和西方工具的高度融合使中国借助以计算机及其网络为代表的现代化工具融入了国际社会。在这种情形下，中国传统文化艺术在现代化工具中找到了可以传播的通道，中西文化之间的冲突被弱化。

20世纪，影响中国社会结构变化的主要有现代工业生产设备、现代工业产品、现代传播媒介以及在这三者影响之下的现代生产方式、现代经济和现代城市文明。

工具是人力的延伸，现代工业生产设备决定了人们可以脱离自身的体力而去制作超乎人的体力之外的事物。人因生产设备的使用而从繁重的体力劳动当中解放出来，人也因设备的使用而使潜藏于心底的欲望开始膨胀。因此，现代工业设备使用为人的欲望的释放找到了通道。尽管田园牧歌式的农耕社会可以让人在悠游从容的节奏中颐养天年，但人的欲望却被淹没了。欲望是人从本性当中发出的声音。因此，一旦现代工业设备传到中国，就为人的欲望的释放创造了通道，从而受到空前的热捧。这种情形直接推动了中国社会的现代化。

20世纪，在中国汉字未被西化的情形下，以中国语言为依托的戏曲艺术得以传承与传播，在西化的工具支配下，戏曲艺术的表现方式和传播方式发生了诸多变化。在表现方式上，原先以程式为手段的虚拟性因现代工具的介入而出现了实景，戏曲的写意特征被楔入了写实的景象。在传播方式上，原先完全依靠真人技艺表演直接传播给观众的方式通过音像记录和各种现代传播系统进入现代大众文化领域。

现代工业生产设备所构成的生产线直接消解了单纯依靠自然节奏的农耕生产方式，从而使人们的物质生产劳动由以家庭为单位的组织形式变成以更加复杂的以社会单元为单位的组织形式。在劳动过程中，血缘关系变得不再重要，重要的是围绕现代工业生产设备所构成的生产线的规则。人与人之间的关系超越了家庭，在生产线的支配下形成了趋于复杂、多样的关系。这种关系构成了中国社会结构变化的起点。这种起点因动摇了中国传统的生产方式而进一步动摇了中国传统的社会结构。

从现代工业生产线上下来的工业产品更是从直观、方便的角度让人们逐步远离自然。自然的悠游与农耕社会产品的自然质地让人们对于自然的依赖体现在物质和精神两个方面。在物质上，人对自然的索取与感激均和自然从物质上对人类的滋养有很大关系。在精神上，人对自然的感受、品味与思索，让人类形成了对自然的享受习性。现代工业生产线所生产的产品让人们远离了对自然质地的感受也让人们越来越直接享受产品，而忽略了自然的恩惠。人类在生产线上劳动、在产品中生活的情形唤醒了人类的享用欲。

随着产品的批量生产，产品的频繁交换就成为必然。随之而起，不同于自给自足的自然经济的现代经济开始滋生。现代经济需要相当一部分人脱离生产线而去专门从事经营活动。现代经济的滋生和崛起也大大改变了传统的社会结构。

现代传播媒介并不生产供给人们衣食住行的生活实用品，但却生产大量与人的生活相关的信息和精神产品。在中国农耕社会多数依靠口耳相传信息的情形下，依靠现代传播媒介产生的信息则是呈几何倍数地增长。农耕社会的精神产品因媒介的单一而仅为少数人享用的情形，而在现代媒介的助推下生产的精神产品则成为大多数人可以享用的东西。信息的倍数增长推进了人们之间的频繁交往，批量生产的精神产品使艺术开始大众化。

现代工业生产设备、现代工业产品、现代传播媒介影像下的现代生产方式造就了现代城市文明的产生。城市是一个聚集人口、聚集财富、聚集信息的场所。与农耕社会相比，正是现代城市文明让中国人距离自然越来越远。在整个 20 世纪，人们对于城市的向往、对于自然的远离成为中国人生活的基调。现代城市文明使人与人之间的关系变得空前复杂，受此影响所带来的社会结构的复杂程度也远远超乎农耕文明背景下以血缘伦理为纽带的自给自足的社会结构。这种情形延续到 20 世纪末期，现代城市文明在中国被演化为整个国家所追求的梦想。

现代工业生产设备、现代工业产品、现代传播媒介以及在这三者影响之下的现代生产方式、现代经济和现代城市文明，既体现了社会转型的过程，又体现出社会结构转型的结果。20 世纪的戏曲传播始终伴随着这种过程与结果。戏曲艺术从最初的被吸收为现代传播媒介的素材，到在这种吸收所产生的迥别于以往的经济效益和社会效益的情形下，戏曲艺术被现代工业设备和现代生产线制作成工业产品批量生产，再到戏曲在现代经济理念支配下的新型经营性传播，使戏曲从单纯的传统农耕文化背景中的面对面的人际传播走向了人际传播与虚拟传播相结合的道路。在此过程中，虽然大多数戏曲艺术工作者仍然以传统的传播方式在农村地区生存，但一大批戏曲艺术工作者涌向了人口密集的现代城市寻求生存机遇，他们或在现代剧场，或借助现代传播媒介传播戏曲。在现代城市中，戏曲摆脱了在农耕文化背景下多借助民俗进行传播的方式，从而在现代城市文明形成过程中改变了戏曲的传统传播方式。戏曲演出的组织形式也因社会结构的转型，而从原先的家班制和名角挑班制改造为具有现代社会特征的院团制。戏曲的创作内容伴随着中国社会转型的全过程。从 20 世纪早期的"时装新戏"到传统戏、现代戏和新编历史剧"三并举"格局的形成，体现出戏曲在整个 20 世纪对于社会变革的支撑。戏曲艺术不再单纯地以传统戏的面貌出现，而在关注现实、重新思考历史的过程中融入了现代生活，并在这种融入过程中获得了更多的传播机遇。

中国艺术海外传播的国家战略与理论研究*

有关中国艺术海外传播的实践活动已有上千年的历史,其理论研究也有百余年的历史。这些实践活动和理论研究为中国艺术海外传播奠定了一定基础。关于中国艺术海外传播的实践活动自20世纪80年代中期越来越频繁,其理论研究则在20世纪90年代末期兴起,直到21世纪初才引起更多学者的关注。有关中国艺术海外传播的实践活动和学术研究虽然在20世纪80年代之前已有不少,但与20世纪80年代之后,尤其是与20世纪90年代末期开始的大量"走出去"行为相比较,非同一意义上的事情。其一方面与这个时期科技的迅猛发展和大众传媒的飞速进步有关,另一方面与由此带来的中国社会全面融入国际社会的背景有关。因此,本文针对中国艺术海外传播的实践活动的梳理主要集中在近15年,而针对中国艺术海外传播的理论研究则集中在近30年。

一、国家战略推进中国艺术走向国际

随着国家经济地位的提升,21世纪伊始,中国政府就制定了"走出去"的发展战略。2000年10月,中共十五届五中全会首次提出了"走出去"战略。在全会通过的《中共中央关于制定国民经济和社会发展第十个五年计划的建

---

* 本文系江苏省"中国传统艺术的传承与传播研究创新团队"的阶段性成果,原载于《民族艺术》2017年第2期,收入本书时有改动。

议》中指出："实施'走出去'战略，努力在利用国内外两种资源，两个市场方面有新的突破。"①但这个时段的战略仍然着眼于经济。在2002年7月召开的全国文化局长座谈会上，文化部时任部长孙家正就明确指出："要以更加开放的姿态融入国际社会，进一步扩大对外文化交流，实施'走出去'战略，着力宣传当代中国改革和建设的伟大成就，大力传播当代中国文化，以打入国际主流社会和主流媒体为主，充分利用市场经济手段和现代传播方式，树立当代中国的崭新形象，把我国建设成为立足亚太、面向全球的国际文化中心。"②这个讲话直接把在国际范围内树立中国文化形象提升到了一个新的高度。

2004年9月，中共第十六届四中全会通过的《中共中央关于加强党的执政能力建设的决定》中进一步指出："推动中华文化更好地走向世界，提高国际影响力。"③2005年10月，时任总书记的胡锦涛在中共十六届五中全会上指出："社会主义先进文化建设要加快实施文化产品'走出去'战略，推动中华文化走向世界。"④胡锦涛的讲话把"文化'走出去'"具体到"文化产品"走出去，力避以往把文化仅仅作为意识形态和其他空泛概念的做法，使文化"走出去"战略有了具体形式。

2006年中共中央办公厅、国务院办公厅印发的《国家"十一五"时期文化发展规划纲要》把文化"走出去"放在了一个重要的战略位置。该纲要专门开辟了"对外文化交流"一节，从"拓展对外文化交流和传播渠道""培育外向型骨干文化企业""实施'走出去'重大工程项目"三大方面系统规划了文化走出去工程，⑤使文化"走出去"有了具体的路径。

---

① 中共中央关于制定国民经济和社会发展第十个五年计划的建议（2000年10月11日中国共产党第十五届中央委员会第五次全体会议通过）[EB/OL].（2015-12-15）[2016-10-11］. http：//people.com.cn/GB/paper39/1716/277521.htm.
② 孙家正.关于战略机遇期的文化建设问题［J］.文艺研究，2003（1）：5-16.
③ 中共中央关于加强党的执政能力建设的决定［J］.求是，2004（19）：3-13.
④ 中共中央文献研究室.十六大以来重要文献选编［M］.北京：中央文献出版社，2011：1031.
⑤ 国家"十一五"时期文化发展规划纲要［EB/OL］.（2006-09-13）[2016-10-11］.http：//www.gov.cn/jrzg/2006-09/13/content_388046.htm.

进入"十二五"时期，文化发展被纳入国家重大战略决策，而文化传播则是有效促进文化发展的重要途径。2011年10月，中共十七届六中全会集全党之力讨论文化问题，审议通过了《中共中央关于深化文化体制改革、推动社会主义文化大发展大繁荣若干重大问题的决定》。全会指出，"当今世界正处在大发展大变革大调整时期……文化在综合国力竞争中的地位和作用更加凸显，维护国家文化安全任务更加艰巨，增强国家文化软实力、中华文化国际影响力要求更加紧迫"[1]。这次会议的决定为使文化建设进入国策层面做好了铺垫，着力强调了文化软实力、中华文化国际影响力对于提升综合国力的地位和作用，而中国艺术的海外传播则是实现这个使命的有效办法。

2012年2月，国家颁布的《国家"十二五"时期文化改革发展规划纲要》强调，要在增强国际传播能力的基础上，使"国家文化软实力和国际竞争力显著提升"。针对传播问题，纲要专列"加强传播体系建设"一节，针对媒体建设、传播渠道建设等问题提出了要求。[2]

2012年11月，中共十八大把文化建设作为与经济建设、政治建设、社会建设、生态文明建设相并列的"五位一体"治国策略，文化建设正式上升到国家战略层面。

2013年8月，全国宣传思想工作会议在北京召开，习近平总书记做了重要讲话，强调要"创新对外宣传方式，着力打造融通中外的新概念新范畴新表述，讲好中国故事，传播好中国声音"[3]。习近平总书记的讲话让对外宣传有了新策略，也预示着中国艺术的海外传播将会出现新面貌。

在国家总体发展战略与各项政策的推动下，近15年来，国家文化机构、

---

[1] 中共中央关于深化文化体制改革推动社会主义文化大发展大繁荣若干重大问题的决定［J］.求是，2011（21）：3-14.
[2] 国家"十二五"时期文化改革发展纲要［EB/OL］.（2012-02-16）［2016-10-11］.http：//www.china.com.cn/policy/txt/2012-02/16/content_24647982.htm.
[3] 习近平：胸怀大局把握大势着眼大事努力把宣传思想工作做得更好［EB/OL］.（2013-08-21）［2016-10-11］.http：//politice.people.com.cn/n/2013/0821/c1024-22635998.htm.

文化企事业单位、艺术家个人均在让艺术向海外传播方面做了积极探索，而艺术作为文化的主要内容以及具体可感的形式，在海外传播方面做到了捷足先登。归结起来，中国艺术在海外传播的实践方式主要有如下三条路径：

（一）政府文化机构

近15年来，中国各级政府以官方的名义所进行的艺术海外传播的实践探索主要体现在如下方面：①设立专门机构。例如，孔子学院是国家汉办向世界推广汉语、传播中国文化的教育机构，该机构成为汉语教学推广与中国文化传播的全球化平台。再如，由文化部牵头在海外成立的中国文化中心，在利用中国艺术让世界了解中国方面发挥了重要作用。自1988年9月27日贝宁中国文化中心成立到2015年，海外中国文化中心已有9个。该中心已成为中国艺术海外传播的重要窗口。②策划主题活动。例如，文化部牵头策划的"欢乐春节"活动从2010年到2015年已经成功举办了6届，该活动把中国民俗活动与艺术表演、展示有机结合，成为扩大中国文化艺术影响力的品牌活动。由文化部牵头在世界各地举办的中国文化周通过打包落地，尝试规模性地传播中国艺术，取得了初步成效。③设立专项基金。2013年12月30日，中国国家艺术基金在北京成立，该基金的资助范围包括文化艺术的多个方面，因其"宣传推广"功能对中国艺术海外传播起到了积极的推动作用。④利用外交机遇传播中国艺术。在外交活动中，从党和国家领导人到国务院各部委以及各省市自治区的领导人出国访问或招待国外友人，多数情况下都以优秀的中国艺术品馈赠国外友人。这种情况也是中国艺术海外传播的重要途径，对传播中国艺术发挥了良好作用。⑤利用大型国际会展传播中国艺术。例如，通过奥运会开幕式、闭幕式凝聚中国文化精髓，并展现给全世界受众；通过主办世博会，展示中国艺术之魅力等，都取得了举世瞩目的效果。

（二）文化企事业单位

近15年来，中国的企事业单位从事艺术海外传播的实践探索主要体现在如下方面：①设立传播平台。例如，中央电视台及各省电视台设立的国际频道。1992年10月1日,以"传承中华文明,服务全球华人"为宗旨的中央电视台中文国际频道(CCTV-4)开播,目标观众是全球华人,特别是居住在海外的华人、华侨以及中国的港、澳、台同胞。2007年1月1日,该频道扩版,直接把中国文化的声音传递到亚洲、欧洲、美洲等更加广阔的范围。除官方电视台外,北京还成立了非官方的、专注于中国内容全球传播的非官方24小时全频道英文媒体蓝海电视台。蓝海电视传播方式包括卫星电视、有线电视、网络电视、手机电视和全球视频发行平台,覆盖亚洲、北美,落地美国及东南亚。另外,近十余年来,中国民营企业搭建的艺术品拍卖平台、互联网营销与传播平台都为上述电视台和中国艺术海外传播搭建起特别通道。②策划组织展演团队赴海外营业性展览演出。例如,截至2015年,由中国文化传媒集团等单位发起的"视觉中国洲际行"已举办9次。该活动遍及美国、英国、日本等国家,通过展览、销售等方式有效地把中国艺术输送给海外受众。③在海外建立创作与营销机构。例如,以视觉艺术制作见长的水晶石公司利用2008年北京奥运会的卓越业绩,在2012年成为伦敦奥运会的视觉提供商。该公司在伦敦设立的分公司,成为中国视觉艺术策划、创作、制作与传播的国际公司。④利用国际品牌展演竞赛机遇传播中国艺术。例如,中国电影企业组织导演参加柏林电影节、戛纳电影节等知名品牌艺术节,对传播中国艺术富有积极意义。⑤利用学术研讨机遇推广中国艺术。无数学者利用在境外参加学术研讨的机会,通过学术信息,向海外学者或学术机构传播中国艺术。⑥通过出版物传播中国艺术。自2000年以来,中国出版"走出去"的呼声很高,新闻出版总署一直在落实这一计划。迄今为止,其通过版权贸易、合作出版、在境外开设书店等方式出版了大量外文书籍,向海外读者介绍了中国艺术的历史、理论与创作实践。据统计,从1990年到2013年,外文版的中国艺术出版物已达1万余种,对海外读者了解中国艺术起到了重要的促进作用。在此期间,海外学者研究中国艺术的著作则相对较少,只有50余种。⑦利用教育通道传播中国艺术。例如,白先勇与苏州昆剧院合作打造的昆剧青春版《牡丹亭》于2006年在美国加州各知名高校巡演。在巡演过程中,他们还利用讲座、宣传品、图书等形式向加州大学生有效地传播中国昆曲。

（三）艺术家个人行为

近15年来，艺术家个人从事艺术海外传播的实践探索主要体现在如下方面：①接受境内外艺术基金赞助赴海外展演。例如，法国奢侈品大亨弗郎索瓦·皮诺曾以基金会的名义赞助中国艺术家曾梵志等人的作品参加各类富有影响的展览与拍卖，使中国艺术家走向世界，极大地提升了中国艺术家的国际地位。美国何鸿毅家族基金古根海姆博物馆专设"中国当代艺术计划"，2013年公布汪建伟为首位签约艺术家，支持中国艺术家在全球的推广。②利用国际品牌展演竞赛机遇（如戛纳电影节、威尼斯双年展等）传播中国艺术。中国造型艺术家和表演艺术家对于国际品牌性的竞赛展演机会都特别珍惜，他们经常携带自己创作的艺术作品参加相关展演活动，为海外受众了解和欣赏中国艺术起到了积极作用。③参与国际竞拍活动传播艺术。十余年来，中国艺术家积极参与国际拍卖行的竞拍活动，许多艺术家的优秀作品被海外著名藏家所收藏。④进入海外画廊。美国老牌画廊科恩画廊早在2006年就为中国水墨画家季云飞在纽约举办了个展。迄今为止，该画廊已相继为中国艺术家举办多次个展。2006年，香港麦克禹豪士画廊在伦敦为中国艺术家刘国松举办了作品回顾展。在其代理的艺术家名单中，绝大部分都是当代水墨的中坚力量。

上述三种力量之间有时单独行动，有时合作推播，是中国艺术在海外传播的三大主力军。这三种力量对中国艺术在海外的传播都做了积极的实践性探索，许多探索都富有创意、行之有效。就国家层面而言，国家汉办在全球成立的数百所孔子学院从语言通道为中国艺术海外传播开辟了独特的道路。目前建立的分布在117个国家和地区的435所孔子学院和644个孔子课堂已在全球引发关注，并发挥了积极的作用。语言是文化的基因，是人类加强理解与沟通的最重要的桥梁。孔子学院以汉语教学为轴心，有效推动了中国艺术近距离、知性地走进海外受众的头脑。目前，有不少孔子学院都尝试把中国艺术作为自己的教学内容，或作为学习汉语的方式。但这些做法仍然停留在尝试阶段，更加行之有效的策略、方法或教学模式尚未形成。由文化部牵头在海外成立的中国文化中心为中国艺术海外传播提供了载体。截至目前，这些中心都举办了不同形式的艺术作品展览和文化活动。但使中国文化中心发挥更大效益的机制尚未形成。文化企事业单位和艺术家个人在中国艺术海外传播的实践探索中发挥了巨大作用。其中,接受境内外艺术基金赞助赴海外展演、利用国际品牌展演竞赛机遇传播中国艺术、通过出版物对外传播中国艺术、融入海外画廊等常规性做法都已形成趋势。但富有自主特色、把握传播主动权的渠道尚未形成。尤其是尚无强大的与海外受众相适应的传播轨道与营销机构、中国艺术内容在海外教育通道的渗透力十分薄弱等,都成为中国艺术在海外传播的短板。

长期以来,中国的经济与社会发展局限于中国境内,形成了较为封闭的发展格局。自19世纪末叶开始,这种格局逐渐被打破。中国经济与社会的发展从被动地适应国际环境,到主动地融入国际社会,经历了百余年的时间。在此过程中,以现代科技,尤其是现代传媒手段推动的经济全球化视野起到了推波助澜的作用。20世纪末,中国社会开始主动与国际接轨,经济与社会的发展逐步融入国际社会。特别是20世纪90年代末兴起的互联网在中国的飞速发展与西方文化的大面积涌入,为打开中国人的视野和中国融入国际社会提供了便捷的通道。21世纪初,中国政府开始在全球化视野下布局自身的发展。其中,由单纯的经济发展而引发的对文化的重视在十多年间被迅速提上议事日程,并被纳入国家发展战略。从2000年江泽民提出的"市场""走出去",到2002年文化部提出的"文化""走出去"仅仅用了两年时间,而从文化部提出"文化""走出去"的倡导性的提法到2004年中共十六届四中全会通过的《中共中央关于加强党的执政能力建设的决定》把"推动中华文化更好地走向世界,提高国际影响力"[1]纳入国家战略也仅用了两年时间。自2006年起,国家"十一五""十二五"文化发展规划相继把这种战略具体化为有形的实施规划,尤其是中共十七届六中全会集全党之力讨论文化问题,把文化发展上升到一个空前的高度,进而到中共十八大把文化建设与经济建设、政治建设、社会建设、生态文明建设相并列的"五位一体"治国方略,为文

---

[1] 中共中央关于加强党的执政能力建设的决定[J]. 求是,2004(19):3-13.

化发展提供了更大的空间,也提出了更高的要求。2013年8月,习近平总书记在全国宣传思想工作会议上强调要"创新对外宣传方式,着力打造融通中外的新概念新范畴新表述,讲好中国故事,传播好中国声音"①。把文化传播提高到了一个新的层次。由国家对文化传播战略的迅速升级可见国家对文化传播的强大需求。这种需求和战略必将为中国艺术在海外的传播提供强大的动力。

让中国艺术在海外传播,主要是让中国的艺术通过信息和产品形式向海外传播。但就我们现有的较为经典的艺术产品特性而言,绝大多数还是在中国国内视野中打造的,具有国际视野的艺术信息表述方式和优秀作品严重不足,从而削弱了中国艺术在国外的影响力。

二、中国艺术海外传播的理论研究

国家战略主要是为艺术在海外的传播提出要求,这种要求需要形成具体的策略和方法。因此,针对战略的策略与方法引发了传播理论的研究热潮。有关中国艺术海外传播的理论研究主要集中于历史研究、基础理论研究、战略策略研究三大方面。

历史研究从古代到现代对中国艺术海外传播的历史进行了较为有效的梳理,对我们认识历史、思考现实有较大的帮助。基础理论研究多从新闻传播理论开始,逐步涉及文化传播理论,近年来,才有较为专门的与艺术相关的理论研究成果出现。这些理论走出了一条从翻译到著述的过程。其中翻译过来的成果较为成熟,而中国学者著述的理论成果还处在模仿或草创阶段。

在理论研究中,有关中国艺术海外传播的战略与策略的研究主要停留在如下几个方面:第一,介绍国外传播策略;第二,总结过去传播经验;第三,

---

① 习近平:胸怀大局把握大势着眼大事努力把宣传思想工作做得更好[EB/OL].(2013-08-21)[2016-10-11].http://politice.people.com.cn/n/2013/0821/c1024-22635998.htm.

宏观性地展望未来中国艺术的传播趋势。就目前的著述而言，前二者较多，第三者较少且较空泛。

中国艺术海外传播的理论研究自20世纪80年代已开始，迄今为止，该领域的理论研究已经持续了30余年。纵观30余年的研究历程，学者们的研究内容大致可以划分为两大类型：一种是基础理论的探讨，侧重于传播学自身；一种是战略策略的探讨，侧重于传播方略与传播实践的研究。

基础理论研究主要从大量翻译国外传播学著作入手，逐渐引起国内学者对于传播学尤其是跨文化传播理论的研究兴趣。目前，业已出版的有关传播学的著作有1300余种，其中译著占百分之六十以上，中国学者的传播学著作数量尚为少数。就这些著作而言，大多数为新闻传播理论著作，较为直接地涉及文化传播的著作有60余种，在这60余种著作当中，国外学者的著作约占二分之一。直接涉及中国艺术海外传播的理论著作可以划分为三类：第一类是中国艺术海外传播的历史研究；第二类是中国艺术海外传播的理论研究；第三类是中国艺术海外传播的战略策略研究。

（一）历史研究

代表性的著作有法国学者陈艳霞著述的《华乐西传法兰西》[1]、朱培初编著的《明清陶瓷和世界文化的交流》[2]、沈福伟著述的《中西文化交流史》[3]、周一良著述的《中外文化交流史》[4]、法国学者阿里·马扎海里著述的《丝绸之路——中国波斯文化交流史》[5]、马肇椿著述的《中欧文化交流史略》[6]、武斌著述的《中华文化海外传播史》[7]和孙维学著述的《新中国对外文化交流史

---

[1] 陈艳霞. 华乐西传法兰西[M]. 耿昇，译. 北京：商务印书馆，1998.
[2] 朱培初. 明清陶瓷和世界文化的交流[M]. 北京：轻工业出版社，1984.
[3] 沈福伟. 中西文化交流史[M]. 上海：上海人民出版社出版，1985.
[4] 周一良. 中外文化交流史[M]. 郑州：河南人民出版社，1987.
[5] 马扎海里. 丝绸之路：中国波斯文化交流史[M]. 耿昇，译. 北京：中华书局，1993.
[6] 马肇椿. 中欧文化交流史略[M]. 沈阳：辽宁教育出版社，1993.
[7] 武斌. 中华文化海外传播史[M]. 西安：陕西人民出版社，1998.

略》①、法国学者安田朴著述的《中国文化西传欧洲史》②、陈伟与杉木的《西方人眼中的东方戏剧艺术》③、林一与马萱主编的《中国戏曲的跨文化传播》④等。除此以外，尚有260余篇学术论文专门探讨中国艺术海外传播的历史问题。就已有的历史研究而言，多数著作和论文都是以梳理中外文化交流的基本历史为目标，在具体内容上涉及面很广，包括政治、外交、文化、宗教、文学、艺术、教育等方面，而在这些方面，以海外影响中国为主。这当然与18世纪以来中国文化对世界的弱势影响相关联。中国艺术海外传播的历史研究从内容上来讲，主要集中于古代和近代，其传播途径主要集中于国际往来、商业贸易、宗教、战争等方面。这些传播多数都是在大众传媒兴起之前进行的有限传播，而大众传媒兴起之后，尤其是近30年来的历史叙述较少。相对而言，林一与马萱主编的《中国戏曲的跨文化传播》是较为专门地梳理中国戏曲对外传播历史的专著。该著作主要对20世纪以来中国戏曲对外传播的历史进行简要叙述，对我们了解这一时期戏曲艺术对外传播的历史较有帮助。但由于史料挖掘欠缺，许多应该写入的内容未能涉及，算一种遗憾。

（二）理论研究

就理论研究而言，主要集中在近五年到十年，以论文居多。其中，代表性的学术著作有都文伟著述的《百老汇的中国题材与中国戏曲》⑤、高金萍著述的《西方电视传播理论评析》⑥、郝朴宁等人著述的《民族文化传播理论描述》⑦、周丽娟著述的《对外文化交流与新中国外交》⑧、李宇著述的《中国电视国际化与

---

① 孙维学.新中国对外文化交流史略[M].北京：中国友谊出版公司，1999.
② 安田朴.中国文化西传欧洲史[M].耿昇，译.北京：商务印书馆，2000.
③ 陈伟，杉木.西方人眼中的东方戏剧艺术[M].上海：上海教育出版社，2004.
④ 林一，马萱.中国戏曲的跨文化传播[M].北京：中国传媒大学出版社，2009.
⑤ 都文伟.百老汇的中国题材与中国戏曲[M].上海：上海三联书店，2002.
⑥ 高金萍.西方电视传播理论评析[M].北京：中国传媒大学出版社，2008.
⑦ 郝朴宁.民族文化传播理论描述[M].昆明：云南大学出版社，2007.
⑧ 周丽娟.对外文化交流与新中国外交[M].北京：文化艺术出版社，2010.

对外传播》①和《海外华语电视研究》②、曹广涛著述的《英语世界的中国传统戏剧研究与翻译》③、王汉民著述的《福建戏曲海外传播研究》④、李岗著述的《跨文化传播引论》⑤、蔡子谔与陈旭霞著述的《大化无垠——中国艺术的海外传播及其文化影响》⑥、聂辰席著述的《文化传播力》⑦、张西平主编的《中国文化走出去年度研究报告》⑧、张景云等著述的《品牌跨文化传播：理论与实践》⑨等。近十余年来，有关中国艺术海外传播的学术论文多达300余篇。上述著作与论文从传播理论、传播方法等方面为中国艺术海外传播提供了良好的理论基础。

（三）战略策略研究

十余年来，有关中国艺术海外传播的战略策略方面的著作较少，但论文较多。代表性的著作有刘双、于文秀著述的《跨文化传播——拆解文化的围墙》⑩。该书从文化传播的概念、文化的结构、传播与文化之间的关系、语言在文化传播中的作用、非语言文化传播、文化传播的特性、在传播中如何处理文化冲突、大众传媒与文化传播之间的关系、科技进步对跨文化传播的推动等方面较为系统地论述了跨文化传播的主要问题，对我们轮廓性地认识跨文化传播具有较高的价值。但该著作是一部泛论文化传播的教材，没有专门针对中国艺术产品如何海外传播进行阐述，所以深入度略有欠缺。梁岩著述的《中国文化外宣研究》⑪从当代中国文化外宣形态、媒体文化外宣、文化外宣的国际借鉴、中国文化外宣战略等方面较为系统地论述了中国文化的对外宣传

---

① 李宇.中国电视国际化与对外传播［M］.北京：中国传媒大学出版社，2010.
② 李宇.海外华语电视研究［M］.北京：中国社会科学出版社，2011.
③ 曹广涛.英语世界的中国传统戏剧研究与翻译［M］.广州：广东高等教育出版社，2009.
④ 王汉民.福建戏曲海外传播研究［M］.北京：中国社会科学出版社，2011.
⑤ 李岗.跨文化传播引论：语言·符号·文化［M］.成都：巴蜀书社，2011.
⑥ 蔡子谔，陈旭霞.大化无垠：中国艺术的海外传播及其文化影响［M］.石家庄：花山文艺出版社，2011.
⑦ 聂辰席.文化传播力［M］.北京：学习出版社，2012.
⑧ 张西平.中国文化走出去年度研究报告［M］.郑州：大象出版社，2012.
⑨ 张景云.品牌跨文化传播：理论与实践［M］.北京：经济科学出版社，2013.
⑩ 刘双，于文秀.跨文化传播：拆解文化的围墙［M］.哈尔滨：黑龙江人民出版社，2000.
⑪ 梁岩.中国文化外宣研究［M］.北京：中国传媒大学出版社，2010.

问题。其中，针对法国、美国、日本、韩国的文化外宣经验所做的简要介绍富有参考价值。林一等主编的《中国传统艺术全球传播战略研究》[①]是一部论文集，收录了22篇会议论文，涉及中国传统艺术全球传播的方法、对策与相关案例。该文集的各位作者对中国艺术在海外的传播做了初步的探讨，其中有8篇文章探讨较为深入。但从全书的选文结构上来看，缺乏系统性。李宇著述的《从宣到传——电视对外传播研究》[②]一书专门针对电视的对外传播进行论述，涉及中国电视对外传播的环境、机构、内容、渠道、受众、市场、效果、理念等问题，对我们认识电视如何对外传播大有帮助。但该著作并非专门论述中国艺术海外传播战略策略的专著，而是侧重于电视媒体和新闻传播的探讨。由上可见，中国理论界较为务实地针对中国艺术海外传播的战略与策略学术成果尚未形成。

三、加强中国艺术海外传播的理论研究

中国艺术海外传播既是一个理论性的问题，又是一个实践性的问题。这决定了对于该问题的学术研究的特点。由于传播学以及较为专门的传播意识在中国起步较晚，所以目前有关该问题的学术研究尚且停留在摸索阶段，而有关中国艺术海外传播的学术研究需要总结经验，规避教训，寻找出一条切实可行的研究道路。笔者认为，可以从如下三大方面切入。

（一）完善中国艺术海外传播研究机构的学术机制

自2012年以来，在国家"2011计划"[③]的指导下，以高等学校为主力军的与中国艺术海外传播问题相关的研究机构相继成立，如北京外国语大学牵

---

① 林一，胡娜. 中国传统艺术全球传播战略研究［M］. 北京：中国电影出版社，2011.
② 李宇. 从宣到传：电视对外传播研究［M］. 北京：北京大学出版社，2013.
③ 国家"2011计划"是指由教育部主导的高等学校创新能力提升计划，主要以人才、学科、科研三位一体创新能力提升为核心任务，通过构建面向科学前沿、文化传承创新、行业产业以及区域发展重大需求的四类协同创新模式，深化高校的机制体制改革，转变高校创新方式，建立起能冲击世界一流的新优势。

头的中国文化"走出去"协同创新中心、华侨大学牵头的海外华文教育与中华文化传播协同创新中心、中国传媒大学牵头的中国传播能力建设协同创新中心、东南大学牵头的中国艺术国际传播战略协同创新中心、华中科技大学牵头的国家传播战略协同创新中心、中国音乐学院牵头的中国民族艺术传承与传播协同创新中心等。上述协同创新中心均以"2011计划"的宗旨为指导进行了不懈努力。但从目前的实施情况来看,各中心所取得的成果与预期目标还有较大距离。究其原因,是因为学术机制不够完善,国家在整体上未打破行业壁垒、学科壁垒、大学间的壁垒,尤其是高等学校的学术评价体制成为制约学术研究的最大障碍。中国艺术海外传播是跨理论与实践两大领域,跨行业、跨单位、跨学科协同攻关方能涌现创新性成果的综合性课题。但高等学校与艺术传播实践之间的壁垒、学科之间的壁垒、大学之间评价体制的壁垒目前都还难以打破,因此有关中国艺术海外传播的学术研究无法获得较大进展。就东南大学牵头的中国艺术国际传播战略协同创新中心而言,学者们研究过程中相关数据的获得还十分艰难,尤其是涉及新的研究问题需要参与单位协作攻关时,受到不同单位评价体制所导致的教师职称评定、公司利益等问题的困扰。这些问题其实不仅体现在东南大学牵头的中国艺术国际传播战略协同创新中心,也是上述所有中心普遍存在的问题。不打破壁垒、不完善现有的学术评价体制,就很难完善相关机构的学术机制,也很难取得理想的学术成果。但学术机制的完善,需要国家顶层设计,尤其是对大学的管理,不能采取"一刀切"的办法,要下大力气采取强有力的措施,让大学之间的协作、大学与政府和企业之间的协作发挥积极效应。

(二)鼓励国内学者在国外权威期刊发表学术论文,吸引国外学者研究中国艺术海外传播问题

从目前国际传播学领域的情形来看,中国学者在国外核心期刊上的发文量极少。根据邵培仁、杨丽萍的研究,国际传播学会主办的传播学权威期刊《传播学刊》自2000年至2009年所发表的332篇传播学论文当中,中国学者

的论文只有3篇，仅占所有刊发论文的0.3%[①]，而从该刊10年间引用最多的10篇论文来看，没有一篇是中国学者所撰写。这项研究从一个侧面说明中国学者在国际传播学期刊上发表论文的数量极少。中国的改革开放已有40多年的历史，国内学者在国外权威学术期刊发表学术论文的人数也不在少数，但主要集中在理科、医科、工科等实用性学科，社会科学尤其是人文科学学者在国外权威期刊发表论文的人数少之又少，这说明中国社会科学学者尤其是中国人文科学学者还缺少在国际学术界发生影响的意识。针对中国艺术海外传播问题，需要大批学者投入精力在国外权威期刊发声，彰显中国艺术的声音。与此同时，还需要吸引国外学者研究中国艺术海外传播问题。从目前的研究成果来看，国外学者多集中于对中国古代艺术的研究，涉及艺术史、艺术理论和重要的艺术流派和艺术家，而针对近百年来中国艺术的研究，尤其是这期间的艺术在海外传播问题的研究十分稀少。之所以出现这种情形，一方面与中国艺术近百年来在海外的影响力微弱有关，另一方面与中国学者与海外学者的交流不足有关。针对中国艺术海外传播问题，如果国外学者缺席，仅靠中国学者自身的努力是不够的。因此，涉及中国艺术海外传播问题，应当大力提倡中国学者与国外学者之间的合作研究。

（三）大力培养研究中国艺术海外传播研究的学术研究人才

长期以来，中国社会科学与人文科学的人才主要依靠国内高校培养，而且在国内高校也很少涉及中国艺术海外传播人才的培养，故中国艺术海外传播的研究人才十分缺乏。中国艺术海外传播问题的研究人才，既需要懂得中国文化，又需要通晓国外文化；既需要较强的理论研究能力，又需要较强的社会交往能力。在中国现代史上，有不少向海外传播中国艺术的优秀案例，也有不少研究中国艺术海外传播的优秀人才，京剧理论家齐如山就是其中之一。齐如山早年在欧美游历，对国外文化背景较为了解，他回国之后与京剧

[①] 邵培仁，杨丽萍.21世纪初国际传播学研究的现状与趋势：以SSCI收录的《传播学刊》为例［J］.杭州师范大学学报（社会科学版），2010，32（2）：60-69.

大师梅兰芳结交，一方面研究国剧，另一方面为梅兰芳撰写剧本。最为可贵的是，他以优异的社交能力和学术研究能力与南开大学教授张彭春等人为梅兰芳策划了1930年的访美演出，让京剧艺术在美国产生重要影响。梅兰芳访美演出结束后，齐如山撰写了《梅兰芳游美记》①一书，成为截至目前最为可贵的研究文献。近年来，随着中国对外开放力度的加大，中国艺术海外传播问题逐步引起了国内学者的关注。笔者从中国知网了解到，近五年来，已有近40篇专门研究中国艺术在海外传播状况的硕士、博士学位论文，这说明已有不少高校开始培养这方面的专门人才。但从中国艺术的规模以及中国艺术在海外传播的微弱影响而言，这方面人才培养的力度还是不够。因此高等学校与科研院所应当加大力度培养中国艺术海外传播的专门人才，尤其注意与国外高校以及国内外相关文化企业联合培养，才能与中国艺术海外传播研究的需求相适应。

总之，综合国力的提升推进了中国艺术在海外传播的需求。中国政府密集出台传播战略和相关政策，有力提升了中国各级政府、文化企事业单位和艺术家个人在海外传播艺术的意识，部分传播行动已取得较好的效果。但就目前而言，中国艺术向海外传播的力度还很不足，传播方式也有待改进。自20世纪80年代起，中国艺术海外传播的理论研究在历史研究、基础理论研究和战略策略研究三大方面获得了长足进展。在学术研究中，一大批高等院校和科研院所的硕士、博士研究生成为研究中国艺术海外传播的生力军。但学术研究的机制还亟须完善，国外学者对此问题的研究还较少涉猎。中国的学术团队应注意与国外学者合作，引导和激励更多的国外学者积极参与研究。此外应加大力度培养学术研究与传播实践人才，继续推进中国艺术在海外传播的理论研究和传播实践。

---

① 齐如山.梅兰芳游美记[M].沈阳：辽宁教育出版社，2005.

中国戏曲剧种在东南亚的传播*
——兼论戏曲剧种跨国传播的六大法则

东南亚各国与中国是近邻，无论是政治、经济和日常生活的交往，还是文化艺术的交流，都比中国与其他地区的交往和交流更加频繁。虽然中国与东南亚各国有着国别的界限，但相同的肤色、相近的距离，这种自然时空直接促进了中国与东南亚近似的文化时空的形成。无论是自然时空的相近还是在此基础上文化时空的相似，都让中国与东南亚各国血肉相连。所以，自古以来，中国与东南亚就有着天然的联系。

戏曲是中国众多传统艺术中的一种。作为一种作用于人的精神的情感形态，戏曲借助这种天然联系在东南亚各国传播。有关戏曲在东南亚各国的传播，已有不少研究成果面世。这些成果为我们思考中国戏曲剧种在东南亚的传播以及剧种的跨国传播法则提供了大量例证。我们需要从这些例证当中寻找戏曲剧种跨国传播的基本规律。

据统计，中国戏曲剧种在20世纪50年代有368种，20世纪80年代初有317种，2005年有267种。① 由此可见，随着中国现代化进程的加速，受西方现代文化的强力影响，中国戏曲的剧种数量在日益减少。剧种是中国戏曲

---

* 本文系2019年度国家社会科学基金艺术学重大项目"中华传统艺术的当代传承研究"（项目编号：19ZD01）的阶段性成果、中宣部全国文化名家暨"四个一批"人才项目"中华优秀传统艺术传承体系及发展路径研究"的阶段性成果之一，原载于《艺术百家》2019年第6期，收入本书时有改动。
① 王馗.开展戏曲普查，理清戏曲家底[N].中国文化报，2015-08-14（3）.

最为直接的载体，剧种的数量，直接关系到戏曲的存亡。每个剧种的历史长度并不一致，但都是在特定地域长期发展过程中形成的。中国戏曲剧种是在地域方言、音乐传统基础上形成的，具有鲜明的地域性。每个剧种都有与当地相适应的文化传统，也都有与这种文化传统相适应的独特的演员群和观众群。独特的剧种永远吸引着独特的演员和观众。所以，剧种与演员之间、剧种与观众之间的关系都十分密切。演员和观众走到哪里，剧种就有可能传播到哪里。

近期笔者在为南洋学会2019年国际学术研讨会准备论文的过程中，借助戏曲剧种在东南亚的传播现象，总结出戏曲剧种跨国传播的六大法则，特在此与大家分享，也请方家不吝指正。

一、戏随人走

艺术在传播过程中，是随人的迁移而迁移的。戏曲是对人依赖性最强的艺术，无论是戏曲演员的表演，还是戏曲对观众的需求，都与人有着密切的关系。人口的迁徙也预示着文化的迁徙，而携带戏曲表演技能的演员的迁徙以及携带着对戏曲有特殊欣赏习惯和爱好的观众的迁徙，自然会将自己喜爱的剧种从本土带往迁徙地。戏曲剧种在东南亚的传播足以证明这一点。泰国华侨华人主要来自我国广东、海南、福建三省，根据他们的祖籍，泰国流行的华语戏曲剧种主要是潮剧、琼剧、粤剧，此外还有福建戏。[①] 这种情况说明，在广东、海南、福建流行的潮剧、琼剧、粤剧三大剧种是随着上述三省的人口迁徙而传播的。清道光十五年（1835年），琼剧班社赴越南西贡首演之后，在咸丰至同治年间（1851—1874年），随大量琼剧艺人出洋，传至新加坡、暹罗（泰国）、马来亚、柬埔寨、印尼、越南、吕宋（菲律宾）、文莱等琼籍华裔、华侨集居地。[②] 这个例子说明，正是源自海南的琼剧艺人出洋给琼剧在东

---

① 周宁.东南亚华语戏剧史［M］.厦门：厦门大学出版社，2007：28-29.
② 中国戏曲志编辑委员会，《中国戏曲志·海南卷》编辑委员会.中国戏曲志·海南卷［M］.北京：中国ISBN中心，1998：73.

南亚的传播带来了机遇。

此外,由于华人在东南亚多居住在华人聚集地,从而形成了具有相同文化传统的特定族群。人是文化的携带者,我们从众多的文化传播现象可以看出,文化传统相同的人聚集得越多,就会为其携带的文化形态的传播留下越多的空间,其所持有的文化形态在此空间中也就传播得越持久。在东南亚各国,并非所有华人生活的地方都有戏曲盛行,而是华人聚集人数较多的地方才有持久的戏曲演出,这是有相同文化传统的民众大量和长期聚集使文化空间较为稳定地存续的结果。戏曲是需要观众的,哪里有观众,戏曲就可能在哪里出现。华人聚集较多的地区,因为文化传统的相同或相似,就会将大家对戏曲的共同爱好在同一文化空间表达出来,从而为戏曲剧种的传播提供机遇。例如,潮剧是流行于我国广东、福建两省的剧种。潮剧长期在东南亚盛行,与广东、福建两省在东南亚的华侨众多有关。即使是20世纪80年代中国戏曲在马来西亚的艰难时期,许多地方的潮剧演出都在减少或停滞,但因槟城一带聚集着众多的福建人,所以潮剧没有完全停息,尤其是在中元节,潮剧的本地戏班、泰国戏班、中国戏班仍能争奇斗艳。① 这与长期聚集于槟城的众多福建华侨热爱潮剧的文化传统有着密切关系。

二、缘近先传

艺术总是在距离/地缘相近、文化传统/文脉相近的地区率先得以传播。因我国广东、海南、福建三省地处东南沿海,距东南亚各国较近,所以这些省份的戏曲剧种在东南亚的传播表现突出。此外,东南亚各国距离中国较近,自古以来就与中国有着天然地联系。所以,不仅移居东南亚的华人热爱自己习惯的戏曲剧种,会将戏曲剧种带往东南亚一带,东南亚各国的民众因对中国文化传统较为熟悉,也会较为容易地接受由华人带来的戏曲剧种。"缘近先传"的法则不仅体现在地缘和文脉的相近,随着全球化进程的加快,各戏曲

---

① 周宁.东南亚华语戏剧史[M].厦门:厦门大学出版社,2007:235.

剧种都在抓住各种机遇在东南亚进行传播。所以，戏曲剧种的传播也超越地缘和文脉，创造新的相近机缘进行传播。早在20世纪30年代，梅兰芳访美演出，其团队在传媒领域、学术领域、观众领域事先做了充分的准备，运用说明书、道具和化妆展示、新闻媒体报道等方式，让美国观众认识京剧、理解京剧，从而为京剧在美国的传播创造出新的机缘，所以产生了良好的效果。进入21世纪，白先勇先生利用青春版《牡丹亭》把昆曲与美国各界友人和观众连接起来，让昆曲在美国的传播获得了新的机缘，也取得了良好的效果。所以，除了天然的近缘关系外，新的近缘关系的创造，也会将戏曲剧种与观众连接起来，从而获得传播机遇。戏曲剧种在东南亚也常常因新的机缘的创设而得以传播。早期只有广东、海南、福建三省的剧种因移民而在东南亚传播，但进入20世纪末期，其他剧种也纷纷进入东南亚各国，这与频繁的外交活动、文化交流、新型商业演出等所创造的新的机缘有密切关系。

三、誉引戏传

　　戏曲班社也好，戏曲演员也好，都是依靠声誉而在观众当中产生影响的，因此参加比赛获得荣誉可以引导戏曲剧种的传播。在中国戏曲史上，举凡名班、名角皆因声名显赫远播四方而受到观众的追随。所以，戏曲对声誉的重视直接影响到戏曲剧种自身的生存和传播。近代以来，东南亚各国具有现代特点的艺术节以及艺术竞赛活动越来越多，戏曲自然也不会忽略这一点，所以，戏曲不断追逐这些艺术节和艺术赛事，并从中赢得声誉。以马来西亚为例，"进入新时期以后，由于当地一些潮剧热心人士、潮州会馆、潮剧潮乐团体的不断努力，马来西亚潮剧潮乐演出市场渐趋活跃，甚至不断走出国门参加各种国际性的活动，如国际潮剧节等，拓宽了艺术视野，加强了与外界的交流与联系，使得马来西亚潮剧潮乐不至于走向消亡。"[1] 近十多年来，新加坡著名学者蔡曙鹏先生也致力于戏曲的传播。早年传播到东南亚的戏曲剧种

---

[1] 杨晓青. 潮剧在马来西亚的历史传播研究[J]. 艺术评鉴, 2019（1）: 123–125.

主要是广东、海南、福建三省的剧种。近年来，随着全球交往的频繁，中国大陆其他地区的剧种也陆续在东南亚出现。2008年，新加坡戏曲学院接受了印尼中爪哇古城梭罗市炯贡伟沱沱（Joko Widodo）市长的邀请，参加世界文化遗产城市艺术节，在曼库尼冈朗皇宫（Mangkunegaran Palace）首演越剧版《邯郸梦》，取得了良好的效果。① 早在1988年，蔡曙鹏先生就将《罗摩衍南》改编为儿童诗剧《森林历险记》，由双语话剧团体演艺坊演出，参加了由当时的社会发展部主办的青少年戏剧节。1991年该剧移植为潮剧，改名为《放山劫》并在德国首演。1995年，该剧代表新加坡参加了在泰国首都曼谷及在清迈举行的《罗摩衍南》国际艺术节。1998年，芗剧版《放山劫》在新加坡首演，1999年又移植为黄梅戏，在泰国国家剧院首演。翌年，受印度外交部邀请该剧在新德里等四个城市巡回演出，广受欢迎。2003年，新加坡武吉班让政府中学学习演出了《罗摩衍南》，华、巫、印三大民族学生合演。2008年，歌仔戏版本的《罗摩衍南》受邀前往伊朗参加第二十六届法加国际戏剧节。这部戏自1988年演出以来，在日本、新西兰、中国香港、马来西亚、印尼、泰国、印度、伊朗、摩纳哥、美国、新加坡等演出已经超过700场。② 蔡曙鹏先生在戏曲传播方面的实践证明，剧目的创新带动了剧种的传播，让不同剧种的创新剧目在参加展演竞赛活动中获得了声誉，也推动了剧种的传播。越剧、芗剧、黄梅戏、歌仔戏等四大剧种均非在东南亚有长期影响的剧种，但因为剧目和参加艺术节声誉的带动，这些剧种也被带入东南亚各国。

20世纪90年代以来，蔡曙鹏先生领导的新加坡戏曲学院在教学、创作与推广三个方面做出了巨大的努力。其多次带领学员组团赴芬兰、德国、荷兰、意大利、摩纳哥、美国、加拿大、中国、韩国、日本、印度、印尼、泰国、马来西亚、伊朗、孟加拉等国参加各类艺术节和竞赛演出，让更多国家的观众了解了黄梅戏、粤剧、越剧、潮剧、歌仔戏，同时也增强了新加坡戏曲演员的信心。③ 东南亚各国以及其他国家的节庆与赛事所提供的荣誉，深深吸引

---

① 蔡曙鹏.新加坡越剧版《邯郸梦》在印尼皇宫中的演出［J］.文化遗产，2011（4）：26–32.
② 蔡曙鹏.在创新中传承新加坡戏曲艺术［J］.艺术百家，2012，28（1）：99–106.
③ 蔡曙鹏.在创新中传承新加坡戏曲艺术［J］.艺术百家，2012，28（1）：99–106.

着戏曲的院团和演员，也推动着戏曲剧种在东南亚和其他各国的传播。

四、戏因俗聚

戏曲与民俗之间的关系密切，中国戏曲与民俗的联系是天然的，不仅戏曲的起源与民俗仪式密切相关，而且演戏酬神是戏曲在中国农耕时代养成的文化传统。随着人口的迁徙，民俗信仰也随之而迁，演戏酬神的文化传统也被移民在异国他乡继承下来。所以，有着浓厚民俗信仰传统的闽、琼、粤三地民众在迁徙至东南亚时，也会借助戏曲表演来酬谢神灵，从而让东南亚举凡有庙会神诞日或其他纪念日的时节都被赋予演戏的传统。1603 年，戏曲最早进入印尼，就是作为华侨酬神的一种方式。[1] 戏曲在新加坡演出的最早文献见于美国远征探险队司令威尔基斯舰长的《航海日志》。1842 年 1 月 19 日，威尔基斯舰长与舰队的官兵们在新加坡登岸，看到了华人演戏酬神。在洋人眼里，"华人的神好像特别喜欢看戏"，华人们"在庙宇前的方形广场围起高墙，建起临时戏台供戏曲演出"（沃尔根）。[2] 当年威尔基斯舰长与舰队的官兵们在新加坡看到的演出正是与演戏酬神的习俗直接关联的演出。皇室在举办佛教仪式时也会邀请戏班前来演出。潮剧是在泰国影响最大的戏曲剧种，自大成王朝以来，一直倍受泰国皇室重视。"1780 年，郑王在吞武里寺殿内的'御礼亭'为玉佛举行隆重的升殿仪式，期间潮剧成为吞武里和曼谷两地庆祝活动的重要节目，不仅在浩浩荡荡的游行队伍中有潮剧戏班以潮曲潮乐与泰国哑剧、古典戏剧洛坤乃和泰乐一路表演，而且还有 4 个潮剧戏班被分别安排在吞武里和曼谷同时演出。"[3] 这次演出是泰国皇室在举行玉佛升殿仪式时邀请潮剧戏班的庆典式演出，与佛教在泰国的盛传以及当地的民俗习惯直接相关。

---

[1] 周宁. 东南亚华语戏剧史 [M]. 厦门：厦门大学出版社，2007：804.
[2] 周宁. 东南亚华语戏剧史 [M]. 厦门：厦门大学出版社，2007：5-6.
[3] 汕头市艺术研究室. 潮剧百年史稿（1901—2000 年）[M]. 北京：中国戏剧出版社，2001：316.

祖先神灵的信仰在中国广为盛行，所以祭祀祖先的活动也可被纳入朴素的民俗信仰系列。戏曲剧种在东南亚的盛行与祭祖活动紧密相连，举凡祭拜祖先或亡灵的时节，都要邀请戏班演出。"在暹罗王城，经常可见福建的戏班在宫廷演出，当地人都十分爱看其表演。……逢年过节，他们会在华人庙宇前搭筑戏台，表演戏剧、请神像等酬谢神灵；或在春秋祭祖，做牙祭拜财神、大伯公等年俗节日时，请来戏班演戏，继续将家乡的习俗发扬下去。"① 这个例子说明戏曲在东南亚的传播对民俗习惯的强大依赖性。

除了演戏酬神的民俗之外，"随着移民马来西亚潮人的增多，节庆民俗活动、集资演戏的名目日益增多，从开始的'酬神戏'，进一步发展到各种各样的'还愿戏''生日戏''满月戏''闲时戏'等，演出市场进一步扩大"②。中国民俗底蕴深厚、类型多样，戏曲艺术的娱乐喜庆特征，使其与民俗结下了不解之缘。东南亚各国华人继承了这种传统，让戏曲剧种借助民俗通道在异国他乡得以传播。

五、商促戏传

商业与娱乐有着天然的联系。随着现代商业的兴起，尤其是华侨经济势力的崛起，各类商业场所也需要戏曲的娱乐活动。所以，商业是推动戏曲在东南亚传播的动力之一。"戏曲初登东南亚草台，一般在乡村演的多。随着华侨经济的发展，娱乐业得到了带动，戏曲演出范围就由乡村拓展到城市，进入更多更高阶层人们的视野。"③ 戏院或戏园的出现，标志着娱乐性戏曲在制度和组织形式上的成熟，商业演出得到了发展。此阶段，新加坡演出较多的戏园有梨春园、普长春戏园、庆升平戏园、庆维新戏园、怡园和哲园等。泰国的戏院更是远近闻名，单是曼谷唐人街的 20 家戏院、游艺场、善堂、茶楼、

---

① 周堃.17—18世纪中国文化在东南亚的传播：以语言、生产技术和宗教等为例［D］.南宁：广西民族大学，2016：52.
② 杨晓青.潮剧在马来西亚的历史传播研究［J］.艺术评鉴，2019（1）：123-125.
③ 康海玲.中国传统戏曲在东南亚的传播及反思［J］.戏曲研究.2017（2）：19-31.

酒馆、码头就成了戏曲演出活动聚集的空间。①20世纪，"潮剧随着人口、贸易进出，在暹罗各州府，新加坡、柬埔寨、安南演出点星罗棋布，在曼谷形成海外潮剧中心，二三十年代曼谷耀华力路五六家戏院同时演出潮剧，是海外潮剧的黄金时代"②。戏曲与商业的关系历来都很密切，在中国，有着"商路就是戏路"的深厚传统。晋商曾在明清两代影响巨大，晋商每到一个地方，都会建立会馆，用以联络感情，而每个晋商会馆，都建有戏台。晋商们利用会馆，有效地将山西地方剧种带往全国各地，从而促进了山西剧种的传播。商业为戏曲招来了观众，戏曲为商业招来了顾客，商业与戏曲互相连接、互相促进，戏曲剧种借助商业通道有效传播。进入现代社会，戏曲借助剧院、新型院团和其他组织形式的运营体制，以现代商业方式进行推广和营销，取得了令人瞩目的成就。所以，商业对顾客的需求、戏曲对观众的需求以及戏曲自身的商业运行，都体现出商业对戏曲传播的重要支撑作用。戏曲剧种在东南亚的传播自然也不例外。

六、为传而变

戏曲是依靠传播而生存的，传播越有效，戏曲的观众就会越多，戏曲就越有好的生存机遇。戏曲为了生存，经常随着时代环境的变化而改变自身的内容和形式，改变自身的传播方式，从而让剧种得到更好的传播。例如，20世纪30年代到40年代，随着传播到马来西亚剧种的增多和新的娱乐形式的丰富，潮剧面临着竞争的挑战。"为适应观众多维的欣赏要求和日益强烈的文化市场竞争的挑战，此时期的马来西亚潮剧出现了崭新的传播形式——灌制潮剧唱片，一些潮剧戏班为最大限度地争取观众，抓住大好时机，先后和多家唱片公司签约灌制潮剧唱片，并抢先推向市场，制造'轰动效应'，为拓展

---

① 康海玲.中国传统戏曲在东南亚的传播及反思[J].戏曲研究.2017（2）：19–31.
② 汕头市艺术研究室编.潮剧百年史稿（1901—2000年）[M].北京：中国戏剧出版社，2001：23.

潮剧市场做出了很大贡献。"① 潮剧及时利用现代媒介扩大影响、制造轰动效应，是促进潮剧传播的有效手段。

20世纪初，西方社会对亚洲的影响力骤然上升，亚洲各国普遍开启了现代化进程，传统文化遭遇冷落。东南亚各国也是一样，尤其是从中国新迁入东南亚的编剧、导演在东南亚各国掀起了戏剧改革风潮。例如，为了适应时代变化，潮剧在泰国也经历了这种改革。"曼谷青年觉悟社成立于1925年，十多位成员是专为潮州戏班写剧本的编剧家，他们极大地推动了潮剧的变革，形成了潮剧新精神。"② "到了20世纪20年代之后，随着帝国主义对泰国的殖民侵略与文化的不断渗透，在现代化社会发展的大潮之下，潮剧在泰国逐渐本土化，其专业的编剧人员逐渐增多，剧本的创作、表演形式、演出体制等很多方面也逐渐呈现出一种全新的变化，甚至在之后的二三十年时间，泰国的潮剧掀起了两次大的高潮，培养出了一大批十分优秀的艺人，演出的规模空前宏大，泰国因此被誉为海外甚至世界潮剧的中心。"③

戏曲剧种对于特定地域的语言和音乐具有强大的依赖性，所以特定地域的语言和音乐是区别剧种的标志。泰国人喜欢潮剧，但无法听懂潮剧的语言，这种情况极大地阻塞了泰国观众对于潮剧的欣赏通道，尽管潮剧在泰国的演出也有字幕，但字幕翻译的准确性、观众边看戏边看字幕的观看方式，都会影响观众欣赏潮剧的注意力，所以潮剧"也与时俱进，出现了有趣的'泰语潮剧'的现象。泰国人喜爱潮剧，但随着老一辈潮人观众的逝去，潮籍移民的第三四代，无论演员或观众均不懂潮语，所以潮剧的'泰化'乃是一种必然的趋势，演员练习时用泰语注音，表演时用泰语唱潮曲"④。潮剧的"泰化"是戏曲剧种本土化的具体表现。随着戏曲剧种在东南亚各国传播的深入，本土化是不可避免的现象，也是剧种在东南亚因传播而得以深入的表现。

戏曲剧种在东南亚的传播，其变化主要体现在剧目内容的变化、戏曲表

---

① 杨晓青.潮剧在马来西亚的历史传播研究［J］.艺术评鉴，2019（1）：123–125.
② 张长虹.移民族群艺术及其身份泰国潮剧研究［D］.厦门：厦门大学，2008：23.
③ 杨晓青.潮剧在泰国的传播研究［J］.当代音乐，2018（11）：10–11.
④ 杨晓青.潮剧在泰国的传播研究［J］.当代音乐，2018（11）：10–11.

现形式的变化、戏曲传播方式的变化、戏曲的本土化等方面。《周易·系辞》云："穷则变，变则通，通则久。"戏曲剧种的传播也是同样道理。面对新时代观众欣赏戏曲的新的趣味的出现以及娱乐样式的不断丰富，观众的欣赏标准越来越高，选择也越来越多，所以戏曲剧种的变化是正常的。当旧的传统无法适应新的环境时，就意味着其遇到了挑战，只有有效地利用变化法则来应对，才能走得通，也才能行得久。中国戏曲360多个剧种走到今天，之所以出现不少剧种消逝的现象，就是因为其没能正确面对所处时代环境和观众趣味变化的挑战，没能运用好"为传而变"的法则进而为传播剧种创造有利条件。

上述六大法则并非各自孤立地发挥作用。"戏随人走"是戏曲剧种得以传播的根本，而民俗信仰、商业活动和竞赛展演都会将戏曲剧种传播所需要的演员和观众——"人"——聚集起来。所以，"戏因俗聚""商促戏传""誉引戏传"在其中发挥着重要作用。因为民俗将有相同或相近文化传统的"人"召集到一起，商业因顾客需要而为戏曲准备了观众，声誉使戏曲剧种在观众中更加具备号召力。

此外，机缘的相近直接导致了戏曲剧种在异国的传播。机缘的相近主要体现在距离和文脉两大方面。距离是自然现象，因为距离相近，信息就较容易抵达。尤其是在农耕社会交通、通信极不发达的年代，自然距离直接决定着信息的传播速度和便捷程度。中国东南沿海各省与东南亚各国距离相近，使得在这些地区生长的戏曲剧种随着移民的迁徙而率先传播到东南亚各国。

文脉就是文化传统，而文化传统的形成需要相当长的时间。戏曲剧种自身文化传统的形成与特定地域的特定人群密切相关。我们观察戏曲剧种在东南亚的传播现象时发现，戏曲剧种的传播所需要的"人"并非纯粹自然的人，而是具有文化传统习惯的"人"。这就涉及文化传统的问题，戏曲的每一个剧种都是在某个地区长期积累而形成的，所以戏曲剧种携带的当地的文化传统，与该地区特定的演员群体和观众群体有着密切的文化关联。美国学者迈克尔·H.普罗瑟说过："传播和文化是难分难解的，因此，人的一切社会互动都是与文化联系在一起的。我们可能有意识或无意识地进行自我传播或人际

传播,无论是哪一种传播,我们的文化背景都会影响我们的一切行为和反应。对我们的大多数文化遗产和背景,我们几乎没有什么选择:我们背负着自己的文化,不可能游离于自己的文化之根。"① 所以,当中国东南沿海各省移民迁徙到东南亚各国时,他们会因其文化背景和文化传统而自觉传播自己所习惯的剧种。也正因此,"缘近先传"的法则才会充分体现在戏曲剧种在东南亚的传播行为当中。戏曲剧种要传播好,就必须利用并不断创造新的机缘进行传播。

我们说戏曲班社和戏曲演员都是依靠其在观众中的盛誉而生存的。这种盛誉一方面是因为戏曲班社剧目的创新、演员队伍的整齐在观众中所发生的影响,另一方面是因为演员的演技在观众中的影响。但这种影响如果缺乏与现代竞赛展演之间的关联,就会被现代社会的艺术运行机制边缘化甚至被淘汰。现代社会的艺术运行机制并未放弃传统,仍然关注着戏曲对于民俗和商业的依赖性,而在艺术运行的过程中,现代社会的艺术运行机制所创设出来的艺术节、艺术竞赛极大地调动了艺术院团和演员的积极性,也因其巨大的影响力而让艺术院团和演员声名远播。作为戏曲剧种的载体,戏曲院团和演员可以提升院团和演员的声誉,为戏曲剧种招徕更多的观众,从而为戏曲剧种的传播起到支撑作用。所以,戏曲剧种的传播不能忽视"誉引戏传"的法则,要充分利用现代艺术运行机制和现代传播手段不断提升院团和演员的知名度和影响力,为戏曲剧种拓展生存空间。

如果说"戏随人走"是戏曲剧种得以传播的主要原因,那么"缘近先传""戏因俗聚""商促戏传""誉引戏传"则是支撑"戏随人走"更加深层的原因。但"生命、文化和传播都是不断流动的、变化的,都是展开的过程,没有明确的首尾"②。戏曲剧种的传播也是如此,如果不注意文化及其传播的流动性和变化性,不关注传播对象以及传播行为自身的展开过程,就会让戏曲剧种的传播局限于一个相对稳定乃至狭小的文化环境当中,一旦这种文化

---

① 普罗瑟.文化对话:跨文化传播导论[M].何道宽,译.北京:北京大学出版社,2013:4.
② 普罗瑟.文化对话:跨文化传播导论[M].何道宽,译.北京:北京大学出版社,2013:1.

环境发生了变化，剧种的传播就会受到阻碍。例如，政治是带有强制力量的意识形态，代表着一个国家的整体利益和基本立场。因政治而造成的国家界限对文化传播发挥着重要作用。政治形式的变化以及交通、媒介的发展，也会给戏曲在东南亚各国的传播带来影响。1949年，"中华人民共和国成立后，由于社会制度和意识形态的原因，东南亚大多数国家与新中国基本上中断了联系，戏剧艺术交流也随之中断。东南亚华文戏剧基本上是在走自己的发展道路。当东南亚的许多国家与新中国建立邦交之后，新中国的思想政治和文化，也恢复和增强了对东南亚华文戏剧的影响，戏剧艺术交流日渐频繁，如新中国的戏曲团体和电影《天仙配》《梁山伯与祝英台》等到东南亚演出放映，中国戏曲革新的成果，有力地推动了东南亚国家的华文戏剧的革新和发展"[①]。

政治的基础是文化，文化是比政治更具有包容性的概念。但政治会以特殊的力量影响文化，进而影响文化的传播。政治利用其强大的控制力量左右着国与国之间的艺术交流与传播。一旦两国政治之间出现重大分歧，就会削弱艺术的交流与传播，而一旦政治分歧消除，文化就会发挥关键作用，艺术交流与传播活动就会得到文化的支持。东南亚各国与新中国政治分歧得以消除，其相近的文化传统就会促使中国戏曲剧种在东南亚传播的恢复。

较为关键的问题是，虽然文化具有一定的稳定性，但文化也会随时而变，强烈影响着人们的趣味。所以，戏曲的传播才会"为传而变"。"为传而变"是戏曲为适应时代变化导致文化趣味的变化而发生的变化，时代变化也会导致戏曲为了生存而在传播方式上发生变化。所以，戏曲剧种在东南亚的传播才会出现变化。

上述六大法则不仅对中国戏曲剧种同东南亚各国之间的交流与传播富有启示作用，也可作为东南亚各国及其他国家同中国进行文化交流与传播的参考。

---

① 赖伯疆.东南亚华文戏剧概观[M].北京：中国戏剧出版社，1993：27.

媒介演进与艺术传播[*]

随着人类文明向前发展，媒介成为塑造文明自身的特定技术。这种技术的目标主要是为了满足人类对信息的需求。信息成为人类社会生活的基本需求，标志着人类社会已超越了单纯的物质需求层次而进入结构日趋复杂的社会发展阶段。信息进入人类社会的心理层面、组织层面、结构层面，以其独特优势深刻影响着人类的精神生活。艺术是凝结着人类情感的特殊信息，作用于人的感官，通过人的思维影响人的精神世界，也需要借助特定的媒介来传达。艺术家借助特定的媒介创作艺术，艺术作品成型后作为一种特殊的文本媒介传达人的情感，艺术文本也借助特定的媒介进行传播，这些都说明艺术与媒介有着天然的联系。人类的媒介技术是逐步发展起来的，媒介的演进决定着艺术的创作模式、文本模式和传播模式。那么，媒介的演进与艺术传播之间的关系究竟如何？本文就此问题展开探讨。

一、艺术的媒介特性及其表现

"媒介"的英文单词是 medium，意谓媒体、媒介、中间物。"媒"在汉语中是指使双方发生关系的人或事物。媒介是让信息得以储存并传播从而让信息能够在人与人、人与事物、事物与事物之间流通的介质，是承载信息和传达信息的载体。

---

[*] 本文原载于《美育学刊》2020年第6期，收入本书时有改动。

艺术家借助特定的媒介进行创作，例如音乐家借助声音构成具备乐音特征的声符，画家借助颜料构成具有表现力的线条和色彩，舞蹈家借助人的肢体构成富有节奏的动作和姿态，戏剧家借助人的动作（含语言和肢体）叙述故事等。每门艺术的创作者都需要特定的媒介承载自己所要传达的基本信息，所以媒介就成为艺术的表达形式，从而体现出艺术对于媒介的高度依赖。由于这些媒介是艺术家从事艺术作品创作时直接运用的建立在物质材料基础上的表达形式，故而可称作创作媒介。

创作媒介位于艺术家的思维和艺术作品之间。艺术家的思维具体体现在对作品的构思上，艺术家依靠这些媒介将其构思结构成特定的艺术作品。当艺术家要把自己喜悦的心情借助声音渗入音乐作品时，声音构成的具备乐音特征的声符就是媒介；当画家要借助颜料描绘一片风景时，颜料构成的线条和色彩就是媒介；当舞蹈家要借助肢体动作表达情感、叙述故事时，由肢体动作构成的动作符号就是媒介。可见，媒介位于艺术家的思维与其最终创作的艺术作品之间。艺术家的主观情感构成其艺术作品的基本信息，艺术家的主观情感及其构思借助媒介被表现为让听众听到、让观众看见的具体的艺术作品，从而完成了创作活动。艺术作品的信息借助特定的构思、采用特定的媒介被艺术家融入艺术作品中，听众或观众从中感受这种信息内容及其所表达的愉悦。

创作媒介首先，直接体现为物质材料（如颜料、画布、发声物等）以及人的动作和表情。这些事物要成为创作媒介，必须被艺术家用来为构思和表达服务。它们在为艺术家的构思和表达服务的过程中承载了艺术家主观情感的信息，并被艺术家结构为特定形式的艺术作品。其次，艺术家要让这些事物承载自己的主观情感信息，也需要将其符号化，让其借助艺术构思转化成一种能够渗透其主观情感的特殊符号，这种符号形成艺术家创作艺术作品的语言形式，即艺术创作的基本语汇。物质材料及人的动作和表情是艺术家创作艺术作品的有形媒介，而被艺术家符号化的艺术语汇则是在有形媒介基础上提炼出来的抽象媒介。所以艺术创作媒介可细分为有形媒介和作为艺术语汇的符号化的抽象媒介。

有形媒介的符号化，主要基于这些媒介与人的情感之间的联系。这种联系建立在有形媒介与人类日常社会生活的习惯基础之上，需要艺术家将其抽象出来才能构成符号化的抽象媒介。例如，作曲家运用欢快的节奏和高亢的声音表达人的喜悦之情，用沉缓厚重的节奏表达人的悲痛之情，用剧烈的响动和急促的语言表达人的愤怒之情，都是作曲家通过观察有形媒介与人的情感之间的关联后得出的认知和抽象的结果。又如，中国戏曲舞台的各类表演程式，是戏曲演员把有形的肢体动作高度凝练使其成为表达特定情感的符号，是用于塑造人物形象的抽象媒介。这些认知源于人在生活中表情达意的习惯，从而让富有自然特征的物质材料及人的动作和表情得以承载人的情感信息，化作艺术语汇，成为符号化的抽象媒介进入艺术家的创作活动，进而被凝结到作品当中。所以让这些认知转化为艺术语汇成为艺术家构筑艺术作品的表达形式，需要艺术家长期的训练，这种训练包括艺术家对生活的观察和体验、对艺术语汇的认知与熟练运用等。艺术家对创作媒介的运用体现为艺术家具体的创作技能，决定着艺术作品的形式品格。

当艺术家借助特定的创作媒介创作出一件件艺术作品时，艺术作品便成为一种独立性很强的事物。这个独立事物凝结着艺术家的情感信息和创作技能，需要受众进一步去理解、欣赏和评价，才能获取其中的信息。当艺术作品成为独立事物被接受之时，它已脱离了艺术家，以独立的身份与受众接触，成为受众接受的对象。

受众对于艺术作品的理解、欣赏和评价等接受性活动主要是通过艺术作品本身进行的，艺术作品以文本媒介的身份位于艺术家与受众之间，受众通过文本媒介来理解艺术家的思想情感和创作技能。也就是说，文本是艺术家与受众之间的媒介。文本媒介是受众理解艺术家思想情感和创作技能的中介。没有这个中介，受众就无法理解艺术家的创作动机，也无法理解艺术家凝注于文本媒介中的思想情感以及艺术家表达情感的基本技能。

此外，受众对于艺术作品的理解不仅停留于作品本身，还会通过艺术作品这个文本媒介进一步理解世界。所以文本媒介被当作受众认识世界的中介。例如，读者在阅读《红楼梦》时，除了对《红楼梦》这部作品的内容和艺特征的理解、欣赏和评价外，还要透过《红楼梦》所塑造的人物形象及其相互关系更进一步理解人性、理解社会，理解远超过《红楼梦》作品所描述的事物之外的事物。这个时候，《红楼梦》就转化为读者与世界之间的文本媒介，转化为读者通过这个文本媒介理解大千世界的凭借物了。

文本媒介是建立在创作媒介基础之上，又不同于创作媒介的独立存在物。正如音乐作品不同于声符、绘画作品不同于线条和色彩、舞蹈作品不同于人的肢体动作一样，特定的音乐、绘画、舞蹈作品都具有高度的独立性。表达情感、传播信息是创作媒介的天性。这种天性决定了艺术作品的媒介基质，使文本媒介也具备了储存信息、传达信息的属性。受众能够通过艺术作品领悟其中的信息，与其文本媒介的属性是直接相关的。

文本媒介是直接以作品形式呈现的。人类历史上大量不同艺术门类中的优秀作品，都是优秀的文本媒介。这些媒介延续了创作媒介的媒介基质，需要进一步延伸到受众当中，以独立的媒介身份继续传播艺术信息。这个时候，传播文本媒介的通道就是本文所言的传播媒介。

文本媒介承接创作媒介，传播媒介承接文本媒介，着力创造让艺术作品与受众接触的机会，对艺术作品进行广泛传播，从而让艺术真正走向自己的归宿，即通过受众的接受发挥其艺术的社会作用。传播媒介首先具备承载信息、传播信息的功能，所以艺术的文本媒介可以载入其中与受众接触。例如，文学作品通过印刷媒介进行传播、音乐作品通过音乐厅的演奏进行传播、绘画作品通过展览馆的展示进行传播等，这时，印刷媒介、音乐厅、展览馆就作为文本媒介的传播通道承担着传播媒介的功能。

媒介的演进与人类社会技术的进步相适应。随着人类对于信息需求的增强，越来越先进的媒介被创造出来。这些媒介及时被艺术所利用，体现在艺术的创作媒介、文本媒介和传播媒介当中。

当口头语言被当作传达信息的先天媒介时，人类将其用作创作媒介，形成语言艺术作品。这些语言艺术作品成型之时，转化为艺术的文本媒介，形成丰富多彩的口传故事。当口传故事只能借助人自身的口头语言传播时，口头语言便担负着传播媒介的功能。众多的口传故事借助人类的口传媒介进行人际传播。在文字诞生之前，口传媒介在人类历史上延续了数万年甚至更长的时间。当矿物颜料被当作传达信息的物质媒介时，意味着人类开始有能力借助图符传达信息。当人类开始利用矿物颜料传达实用信息时，人类逐渐意识到矿物颜料也可以传达精神性极强的情感信息，而这时，颜料成为绘画的创作媒介被原始人大量使用，创作出如洞穴绘画的大量原始绘画。口传故事可以借助人类的口传媒介进行人际传播，随着人的移动而传播到其他地方，而每一幅洞穴绘画都是唯一的，洞穴的固定特性不利于洞穴绘画的传播，而只有当布帛、纸张、石头、兽骨、陶器等可携带、可移动的固体书写刻画物成为绘画的载体——即绘画的传播媒介时，才能克服洞穴墙壁的固定性，让绘画得以广泛传播。

在人类传播媒介历史上，复制技术是推动传播效益的关键技术。一件艺术作品因时间和空间的限制只能保持其唯一性并在较小的范围内传播，而复制技术让传播媒介突破了艺术作品的唯一性和传播的时空限制，使传播效益发生质的飞跃。从本质上而言，复制技术是让事物"由一变多"的技术。如一件兽骨可以刻画一件原始雕刻作品，众多的兽骨则可让同一幅原始绘画刻出众多的雕刻作品，从而使一幅雕刻作品通过众多的兽骨传播开来。同样的道理，其他传播媒介也可以使一件艺术作品通过复制变成多件艺术作品。复制技术的"由一变多"让艺术获得了便捷的传播通道，是艺术的传播媒介最为有效的技术。

造型艺术可以借助复制技术获得便捷的传播通道，但表演艺术则显得较为困难，如音乐的复制就十分困难，音乐虽然可以借助同一件乐器演奏出众多的音乐作品，但由于录音技术的后起，我们永远也无法准确听到录音技术发明之前人们演奏或歌唱音乐的原声。舞蹈和戏剧的复制也很困难，我们只能通过陶器或其他传播媒介的图像来了解舞蹈和戏剧作品的原貌。这说明不同门类的艺术获得传播媒介的机遇是不平衡的。这与不同门类艺术的文本媒介有直接关系。当创作媒介诉诸视觉时，文本媒介也诉诸视觉。当文本媒介诉诸视觉时，它所借助的传播媒介也诉诸视觉，而诉诸视觉的媒介因其固体特征而保存了大量视觉艺术。但诉诸听觉的艺术因录音技术的晚进而无法得以延续。所以，创作媒介决定着文本媒介，文本媒介决定着传播媒介。创作媒介、文本媒介、传播媒介发展的不平衡关系、各类媒介自身发展的不平衡关系都决定着艺术传播的速度和范围，也决定着艺术传播的效益。

艺术天然的媒介特性决定了艺术的传播特性。也就是说，艺术天然就是要将其信息传达给特定受众的。我们说艺术是以情感为内涵的感性形式，那么艺术信息的特性首先就是情感，其次就是感性。情感在艺术作品中体现为内容，感性在艺术作品中体现为艺术作品与人的感官直接接触使人所获得的知觉。所以，当音乐直接作用于人的听觉、绘画直接作用于人的视觉时，都会使艺术作品的信息借助耳朵和眼睛让人产生知觉，进而作用于人的思维，影响人的精神世界。

二、媒介在演进中丰富着艺术的文本形态

创作媒介是最初介入艺术的媒介，人类创造艺术之初，主要是以自然物或人自身构成的声音、色彩、语言、表情及肢体动作来作为创作媒介的。这些创作媒介多是人力所及的，即依靠原始物质材料和原始人自身的材料作为创作媒介的。在漫长的原始社会，人类所能运用的创作媒介十分稀少，这也导致了原始艺术创作媒介的单调特征。单调的创作媒介注定其文本媒介和传播媒介的单一。传播媒介的单一直接导致艺术信息传播范围的狭窄，原始艺术主要围绕宗教仪式、战争、狩猎、交易、人口迁徙等活动创作，并依靠人自身的移动进行传播。因此艺术信息对人自身的移动有着极强的依附性。

人类利用媒介创作艺术形成创作媒介，利用创作媒介实现自己的构思形成文本媒介，进而让文本媒介借助特定的传播媒介进入受众的视野，这是艺术利用媒介实现自身价值的三大步骤。以自然物和人自身构成的创作媒介、文本媒介和传播媒介在人类历史上持续了漫长的时间。但正是在这漫长的时间内，因媒介自身的超稳定性，才形成了较为稳定的艺术创作形态、文本形态和传播形态。直至印刷技术的发明，艺术才逐渐改变了媒介的单一属性，丰富的艺术文本形态逐步出现。

人类媒介的演进大约经历了六大阶段：一是口传阶段，二是文字阶段，三是印刷阶段，四是机械阶段，五是电子阶段，六是互联网阶段。每个阶段

都丰富着人类艺术的文本形态。

在口传阶段，以人类自身的口头语言、自然物和图画符号等为代表性媒介。艺术的创作主体多为业余身份，如口传艺人、刻画者、歌舞者、演奏者等。艺术的传播主体多为原始部族成员、游吟诗人和说唱者等，艺术的接受主体多是原始部族成员。这个阶段，社会分工不明显，没有专业创作者和传播者，艺术以自娱自乐以及与宗教仪式相关的活动形式出现。艺术的文本形态多为人类借大脑记忆和口头表达所产生的俗语、传说、故事、神话、史诗等，人类借自然物质媒介所涂刻的绘画、雕塑等，人类借人声、简单的自然物击打或吹拨及肢体所创作的音乐、舞蹈等。

在文字阶段，人类借助文字以及承载信息的物质材料记录艺术信息。掌握文字媒介技能的专业创作者及由此引发的个性化艺术出现。艺术的创作主体多为较为专业的诗人、画家、音乐家、舞蹈家、戏剧家等。艺术的传播主体多为诗人、画家、音乐家、舞蹈家、戏剧家等艺术创作者及政府或民间组织。艺术的接受主体除了普通的社会成员外，由于阅读成为可能，所以针对艺术的特殊爱好者出现，艺术批评日渐兴起。艺术的文本形态多为传说、故事、神话、史诗、绘画、雕塑、音乐、舞蹈、戏剧等。艺术文本中，故事进一步丰富，作品结构多样化，艺术的文本内容和文本形式得以进一步确立。

文字是一种理性符号，可以较为准确地记录与表述事物，能使先前的口传遗产保留下来，人类文明有了可靠的媒介辨识机制。文字成为一种技能，需要学习方能掌握，较为专门的艺术创作者、传播者和接受者出现。文字因其理性特点，使原先模糊的事物逐步清晰和明确，促进了人类文明形式的精确化，社会分工开始明显，专业作家和艺术家涌现，传播主体多样化、受众也开始分化。文字的出现一方面使文学得到了大力发展和传播，另一方面使艺术有了理性记录的依据，如乐谱、舞谱、书谱、画谱、剧本等，文学和艺术的内容和形式被逐渐确立下来，避免了口传时代的模糊性和随意性。在文学得到发展和传播的同时，也推进了艺术的发展和传播。一方面，文学为艺术创作提供了大量素材，使艺术的内容更加丰富多彩；另一方面，文学也需要艺术进行传播，如以图画、戏剧、歌舞等形式对文学故事进行再阐释或再演绎的现象大量涌现，大大丰富了艺术的文本形态。

印刷时代的开启，使人类文明之光熠熠生辉。印刷技术的出现使人类的传播能力大大加强，大面积的复制成为可能，大大促进了文学和艺术的发达。印刷技术的出现激活了人类的传播意识和传播行为，极大地促进了文明的进步。中国唐代出现的雕版印刷标志着中国印刷术的发明。1967年，陕西西安西郊张家坡西安造纸网厂工地唐墓出土的雕版印刷物刻印于704—751年间，是目前中国境内发现的最早的印刷物。北宋的毕昇于庆历年间（1041—1048年）发明的泥活字，标志着活字印刷术的诞生。1440—1448年，约翰内斯·古腾堡发明了活字印刷机，标志着西方印刷技术的诞生。印刷技术作为一种专门技术，把人类从口传、手抄、手工刻画的劳动中解放出来，因其强大的"复制"特征而让艺术的文本形态成果由"一"变"多"，人类文学艺术的生产量和受众面激增。

在印刷时代，创作主体发生了较大分化，掌握文字媒介技能的专业创作者的生存空间扩大。在传播主体方面，除了艺术家之外，大量的专业传播机构开始出现，形成一个庞大的行业。就接受主体而言，由于印刷术强大的复制力和传播力，艺术不再局限于狭小的受众群，面向大众的传播已不可避免。所以印刷技术直接开辟了大众艺术和艺术产业化的时代，预示着艺术与普通人之间的关系越来越密切。在艺术的文本形态方面，故事进一步丰富，作品结构多样化日益显著，艺术文本的确定性加强，个性化的艺术作品影响力扩大。

18世纪60年代，欧洲工业革命在英国兴起，机器大工业生产日渐替代了人力生产。工业革命预示着人类的媒介技术即将开启机械阶段。1839年，法国布景画家达盖尔发明了银版摄影法，并与其妻弟基卢克斯研制成功基于此种方法的照相机。照相机越过了人对所画对象的手工描摹，可以直接以机械方式捕获图像，标志着机械媒介的诞生。1877年8月15日，托马斯·阿尔瓦·爱迪生发明了发声机器，通过在特定介质上刻槽，再通过手摇曲柄产生机械振动在受话机上发声。这种做法既标志着机器可以直接捕获声音，也标志着机械媒介能力的提升。

机械媒介的出现大大解放了人力，进一步加强了媒介生产信息、存储信息、传播信息的便捷度和自由度。机械媒介的出现为艺术开辟了更大的生存空间。就传播主体而言，传播机构类型更加多样，专业管理机构开始出现，传播结构更加丰富。就接受主体而言，在印刷术催生的艺术大众化的基础上，大众对于艺术的参与成为可能；在照相机、留声机等机械媒介涌现之后，极大地唤起了大众对于艺术的兴趣，艺术在大众中的影响力进一步提升。在机械媒介时代，创作主体的类型大大增加，分工也更加明确，艺术的跨媒介表达日渐兴起，催生了大量新型艺术文本的出现。

电力的发明是在19世纪末至20世纪初。加拿大传播学家麦克卢汉指出："今天，经过了一个世纪的电力技术（electric technology）发展之后，我们的中枢神经系统又得到了延伸，以至于能拥抱全球。就我们这个行星而言，时间差异和空间差异已不复存在。"① "美国技术史家托马斯·P. 修斯（Thomas P Hughes）曾对1880—1930年电力的发明给西方社会带来的影响展开研究。修斯提出，除了照明给家庭生活、工作环境和街头巷尾创造了更加安全舒适的环境，电力还为现代媒介——无论是彼时的印刷报刊还是今天的互联网络——的出现奠定了基础。"② 1896年，英国马可尼无线电报公司顾问弗莱明发明了真空二极管，标志着电力技术的出现。1897年，英国剑桥大学卡文迪许实验室的约瑟夫·约翰·汤姆逊重做了赫兹的实验，并借此实验发现了电子。这项发明标志着人类进入电子时代，也标志着电子媒介的出现。

电子媒介因其动力特征引发的"速度"和"储存"能力的飞跃从根本上提高了媒介生产信息、存储信息、传播信息的便捷度和自由度。电子媒介为人类艺术的创作与传播找到了超越机械媒介的更加"自由"的技术依据。就传播主体而言，传播机构类型更加多样、传播速度更加快捷，大众日益走向传播领域。就接受主体而言，受众的参与机遇倍增，"互动"成为时代语言。电子媒介的出现使艺术创作主体的力量大大增强，创作分工日益明确，大大推动了更多艺术文本形态的产生。当艺术以电子文本的形式出现并传播时，

---

① 麦克卢汉. 理解媒介：论人的延伸[M]. 何道宽，译. 北京：商务印书馆，2000.
② 延森. 媒介融合：网络传播、大众传播和人际传播的三重维度[M]. 刘君，译. 上海：复旦大学出版社，2012.

艺术文本就摆脱了物质材料的束缚，进入更加自由的空间。

如果说在人工时代，人类在生产和生活中与世界的接触是单向的、有限的，那么到了机械时代，人类在生产和生活中与世界的接触面因机械技术的介入而成为多向的、无限的。如果机械时代人类在生产和生活中与世界的接触尚且不够自由的话，那么在电子时代，人类与世界的接触变得十分自由。自由是人类生命意志最为本质的追求，现代电子技术为人类追求自由奠定了雄厚的物质基础。电子技术的出现，标志着媒介技术也进入全新的时代。新媒介将以电子技术为基础，为人类的自由追求创造越来越优越的条件。

令人惊奇的是，媒介技术在20世纪60年代末发生的飞跃，这个标志便是互联网技术的诞生并日渐民用。1968年10月，美国国防部高级计划局和BBN公司签订合同，研制适合计算机通信的网络。1969年6月完成第一阶段的工作，组成了4个结点的试验性网络，称为阿帕网（ARPAnet）。1988年，NSFnet替代ARPAnet成为Internet的主干网。1989年，ARPAnet解散，Internet从军用转向民用。1995年4月30日，NSFnet宣布停运，Internet的骨干网已覆盖全球91个国家，主机已超过400万台。互联网的发明和民用，使人与人、国与国之间的距离大大缩小，真正让世界变成一个"地球村"，是人类媒介史上的奇迹。互联网也开辟了艺术媒介的融合时代。这张"天网"不仅以其互联机制改变了传播结构、加快了传播速度，而且使各类传统媒介有机会重现生机。无数以传统媒介形式出现的艺术文本，都因互联网的出现而重放光芒。

在互联网时代，艺术的创作主体倍增，艺术的文本形态大大超越了传统媒介，出现了空前的多样化特点，与传统艺术文本形态大相径庭的形态涌现，大众日益担当起艺术的创作主体和传播主体，艺术的接受因便捷的"互动"机制而出现了勃兴状态。艺术因媒介的自由度而生发出体现在创作、形态、传播、接受等众多领域的高度自由特质。可以说，互联网时代的到来，推动了艺术从必然王国向自由王国迈进。

麦克卢汉曾提出"媒介即讯息"，他认为："所谓媒介即是讯息只不过是说：任何媒介（即人的任何延伸）对个人和社会的任何影响，都是由于新的尺度产生的；我们的任何一种延伸（或曰任何一种新的技术），都要在我们的事务中引进一种新的尺度。"①媒介的这种"尺度"不断改变着人类创造文明、传播文明的思维方式和行动方式。媒介为艺术的创作、传播和接受创造了一种新的"尺度"。在艺术领域也是一样。媒介技术每前进一步，艺术的创作方式、传播方式、接受方式都会发生巨大的变化，艺术文本也将随着媒介"尺度"作用的发挥而出现众多新的形态。20世纪下半叶以来出现的众多新的艺术思潮，都与媒介技术的飞速演进导致的新的艺术文本形态的出现密切相关。

三、媒介演进对艺术传播模式的影响

媒介的演进不仅丰富着艺术文本，而且使众多的艺术文本以更多的传播通道渗透进人们的社会生活并广泛传播，从而影响着艺术传播模式的多样化。

媒介的演进目标是传播更加快捷、精准，范围更大、深入性更强、储存量更大。这种目标涉及媒介演进的逻辑，那就是不断加强媒介的传播速度、精度、范围和深度，不断增加媒介的储存量。媒介传播的目标是接受群体——受众。所以传播速度的加快、精度的提升、范围的扩大、深度的增加、储存量的加大，都与受众的需求密切相关。

受众是在社会中生存的，社会是由人与人之间的关系构成的，人与人之间关系的构成受符合人类本性的各种信息的支配，所以受众对于信息的需求是天然的，也是必然的。换句话说，由于物质生活和精神生活的需求，受众必然需要创造、接受和使用相关的信息。但就受众的信息接受而言，也需要成本，这种成本集中体现在时间成本、物质成本和能力成本三大方面。时间成本体现在接受的速度上，物质成本体现在受众可以承担的对于媒介和信息使用的购买力上，能力成本体现在受众使用接受媒介所需要的技能的训练上。这三大成本都是受众要付出的。美国传播学家威尔伯·施拉姆在其《传播学概论》一书中指出："人的行为总是倾向于流入最省力的路径。"②并在该书中

---

① 麦克卢汉.理解媒介：论人的延伸[M].何道宽,译.北京：商务印书馆,2000.
② 施拉姆,波特.传播学概论[M].何道宽,译.北京：中国人民大学出版社,2010.

提出受众对于传播路径的选择公式：

可能的报偿费力的程度＝选择的或然率

可能的报偿是指受众获得信息的速度和品质；费力的程度包括受众的时间、物质和能力成本。就这个公式而言，可能的报偿越多、费力的程度越小，就越能促进受众对于传播路径的选择。传播媒介是受众获取信息的关键路径，所以现代媒介技术总体上在速度、精度、范围、深度四大方面发展，并力图减少受众对传播路径的选择所付出的各类成本。艺术的传播媒介也都围绕这个宗旨来从技术和组织上进行努力，从而形成了特定的传播技术和传播模式。

就技术而言，与传统传播媒介相比较，现代传播媒介的最大特点是便捷。现代传播媒介首先，为受众节省能力成本，也就是说，受众不需要花费太多的时间和精力进行训练就会使用现代媒介达到自己的目的。从照相机的"傻瓜化"到手机兼顾拍照、编辑、播放、传输功能的出现，都预示着现代传播媒介在努力为受众节省能力成本。其次，为受众节省时间成本，受众不用花费太多的时间就能及时接触到传播媒介。广播、电视、计算机、手机、互联网等现代媒介在当下已触手可及，受众只要愿意就有机会随时接触到传播媒介。尤其是智能手机这种几乎成为人体一部分的贴身媒介，集成了大量功能和信息通道，可随时作用于人的感官，让受众与媒介连为一体。最后，现代媒介为受众节省物质成本，现代传播媒介的价格越来越趋于低廉化，成为多数受众都可买得起的媒介设备。据中国互联网协会《中国互联网发展趋势报告2020》，截至2019年底，中国移动互联网用户规模达13.19亿，占全球网民总规模的32.17%，说明绝大多数中国人都可以用得上移动互联网这种传播媒介。就组织而言，传统媒介依靠为媒介服务的实体组织实施传播。这类组织主要体现在制订媒介政策、整合资源、选择信息等方面，而就传播信息的选择而言，现代传播媒介已将组织性能渗透到传播媒介技术内部。这种情况得益于媒介融合、大数据和云计算等智能技术的涌现，让媒介信息依据受众兴趣类型自动定向推送。以抖音为代表的短视频为例，抖音根据大数据和云计算及时判断受众的兴趣，并按特定受众的兴趣及时定向推送相关内容的视频。这种工作在传统媒介中是要依靠实体组织来操作的，但在现代传播媒介中，这种工作则由技术工具——传播媒介本身来承担。以互联网和移动互联网为代表的现代媒介兴起之后，"信息爆炸"已成为现实，受众对于信息的选择陷入困境。尤其是由于传播媒介使用的便捷导致的"人人都是传播者、人人都是接受者"现象，更是让信息选择陷入艰难的境地。但这种困境除了专门的实体组织机构在克服外，组织性能也以技术的身份渗透到传播媒介自身，直接帮助人们选择真正需要的信息。就艺术传播而言，媒介的演进已经让艺术信息达到"海量"状态。传播媒介依靠其本身的组织能量将艺术的文本媒介及时传递给特定的受众，从而大大缩短了受众选择艺术信息的时间、加快了受众接受艺术信息的速度、提高了艺术传播的效益。

媒介演进的节奏改变了艺术的传播方式，由媒介演进导致的传播模式的变化主要体现在如下两大方面。

第一，单向传播：我传播什么，你接受什么。传播主体利用自己掌握的传播媒介把艺术文本媒介传播给受众，体现出传播的单向性。这种方式在传统传播媒介中体现得较为明显。电影院线就是如此。电影院线根据自己的收益原则，在其控制的院线为观众提供电影文本。这种原则虽然可以满足大多数观众的需求，但大多数观众的需求只能代表一个时段人们的普遍兴趣。而那些对特殊类型的电影新片有爱好的观众则无法利用院线高品质的声像系统观看他们想要欣赏的最新电影文本。电影院线这种做法的逻辑是由传播主体在观众当中寻找观众兴趣的最大公约数，把符合这个公约数的电影文本置入院线，以获取最大收益。但这种传播模式在对观众兴趣的判断上要花费较大精力，受各种不确定因素的影响，这种判断也经常会出现失误。艺术的单向传播多数情况下受制于传播媒介的制约，传统的传播媒介因技术的缺陷，不能满足受众对于艺术文本的多样化需求，故而只能以单向模式传播艺术。艺术的单向传播虽然保守，但其传播信息和传播效果相对可控。因此，即使是一些现代传播媒介也仍在运用这种模式传播艺术。

第二，多向传播：大家都在传播，大家都在接受。在传播媒介演进的过程中，率先获得媒介使用权的机构获得了传播权力。这种做法体现在现代媒介兴起之初，由于媒介成本的昂贵、操作的复杂以及传播权力的限制，只有较少专门的机构才能获得传播机遇。例如，当照相机还是一种奢侈品的时候，多数人只能通过纸质媒介或在展览馆欣赏摄影艺术作品。因为这个时期的摄影艺术作品主要依靠纸媒或展览馆的专业摄影者才能创作，也集中依靠纸媒或展览馆单向传播。随着照相机价格的降低，当一部分有财力的摄影爱好者可以购买到相机时，摄影艺术的传播就超越纸质媒介、展览馆等权威传播机构，可以自主拍摄、自主传播了。随着相机的普及、操作的简便化以及媒介融合速度的加快，当绝大多数人都可以用手机来拍照时，艺术的传播就实现了多向传播。多向传播是建立在现代传媒较为普及、使用便捷的基础上的。由于媒介技术的进步大大降低了传播成本和操作的技术门槛，大众可以便宜地购买到传播媒介，便捷地使用传播媒介传播各自喜爱的艺术文本，大众在接受他人传播艺术信息的同时，也能走向创作主体和传播主体，创作或向他人传播自己钟爱的艺术信息，从而实现了艺术的多向传播。当下的艺术传播正是多向传播，与大众迈向创作主体和传播主体的位置有关。多向传播使艺术的创作主体、传播主体与接受主体之间的界限逐渐消失，充分体现出艺术传播的自主性，艺术迅速进入大众的日常生活，艺术的类型越来越丰富，艺术的影响力也越来越大。

由单向传播跃入多向传播是媒介演进出现质的飞跃的结果。这个界限的标志是以互联网和移动互联网为代表的传播媒介的兴起及其所引发的一系列媒介技术变革的出现。随着媒介的演进，艺术传播的模式仍将发生变化。

总之，艺术先天的媒介特性决定了艺术的传播基质，媒介的演进决定着艺术的创作媒介、文本媒介和传播媒介的变化，决定着艺术文本形态的不断丰富，也决定着艺术创作主体、传播主体、接受主体角色的变化。这些变化对于丰富艺术创作形式、扩大艺术传播范围、增强艺术的影响力都有着不可忽视的作用。人类媒介的演进仍在向前发展，更加智能化的媒介技术正在出现并将继续发展，媒介技术的进步将使艺术的创作、传播和接受发生更加意想不到的变化，需要艺术理论密切关注。